中公文庫

小説作法

小島信夫

中央公論新社

目次

Ⅰ 小説の文体

一つのセンテンスと次のセンテンス　10
『考え方』の藤森良蔵――ほんとうの教育者はと問われて　17
わが精神の姿勢　21

Ⅱ 小説の新しさ

肉体と精神　30
日本文学とユーモア　33
私の小説作法　37
モデルとプライバシイ　40
抽象主義の作家たち　48
共通の心の場とは何か　51

摩擦音の如きグロテスク　54
私の考える「新しさ」ということ　59

Ⅲ　小説の論理

思想と表現――ゴーゴリ・ドストエフスキー・カフカ　72
愚劣さについて――私の文学　102

Ⅳ　小説と絵画

ゴッホの絵について　122
エドガー・ドガ　126
喜怒なきマスクの如く――坂本繁二郎論　139

Ⅴ　小説と芝居

小説と戯曲の間　160
小説と演劇　164

初めて戯曲を書いて　177

Ⅵ　小説と書簡

小説とは何か――私の「最終講義」　182

Ⅶ　トークより

私の小説・評論・芝居　220
我々と文学　232
カフカをめぐって　271
いかに宇野浩二が語ったかを私が語る　341
男の領域と女の領域のせめぎあい　365
そして小説は生き延びる　381
小説の自由――対談・保坂和志　396

解説　保坂和志　420

小説作法

I 小説の文体

一つのセンテンスと次のセンテンス

一言にいって、私は文章というものを非常に簡単に考えている。つまり、言いたいことが、十分にいえているかどうかということだ。というより、いいたいことがあるかどうか、ということだ。

いいたいことが大したことでなければ、十分にいわれたとしたとしても、つまらないのだから、けっきょくいいたいことがほんとうにあり、そのいいたいことが、いうに価することであるかどうかということが問題となってくる。

それならば、いうに価することとは何であるか。本人がそう思っても、ただそれだけのことで、ハタから見て何でもないこともある。といっていうに価することかどうかは、いわれた文章を見てみなければ分らない。

私は以上述べたようなことが、文章の評価の根本だと考える。

先日、ある高名な批評家がこういっているという話をきいた。
「このごろは文章を書くのにどうも筆がのらない。そういうときには、ちょっとある接続詞を入れて見る。そうすると、進む、つまり自分をだますのだな」

　私もそうやって見ることがある。たとえば、「が」と書かないでわざと「のだから」とか「ものなので」と書いてみる。そうするとそのオトナシイ発声によって、今まで入りこんでいた世界からはなれて、もう一つ別の世界から覗きこんだり、大ゲサにいうと、生を死の境地から見たりすることが出来るのではないか、と感じている。

　私は今こうして筆を進めながら、文章についての具体的な実例をいくつも入れこんでいるつもりでいる。それは次のようなことである。

　先ず第一に、この高名な批評家は実は、小林秀雄氏のことだが私が名をあげるのをさけたのは、この人に気がねしたわけではない。私はわざと名をあげず、読者の想像力をちょっと刺戟したのである。そのことの効果はどうか分らぬがもし効果がうすいとしたら、私が名をあげないときの喜びがうすく、技巧的にやっているからである。「自分をだます」という言葉は面白い。実はこの小林氏の言葉は、私がほとんど自分の言葉として平素考えていることである。これは私の発見でもあり、確信もあるし、私はこの言葉を生き物のように扱うふしぎさに面白さをかんじている。これは根本は素朴なもので十分に手ごたえのある、価値あることであると思い、そのつかまえ方も十分に近いと思う。

そのあと、私は唐突に「世界」の話をする。この唐突さはいうに価することというのか、いい方なのか分らぬような面白さとなっているはずである。勿論価値や効果の程度は大したものとはいえない。しかし私はこの文章を書きながら、ほとんど無意識に、今のべたようなことを計算していることは事実で、私に限らず、大なり小なり読者の皆さんがたも、やっておられることだろうと思う。

ただし、文脈をおだやかにして、そこから別の世界を誘い入れるということ、そのものは、私が近ごろ思いついたことで、これは私の精神衛生を保ち、作品の衛生を保つうえの一つの手段で、自然に思いついたことであるが、たとえば、ルナアルなどの文章を見ると、彼もそんなことを心得ていたようだ。一つの語尾、一つの接続詞が、そうした作用をするらしいということは、何故か今のところ私には分らない。研究すればすぐ分るが、私自身は自分のほかのことの方が大事だし、そうしたことが分ったとしたって、別に仕事をするに大した影響がないどころか、分りすぎると技巧的になるかもしれないので、考えないことにしている。

私は一つのセンテンスと次に続くセンテンスとの間に少なくとも飛躍のようなものを何となく心がけている。会話と会話とのかんけいの場合もそうだし、会話と地の文のつながり方にも、出来ればそうしたいと思っているようである。私は誰からそうしなさいと教わったわけでもないし、物の本で教わったわけでもなく、書いていて、そうでないと文章が死んでしまったように思え、書く喜びが感じられないのである（ほかの人達は、その人なりに、似たことがあるにちがいない）。

飛躍といっただけでは、不十分であって、その二つのものからある意味がうかんでくるといった方がいい。それなら意味とは何であるか、というと、それは言葉にして意味内容をほかの言葉でいいかえのカンタンに出来ないようなものであった方がいい。にもかかわらず、たしかに意味がかんじられる、といったものである。

その意味というのが一様ではないし、いつも同じというわけではない。意味の変化によって文体もいくぶん変って行くわけであろう。

私は他人の文章を見て、自分には不得手だし、書く気持もないがなるほどなあ、と感心するのは、日本的抒情によって書かれたよい文章である。文芸雑誌にも月に一つか二つか、あるいは二ヵ月に一つぐらいはあらわれる。決して容易に真似の出来るものではない。そういう人は詩を書いてもかなりのものが出来ると思う。詩といっても、二十年か三十年か前の詩である。その頃の詩には、日本的なものが相当色濃く入りこんでいて、伝統的なものが、ほとんど外へ出ないで、全面にまぶされている。例はすぐあがるが、わざとあげないことにしておく（私はこういうことが好きだからカンベンしてもらいたい）。

私はこういうものは書けない、あまり書きたくもない。

私は真実を書きたいがそんなことは私にかぎったことではないので、こういった方がよかろうかと思う。私はおかしさ、といったものに執着し、そのおかしさも、美しさといったものとは簡単に結びつかないもの、多少、ワイザツなもの、ザラザラしたもの、といったらよかろうか。したがって、私の文章も、簡単に美しくては困るし、享楽的に簡単に快すぎても困る。

といって私は右にのべたようなことを痛切に感じて書いているわけではない。だからこれは駄目な文章なのである。実はこれは以前にそう思い、心がけ、書いたことがあるのであって、今は厳密にそう感じているかどうか分らない。私は前に自分の書いたことも忘れて今書きたいことに没頭し、そこから文章も自然に出てくることを望んでいるからである。「からである」というと、何かしら明治から大正の人たちが文章を書くときの、ちょっととりすまし、いばり、そしてちょっと卑下し、バランスをとりオカシミをのこして行く俳文調を思い出す。しかしなかなかセンテンスの終りというものは不自由なもので、その点でも、私は近頃「地の文」というものがいやになってきている（このことは、私にとっては非常に意味ぶかく興味のあることだが、ここではいうまい）。

俳文調といえば、私には漱石の『明暗』のような小説の文章と、これより八年ぐらい前の同じ頃に書かれた二つの作品、「文鳥」と『夢十夜』のことが漠然と思いうかんでくる。「文鳥」も『夢十夜』も基本は俳文調であるが、「文鳥」は短刀に手をやるところがある。とうとう抜いて切りかかったが、空《くう》を切り刃によって自らを傷つけてしまうといったことが書かれているともいえよう。「文鳥」を夏目家へ運んできた三重吉は、あの王様にくっついていろいろ追従《ついしょう》をいう道化の役である。その道化が、小鳥をもってくる。その小鳥は不注意によって死ぬ。死んだことさえ気がつかず、しかも気がついたのは、それでも家の中で漱石が最初の人だ。道化とは何か。そもそも「自己確認者」だそうである。リア王は道化の言葉によって自分を確認し、悲劇への道を歩むといわれている。横道へそれたがそれはそれとして、一方『夢十夜』は刃の上を渡っている小説である。刃の上に大の字に寝て、全身まる出しにしている小説だ。

この二つはもとは同じで同じ頃書かれているが、文章表現に何か大分違いがある。それから『明暗』となると、俳文調といったものは、一応かくれたかのように見える。この三つは、大分前から私の心にひっかかって、まだよく分らないままにしてあるが、何か漱石の文学やその文章というものを暗示しているように思える。虚子と子規を研究して見ようとも思う。

それから今一つは、徳田秋聲の文章である。この眠くなるような自由な文章の秘密のことを、時々、うつらうつらと考える。これも私はつきつめる気は正直のところはじめからない。私なりにひそかに具体的に面白がっていることはあるが、いいたくはない。いってしまうと、私自身がつまらない。ついでに私が最近読んだスタイナーという人の『トルストイかドストエフスキーか』という本をおすすめしたい。文章というものがどのような生き物かということを、ロシアの同時代の二人の作家について述べてあるともいえる。

『考え方』の藤森良蔵――ほんとうの教育者はと問われて

東京・神田の一ツ橋、いまの集英社という出版社のあるところに、戦前、日土講習会という受験予備校があった。この名前のいわれは、もともと日曜日と土曜日の放課後に中学生を集めて補習授業をするというところにあったのだろう。「日土講習会」は「考え方研究社」が催していることになっていた。この二つの呼名は、いずれもへんに具体的で一風変った感じをあたえるが、この出版社から『考え方』という月刊雑誌や、『代数学　学び方考え方と解き方』『幾何学　学び方考え方と解き方』といったような数学の参考書のほかに、つづいて国語や漢文、作文、あとには英語の参考書まで出していた。日土講習会では、これらのテキストをもとにして、その著者が講義を行なっていた。

この不思議な名前の数学の参考書の著者は、藤森良蔵という先生である。私が直接、日土講習会でこの先生の授業をうけたのは、一日だけだ。入道のような先生が、紋付、ハカマで登場すると黄色い声が頭のてっぺんからとび出した。その声のかんじは、あまり堂々たるものでも、快いものでもなかった。先生は予想していたように、二時間かかって、数学の問題一つしか解いてはくれず、その代りその間に「お前たちは、鈍才だ」とか、「桃太郎とキビダンゴの話」とか、「かんづめ」と「ビンづめ」の話だとか、そういったことが延々とつづいた。その話をきいていると、正直いって、少々バカらしく、情けなかった。もちろんそれが先生のネライどころであったわけだ。

先日仕事の都合で、ソルジェニツィンの『ガン病棟』を読んでいたら、女医がうるさい患者に「ええ、ええ、あなたは立派なガンですよ」と一撃くらわすところがあった。もっともその後で「ただし、あなたの協力次第で、あなたはなおります」といっている。

鈍才だから、腹をきめて、一つ一つ分ることを確かめて行け。そのためには、あの桃太郎の童話を思い出せ、あそこには、お伴を希望する動物が、いちいち同じことを頼み、桃太郎は、それをたしかめては、キビダンゴをくれてやるではないか。くくれるものは、カンづめにして、取扱いに便利にし、一応中身は忘れなさい。

こういったことは、数学の学び方、考え方、解き方の基本であるし、受験生の心がまえの基本でもある、といったぐあいなのである。その基本の基本は、「お前たちは秀才なんかなものか。鈍物なのだ」というのだ。鈍物だ、鈍物だ、それに徹せよ、と黄色い声で頭ごなしにやられるので情けなくなるのだが、これが受験校の選択についても、日々の不安な生活に対する処し方についても、意味のあることだ、と先生は思っておられたに違いない。

藤森氏の着想がどんなに独創的なものであったか、どんなに田舎じみたものであったか、どんなに愚直に近いものであったか、どんなに宗教のにおいさえおびていたかということをここでくわしく伝えることは出来ないのが残念である。ただ私は、国語や漢文の担当であった塚本哲三氏の『作文　学び方考え方と作り方』という本の独創性についてちょっと触れておこうと思う。

ここにはこんなことが書いてあった。たとえば、もし、「犬」という作文の題があたえられたとする。すると君たちは、犬とは何であるか、ということを考え、犬とは人間にとって有益な動物だが、もっとも人間に親しむようになった動物だとか、忠義な動物だとか、ということを考えて、一貫した趣旨の文章を書くのも悪くはない。しかし、限られた時間の中で、試験場でまとめることはなかなか難かしい。そこで気を楽にして、「私と犬」というふうにおきかえてみることにしたらどうか。こんなぐあいにして、先生の本には雑誌『考え方』に応募したある受験生の例文があがっている。その犬の名はSといい「私の犬」のSのことが書いてあった。私はこれらの例文を読んで、どれだけ感動したかわからない。その証拠に私はこの犬の作文の著者の名前を三十数年たった今でもおぼえている。

「私」と結びつけよ、というのは、藤森式発想によることはもちろんだが、実はこれはこれで容易ならぬ問題をふくんでいるのであろう。ただその方が有効で便利で、受験に成功率が多いというだけのことではない。おそらく塚本氏は、参考書の中には書くことが出来なかっただけのことであろうと思う。たとえ気がついておられなかったとしても、同じことだが。いや、そんなことはあるまい。

塚本先生には、一回の講義をきいただけで、くわしい記憶はない。藤森氏にしても、塚本氏にしても、私は、あの参考書だけで、十分であったわけだ。

わが精神の姿勢

私は演説というものをあまりやったことがないが、目もあてられぬようなサンタンたる結果に終る時と、うまいといって激賞される時とある。また友人と話をしていて、きみは、訥々《とつとつ》としているが、頗《すこぶ》る能弁だといわれることが多い。一貫して云えることは、私が噛みつくような調子で話すということである。私はそのために家庭では時折しなくともいい喧嘩をし、外へ出ては、友人に私が腹を立てているような印象を与える。そうして渋い顔をされると、心配になってきて、一層私の調子は噛みつくようになってくる。この原因は、私には血の循環の悪さ（俗に謂う血のメグリの悪いというのとは違うことはお断りしておかなくてはならないが）というように思われる。それからもう一つ、人の話をきいていても昔から直《す》ぐに「そんなこと分っているじゃないか」と思う悪いクセがある。これは自分がシャベるのを聞いていても同じだ。

何も文体は生理に因《よ》るとハッキリ思っているわけではないが、私はやはり何か関係があると思えてならない。確かに私は、嚙みつくような、訥々とした、脚の冷えていそうな、それからヘントウ腺の肥大していそうな、なげやりな、文章をかく。

それから私は風呂へ入ると、必ず入口の方を向くし、バスに乗るとあいてさえおれば車掌のそばか、一番奥のそのまた隅の座席に陣取るクセがある。道を歩いていると、一隊のうちの最後尾につく。私はこのクセが嫌いでならない。私に似た性質の人も沢山いると思うが、あまり好きでない。そうかといって先頭をきりたがる人も好きでない。しかし私は駄目じゃないか、前へ前へ、とせき立てられると、結構前に出る。私は自分のクセを軽蔑しているから、待っていました、まことに悪いことをしました、というわけで、前へ出る。皆が尻ごみしていると、自分で先へ出たりして、とんでもない目にあう。

私の文体はどうもこんな感じをそのまま具えている。下って眺めたり、思いきって前へ出てとまどったりする。

私が自分に影響を与えたかなと思う作家を、大ざっぱに辿ってみると、梶井、嘉村《かむら》、ゴーゴリ、セルバンテス、横光、サッカレー、スウィフト、ドストエフスキー、中野重治、島木健作、ポウ、サローヤン、ハックスレー、グリーン、カフカ等である（このうち、ポウ、ハックスレー、グリーンは学校でテクストを訳しているうちに自然に僅かだがのりうつってきたらしい）。とりどりで恥しい次第であるが、私は文学の重さに堪えきれなくなると、寝ころびながら、楽な気持でゴーゴリを読んできた。何遍も読んだものであるから、私はただ字面をなでるだけであるが。そうしてこの古典の造型法に、急に緊張がゆるんで涙が出てくるような気持になる。私は一時、ゴーゴリに熱中し、しかもゴーゴリとはあまり似ない、しめった笑いをくすぶらせることをおぼえたらしいが、これは私の体質やクセと関係のないことではない。私にも昔からケチな笑いを洩らすくせがあった（私は嚙みつくか笑うかどっちかをくりかえしていたことを今思い出して、前述の性質に添えなければならない）。もっとも自分で云うのは変だが、嫌味の笑いでもなければ、冷笑でもない。私は中学生の頃（アダ名を云いたい頃）笑いつづけて往来に転ったようなこともあった。こういう笑い方だ。しかしやはりそれでもケチな笑いには違いない。こっちに余裕がある時しか笑わない。そうでない時には嚙みつく。

　ゴーゴリは人を笑わしたが、自分が笑われると嫌がったかも知れない。サローヤンはどうも違うらしい。彼が子供の頃教会へ入ってくると、どこに坐っても、皆が笑い出して、追い出されてしまったらしい。彼は自分が笑わした相手達の間で育ち、そこで文体を獲得したと思われる。私はゴーゴリ的世界は、本質的に、特に現在の世界を描くにはそぐわないと思う。戦争中や戦後しばらくで、もう今は駄目だとつくづく思う。諷刺の対象が、もっと複雑になってきているからだ。しかしそういうことと関係なく、私は私の性質や、生き方のなまぬるさによるであろうが、ケチな笑いしか洩らすことが出来なかった。長い間、私は笑わせるところがないものは、書いたという気がせず、何が何でも笑わせようとした。これはサービス精神というような、ふっきれたものではない。その一番大きな理由は、私が臆病で「死」をおそれ、何者かをおそれ、早くから防御の姿勢をとっているのではないかと思ってきた。通りみちにいる姿勢。

それから私が岐阜の出身だということ。岐阜というところは東海道の通りみちであるせいか、人を見て何ともいえぬ笑いを洩らすところだ。

伊藤整氏に見やぶられたが、私の文体には嘉村が潜んでいる。私は梶井の描写の正確さと象徴に若い頃夢中になったが、まったく自分の無能に絶望したものだ。最近読み返してみて、梶井の作品の力強い構図におどろいた。誰か既に書いているかも知れないが、あの対立的構図がなければ、あの文章さえも出てこないわけだった。私はハッキリとつかんでいないで、徒《いたず》らに夢中になっていた。そうして何とかああいう描写の出来る天啓に浴さないかと、うろついていた愚かな時代がある。梶井の正確な描写は梶井の詩情（構図をもった、したがって日本の散文詩や、ああした散文詩に近い小説には稀れな）は、彼の構図と関係があり、自分の構図をもって自分の詩情を育てることが、彼を学ぶ所以だとは気がつかなかったのである。

さて私は長い間、あったことの中から選びとってそれを噛んではきすてるように息の短かい文章で小説らしきものを書いていた。何度自戒しても今もってつい噛みつくように大きなことをいってしまうクセがあるので、私は本が出ると、あとがきに必ず文体や方法についてかなり高言を吐いてきたし、これからもやりかねない。どうか私が他人の小説の批評や自作の紹介で大きなことを云ったら、私があとであなた方が腹を立てておられる同じ程度になやんでいることを了解してほしい。

　私は私の視覚と皮膚で書いてきた。それはそれでいいが、感覚で受けとめたものをよく掘りかえしてみることがなかった。感覚で受けとめ、同じような印象を集め、あとは「あなた任せ」といったぐあいで、せいぜい全体に日常的時間ばかり流れているというわけであった（この言葉は岡本謙次郎が教えてくれた）。つまり選んだだけの文章であり、またそういう文体だったことになる。モチロン造型については頑固に信じているものがあった。ゴーゴリを薄めて、ケチなものにしたような造型法だが。私はそれから「鼻」的な架空小説を書きたいと思い、それには今までのように行かなくなり、少しずつ日常的な時間から離れた傾向になり、自然と昔読んだ横光の「機械」的な時間に似てきた（小品「小銃」などの文体になると、「微笑」と同じく過去を描いた私小説的欺きの文体だ）。その頃私は駈けずりまわっていたので、自然と私の日常の時間がつまっている実態があったのが、作用したのでもあろうと思う。「吃音学院」「丹心寮教員宿舎」などがそうだ。舞台を作り時間を急迫させ、人物はデフォルメしてしまった時間に調子を整えた。ほんとうはこれより先きにこの傾向のもので、「ふぐりと原子ピストル」というのを書いていたことを今思い出した。これは読んだ人にフォーヴだといわれたが、どうか。私はとにかくそれにしても目に見えるように再現する造型法、そういう文体を固執していたことは同じだ。

私はその頃早くも行き詰った感じになり、その原因は、私が不心得のために自らの作った時間が、ただ、日常的時間をつめたに近いものだけであったために、忽《たちま》ち混乱をきたした。そこで私は友人と討論し、私の感覚を一つの問題にまで持って行くようなことをした。私としてはこういうことをしたのは、この時が最初である。「星」では時間は勝手にしておいて、エッセイを書くつもりで云いたいことを思いきり強くいえるようにデフォルメした。初めて、「です」を使った。時間は止っては流れ、また止り、文体は停滞した。苦しまぎれだ。「吃音学院」あたりから、私は嚙みついてはやられ、また嚙みついては笑うといったような文章になってきた。考えてみれば、私は日常生活では嚙みついていたので、今までみたいな押し寄せられて、くすぶったように窮余の巴投げを打つ文章は、卑怯だと、よく云われた。そうだと思った。私は前よりは動いているところで書くことになった。

時間の問題を持ち出したので、このことをめぐって文体を述べると、私はだんだんに自分の世界を表す自分の時間を、という方向に進みたいと思い、大げさにいうと精神の緊張感を得たいと考えてきたが、一進一退というか、薄弱な私の世界は時に私を裏切った。つまり内面的世界が発展せず、私の作った時間は、あいかわらず、つまっている（しかも外面的に）だけで、内面の薄弱さがそのまま停滞を生んだ。私の文体に就て、必ず人はこの点を云うに違いない。停滞が晦渋《かいじゅう》を生んでいる。しかし内面世界の発展とは、作者の論理の展開のことでもある。そうしてその論理とは一言にして云えるものでなければならないようだ。そうでなければ、論理は小説を殺す。私は自分に任せる。自分を信用する。自分の声に動きながら耳を傾けるわけだが、私は要するに根本の論理が薄弱なために足もとが乱れることもある。一方耳を傾けることだけ強くなると、おのずから、テニヲハが狂い、修飾語の位置が狂う。一口にいうと語る時の調子になるのだ。語る時なら、修飾語の位置は狂った方がむしろ実態がある。文章では違ってくる（「アメリカン・スクール」は一歩後退して呼吸を整えた時の作品だ）。

　内面世界の展開ということは、別な云い方でいえば空間を描くということでもある。時間のない小説はないが、時間は空間を築く航跡であって、空間を描くことでおのずから時間が流れ始めるといったらいいかも知れない。進むにつれて奥へ、深部へ入ることだ。私が「島」で失敗したとしたら、そのことを確めることになる。内部を展開するつもりでいて、外部が勝手に介入してきたり、私の時間が停滞し、フンイキになるだけで日常的時間が遂に勝ってしまったようなところもある。重い鎖をひくような文体は実は、この内部と外部との、日常的時間と自由な時間との、（いやな言葉だが）戦いということにもなる。大げさだが許されよ。但し日常的時間を拒否するが、私は卑小なディテイルを（風俗的なものではない）極力大事にしたいと思ってきている。その点ゴーゴリやカフカを学ぶ。

前述したが、私は最後尾にもいるが、最前線まで出さなければならないという義務感にもつきまとわれている。内面世界といい、それの展開というのも、ヤヤコシイかたちで、私の姿勢がのりうつったもののようである。動いているところで書かない時でも、近頃私が不安定の文章を書くのは、この姿勢の落ち着かなさと関係があるように思える。背中の向け方に私は迷っているのだ。そのことは、私は一つの進歩だと思っている。

Ⅱ 小説の新しさ

肉体と精神

これから先のことはわからないが、私はいままでかなり肉体的条件を小説の中で取扱ってきた。それは吃音とか何とか、とりたてていうような身体的欠陥ばかりではなく、肉体というものの、精神にとっての負担の重さを取扱ってきた。それは私自身が精神と肉体との調和をかいているということが、根本の原因なのかも知れない。

けれども私が小説の中で、肉体を生かすために精神がなめねばならぬ情なさを、色々の場で書いてきている。そういう意味で、私は肉体とは精神を痛めつけるところの、精神にとっては異質の敵として感じてきたといえる。戦後初めて書いた「汽車の中」という小説の中で、私はデッキにふりおとされそうになって、ぶらさがって行かねばならぬ、精神の悲しみを書いたわけだ。「小銃」における小銃とは一種の肉体だ。

私は肉体には深い恨みを持っているようである。それは恋人にふられた者の恨みだ。私は作品の中でかなりドギツイ肉体の奇怪さをデフォルメして描く。私はそれによって生きている気がし、均衡が保たれたと思うのかも知れない。時によると、それは正常な神経では読みがたく感じられるところも出てきて、読者に迷惑をかける。

ところで私が作品の中でそれを実行しているようだが、身勝手な肉体そのものに腹を立てているだけではなく、いわば「肉体的なもの」つまり精神を冒とくするものに腹を立てているわけなのである。これは私が肉体的条件での不具の中で過してきた眼を、そうした広い面に向けるように修業してきたというより、私は最初から同じ系列の相手として、それに腹を立ててきたわけである。このことは私にとってかなり重要なことである。

肉体的不具性の極端なものは「死」であると私は、子供のころから感じている。「死」をおそれ、ヤユし憎み、自分より先に死んでいった肉親を私はそねんだりする。早くその経験をなめてしまい、憎むべき試練を経てしまったところの相手を羨ましく思うことさえあるわけである。

精神を傷つけるものは、広く狭く、さまざまある。それぞれのメカニズムをもって。そのうち肉体が一番直接的であるが故に、私は好んでそれを敵として手なずけてきている。しかしそれはあくまで一番直接的だというだけの意味にすぎない。

私はよく腹を立てる小説を書く。立腹は異質な対象とぶつかるアセリからおこる。異質な対象との間を埋め、つながらせるのが政治であろう。私の「馬」という小説にもそういは自分で可愛がる気はあまりない。資質は大事にされるものではなく、忘れるべきものだとさえ思うからだ。私が努力家だという名誉ある、そして同時にアホウな名を与えられるとすれば、それは私が資質を忘れて、前かがみになろうとする、われながら愛すべき姿勢のためであろう。

うところが出ている。私は以上、私と肉体との関係について、反省的一文を記した。私は資質などというものを、自分で可愛がる気はあまりない。資質は大事にされるものではなく、忘れるべきものだとさえ思うからだ。私が努力家だという名誉ある、そして同時にアホウな名を与えられるとすれば、それは私が資質を忘れて、前かがみになろうとする、われながら愛すべき姿勢のためであろう。

日本文学とユーモア

ユーモアというものは、写実主義と関係があるといわれている。写実で描く場合、作者が、人生を裏切っているような気持になって、一枚の衣をかぶせる。それがユーモアだという考えである。何か辛い感じがするというのは、つまりこんなことであろう。

「なるほど、いかにも人間はそのようにみにくかったり、情けないものであったり、微小なものであったりする。しかし、その人間は、もちろん、そういうふうに感じる作者の自分も、そうでないといえないし、第一いずれも、この世からは、いなくなる時がくる。これは他人ごとではないぞ」

私たちは、こうして、この人生や、人間を墓場の方から逆に観ざるを得なくなる。そこから、作中人物に対する同情みたいなものがおこってくる。つまり、一種のブレーキといったらいいかも知れない。私たちは生きているけれどもやがて死ぬし、やがて死ぬけれども、少くとも現在は生きているという態度である。

そういう意味で、ユーモアのある作品を描く作家は、多く、お人よしで、臆病で、死をおそれ（私生活では時にひどく）陰気であるかも知れない。少くとも強気の人ではないようである。

写実は人間や人間関係をあるがままに観ることだが、実際は、あるがままに観ることは生やさしいことではない。それに、いずれ作者の主観を通して観ているのだから、根本的には主観的なものとも言える。しかし、それにもかかわらず「あるがまま」と見える作品は存在する。そうしたバク然とした意味でだが、人間を「あるがまま」に観るようになったのは、わが国ではおくれている。そうして人間を「あるがまま」に観るような時期になって、はじめてユーモアというものが現われてきたわけであろう。

いつの時代にも、人間を人間として生き生きと感じているのは、庶民である。わが国でも庶民が一番早く人間を知った。豪傑笑いなどにユーモアの根はない。今も昔も、豪傑笑いには、人間無視の態度がひそんでいるからである。侍は豪傑笑い以外の笑い方はしなかった。

ところで「あるがまま」に観ようとしながら、ユーモアをまるで嫌う作品が当然あるわけである。それはさっきも述べた通りに、作者が墓場から観るのを嫌うからだと私は思う。つまり、生きることに重点をおき、生の連結の果てにとつぜん死が訪れ、それは自分と関係はない、とまでは思わないにしても、死のことを早く考えすぎては、人間世界に進歩もないし、ムシロ、ずるい態度ではないかと思う人である。あるいは死を人一倍おそれているが故に、強気をはっている型の人である。

「若いくせにユーモアが」といわれる作家のいる半面「いい年をしてムキになって青くさい」とかいわれるのは、たぶん、こうしたことのためであろう。墓場のことは考えても、考えなくても、死はいつか訪れてくるもので、作者たるもの、死のことを考えないはずはないのだから、どちらがあるがままに観ているのか断じがたい。

それに、だいたい私たち日本人には、ある偏向がある。それは死のことを必要以上に早く考えすぎ、人間をあるがままに観る前から、死の方を知っていたことである。この習性は、私たち一人、一人の中に住んでいることだ。

私は自分の作品のことは別にして、墓場を大切にして待っているような心がまえから来る、いわゆる心地よい作品よりは、戦後の、墓場へバクシンしたり、墓場をあばくような強い傾向の作品を大切に思うのも、私たちの中に潜在するこの欠点を知っているからだ。

結論的にいえば、日本の作品のユーモアには、人生味や、人間味はあるが、人間や、人間関係は遠景に退けられている。最初から和解をかくごしていることが多い。アキラメていることが多い。

進まねばならず、しかも背後に死を意識するとするならば、いいかえれば、生と死とを真の意味で描くとするならば、おそらくユーモアは心地よいものといったものでなく、もっと苦渋にみちた、グロテスクなものとなるのではなかろうか。特に日本の現状では。百歩退くならば（それは結局は墓場をタテにとることとなのだが）ユーモアは清澄な音をひびかせるにちがいない。しかし生にも死にも「あるがままに」良心的であるならば、ユーモアは濁りをおびる。私はこうした新しいユーモアが、文学のみならず、絵画にも、もうかなり前から現われてきていることを知っている。

私の小説作法

自分はなるべく波風を立てぬように、なるべく人間を尊重しようとして、なるべく人も自分をも傷つけないように、と心がけているのに、どうして、こういう思いがけないことになってしまうのだろうか、なぜ人間はこうなのだろうか、というようなことを思うとき、そういうことをもとにして小説を書こうとするようである。ひとの生活を見ていて、いまいったようなことを感じさせられるときもそうだし、自分とまったく違う人に接して、しかもつきつめてみれば、けっきょくどうして人間というものは、こうなのだろう、と感じさせられたりするときもそうである。たぶん私は、そういう自分、他人に愛着をもつのだろう。新鮮と思うのだろう。経験の中から新鮮にひびいてきたことを反芻しているうちに、次第に一つの世界がまとまってくれば幸せである。きわめて平凡な次第である。

しかし、その世界を作るために、大切にしたディティルは捨てなければならないこともあるし、どうしても捨てがたくて、ひきずられていると、小説の世界をこわしてしまうこともある。

小説家が社会人として生きて行くうえにも、小説そのもののためにも、当然フィクションが必要になってくる。リアリティをもたせながら、フィクションを行なうことは、非力な私には大変な場合がある。

とくに長いものの場合、私は小説そのものが人生そのもののように、そこにある、というふうに、人物の動きや会話を通して書きたいと願うものだから、ちょっとおかしなところがあっても、くずれる。ディテイルに人並あるいはそれ以上にこだわり、またこだわるのが私の、この作風の場合には必要でありながら、しかも、そのディテイルに溺れると、忽ち小説世界は恥部を見せてしまう。

そのために、私はわが鈍才に鞭打って、意味を考え、またその意味をわざと忘れて具体にもどったり、あわただしい操作をくりかえすことになる。そうしなければ、とうてい長いものでマトモなものは書くことはできない。

誰しもそうだろうが、祈るように求めるのは、意味を含んだイメージというものである。私は、その意味は容易に分らず、しかも何か強くひかれるものがある、という式の方が好きである。私にはこの頃、男や女や人間というものは、渾沌とした複雑なものだ、と思う傾向がある。少なくともそう思うところから、発見をして行きたい。その場合、私は自分の資質（あるとすればだが）というものは、一応は忘れてしまいたい。私はアマノジャクなのか、名人芸というものが嫌いなのか（これは決して賞めたことではない）、何かおさまりかけた自分の世界からとび出して行ってしまいたく思う。おさまった自分がイヤになる。「人生」の鼻面が気になるからでもある。

その結果は自分から出たさびで、サンタンたるものになることもあるが、それが生甲斐だから困ったものだ。無能なくせに厄介な性分をもったものだ、と思う。しかし、この厄介な性分を生かさなければ、人並になれないのかもしれない、と思い返す。

最後に、大ゲサにいうと、私は自分の小説が作者の好みの風景になるのではなくて、風景をぶちやぶって人物がまかり出て、読者とも額をぶっつけ合うようなものが書きたい、と望んでいることは事実である。

モデルとプライバシイ

このごろ、人の口からプライバシイということを時々きくたびに、おやおや、ムズカシイ単語が日常に使われだしたと思っていた。モデル問題とかんけいがあるらしいとは分っていたが、ジャーナリズムから外れたところで暮していたので、ただ騒がしいことだなと思ったくらいだった。

私が『女流』の小説に、「実在の人物と関係がない」といったふうなことを付記したのは、必要以上にモデルをかんぐって、著者の私はともかくモデルと見なされる人に迷惑が及ぶことを憂えたからだ。付記することでかえって藪蛇になってしまったが、著者としては、やはり礼儀というものであると思った。もし、付記することで藪蛇になったとしても、だからといって、付記しない方がいいかどうかも分らない。「人物にも事件にもかんけいがない」と書いたのは、人物がかんけいない以上、事件的なものも、実在のものとかんけいがない、という意味である。事件というものは、相継《あいつぎ》起きるもので、そのいくつかが事実的であっても、そのほかのものが事実的でないとすれば、その事件は実在のものとかんけいがない、と思うべきである。そうでなければ、モデルと見なされる人にとっては実にメイワク千万なことだ。

人物の性格、その他の取扱い方は、伝記小説でない以上、作者の世界の一環であることはいうまでもない。だから、部分的にモデルらしきものがうかがわれるとしても、実在のものとかんけいがないと思うのが当り前だ、と一応いえる。しかし、これは作者として尻をまくったいい方である。作者が何と断わろうと、どういう意見をもっていようと、やはりモデルと見なされる可能性のある人は、何か心理的にも社会的にも影響をうけるかもしれない。もし、そのことでその人が立腹したとすれば、それに対して作者は本当はいうことはないのではないか。売文業者であり、印刷となって流布する文章を書いた作者である以上、プライバシイを侵害するといわれて、文句がないといえる。

私どもは自分の家庭や、友人や、その他ふと出会った人達からうけた感銘をもとにして小説を書いてきた。私の妻が、「私を裸にして人目にさらす」とある時、いったとしたら、それに対して何の文句がつけられようか。それによって私達の生活が支えられているとしても、である。ある時、電話がかかってきて、「私の私生活をなぜ小説に書いたのですか。私はあなたをそのような人とは思いもしなかった。今後あなたを軽蔑する」といわれたとしたら、それに対して、「その小説は単行本にする時には省くことにしますから、御許しいただきたい」と答える以外、どういう方法があるだろうか。その小説をよく読んでもらえれば、個人の私生活を書いたというより人間の生活を書いたことが分るはずだ、と思っても、相手のうけた傷をいやし、納得させることはムズカシイ。

またある時、まったく思いもよらぬ知人から、「あれは私のことを書いたのだ。ケシカラン人だ」といわれた、として、心の中で、違うと思っていたとしても、それをいって何の効能があろうか。こんな場合には、私の経験では、かえって逆効果があるくらいである。

たしかに、「あれのモデルは私だ」と思う傾向が人々の中にはある。困るのは、それによって傷つけられた、と思われることだ。あれは違うといった時、がっかりしたり、思いすごしをしたことで悔んだりして、二重に相手は傷をうけてしまうことになる。

またある人はこういう。私のことを書くことはかまわぬ、だが書く以上は、本当にあったとおり書いてくれ。自分ふうに、事実をまげて書かれるのは堪らない。私が怒るのはその一点であると。

また別の人はいう。美しく書けばいいと思っている。私が怒るのは、私の人間をつっこんで書いてくれないことだ。人をナメている。

このような怒りに対して、作者は何と応答していいだろうか。応答のしようはない。ただ心の中でひそかに思うことは、「これは小説だ」ということと、たとえ、あなたをヒントにしたところがあるとしても、世間の人は知らないことで……といったようなことである。しかしそれが、自分の妻や子供となると、そうはいかない。妻や子供は、それでいっしょに飯をくっているのだから、まだしもだが、有名人となると、世間が知らぬとはいえない。

　作者はここで最後的には、たいてい尻をまくってきた。だがまくり切れず、夜中にうなされたりする。私もその一人である。私はどちらかというと、人の心の中にある汚れオカシサを取り出すような作品を書く。作者に近い人間が登場すれば、そのオカシサを示す筆頭になるように仕組んである。こういう次第ですからカンベン願いたい、といった趣旨をふくめている。また作者らしき主人公が登場しないとすれば、作者の哲学や思想が主人公ですから、人物の方はそいつにふりまわされているのだから、まあまあ何分にも、哲学に免じて御容赦願いたい、といった趣旨を含めているつもりである。

　だが、作家として私は不安で、夜中にうなされる。そしてこういうことのまったくない随筆のような、自然との美しい交わり、調和をもった小説を書きたいなあ、と思うことがある。どこからも文句の来るはずのないものを書きたいと思うことがある。オカシサに興味をもつと、もっとしっかりした風刺的なものだが、ゴーゴリのように、笑ったりえぐったりした分だけ自分にハネかえってきて、急に美しいものばかりを書きたくなり、狂死をしなければならなくなる。そんな目にあうのはイヤだ、と思うことがある。

モデルがあれば、全身あげてとりくみ、死にのぞんで人生を見とおしたような立場で書きたいと思い、出来ればモデルがまったくないものをと思うことがある。しかし私はそうでない。様々の魅力にとりつかれ、そうして、ええい、ママよ、もう死んだ人のことならいいだろう、といったぐあいに思うことがある。死人に口なし、といったわけなのだが、これも実はまちがいである。死人ほど自由な多くの口をもったものはないのである。

くりかえすが、どうしても書きたいと作者がとりつかれる魅力の中には、書かれる方では実にメイワクなものが沢山ある。正直いうと、メイワクと知りつつ、谷底に身を投じるような気分で、つい書いてしまうことがある。あらゆる計算を丹念にして書く作家にしても、どこかではこの跳躍を行なっているように思われる。

私は今、四人の死んだ姉のことを書きたいと思っており、その書くポイントもだいたい決まっているが、彼女らが、そんなことを書くために小説家になったのか、と夜になると、ささやいて困るのである。もともとは赤の他人の妻ならばともかく、姉なのだから、許してくれ、それにもうこの世にいないのだから、と頼むのだけれども、案外に、この肉親が手強いのである。

こうして我々は肉親や家族からも嫌われることになりかねないし、人目をさけたり、目を伏せたりして歩かねばならない結果にもなる。私小説的傾向の作家には一層この状態ははげしいといえるが、この場合、家族の者に対するつぐないが、莫大な金を得るということしかない。ところが、こういう作家はたいてい、莫大な金を得るということはない。そこで泥沼におちこみ、泥にまみれなければならない。

ちゃんとヘソの緒は自分のヘソからつながっていなくてはいけないはずだし、……そこで工夫、工夫である。想像力というやつである。誰かがいっていたように、想像力は空想力とはちがうであろう。……

　ある人はいった。モデルと見なされる人には、ちゃんと断っておくべきだ。それを断らずに書くというのは、どうかしている。そこで、危いと思うところには断わっておく。これも工夫の一つ。

　そのようにして書いたとしても、なおかつモデルのありかをさぐりとろうとする。しかし、これだけいいのがれがあれば、もう大丈夫だ、と作者は胸をなでている。まあ、そういったところではないか。

『自由』という雑誌の三月号に、モラヴィアとの会見記がのっている。このイタリアの作家は最後にこんなことをいっている。

「今ではぼくたちは『観念小説』か記録小説に向いつつあるようですね。しっかりと出来上った作中人物も心理もない小説、さまざまの観念を描いた小説、あるいはとりどりの人生を描写した小説。また傑作というものはどんなジャンルにおいても現われる可能性はあるが、目下隆盛を極めつつある二つの形式は『随筆小説（エッセイ・ノヴェル）』と記録小説、または私的体験の『自分が知っている限りのこと』の記録ですね」

ここでいわれていることは、何も新しい説でもないが、一人の外国作家がハッキリといった例をほかに知らないから便宜上あげることにした。たしかにここにいわれているような傾向があるとすると、プライバシイの侵害ということも、一層ひんぱんに行なわれる可能性があるし、また作家は、逆にプライバシイ侵害と見せかける小説さえ書くようになるかもしれない。随筆小説の正体がどんなものか、分らぬとしても、日本のある種の私小説に似ていよう。心して書いたとしても、大してえぐったつもりでないにしても、一生かかっても消えぬ傷をあたえぬといえない。しっかりと出来上った作中人物も心理もない小説というのが、どういうのかはっきり分らぬとしても、だいたい見当がつく。こういう小説だから、プライバシイの問題に外れるというわけには行かないどころか、かえって一層つながるような気がする。

さまざまの観念を描くといっても、さまざまというのが、既に何かプライバシイの問題につながりそうで臭い。観念だからといって安心は出来ない。その小説そのものはプライバシイの侵害にならぬとしても、その態度の根本に、何かつながりがあり、その観念はおれの観念だ、と文句が出そうである。

この作家は、前の引用文につづいて、こう述べる。

「現代生活には二種類ある——群衆の生活と知識人のそれと。群衆の日常はすべて事件であり、知識人の日常はみんな哲学です。今日ではブルジョア階級なんてものは存在しない。ただ群衆と知識人がいるだけです」

多かれ少なかれ、私たちはいくぶん知識人的であるのか、いくぶん哲学的な小説を書く。その「哲学」の部分で、モデルだとか、プライバシイだとかいうワクから外へ出ようと心がけている。しかも、哲学の裏打ちになっている小説の中の小さい事件の一つ一つをはがして、そこからあたらしい事件を作る。この引用文は暗示的である。

抽象主義の作家たち

われわれの周囲に抽象的傾向の強い小説があることは確かで、それはどんなもので、どうしてそんなものが書かれるのか、ということを述べてみたい。一九二四年に死んだカフカの『アメリカ』は、これは、ディッケンズの小説と同じような筋のものである。しかしカフカは日記の中で、こう書いている。「自分はディッケンズの書く人物のように、あんなに一々、時に野卑と思えるほど執ように造型をしなければ、先へ進めないような描き方は、真っ平であきあきする。これは自分がディッケンズより後の時代に生れたおかげである。あるいは自分の虚弱体質によるのかも知れないが――」

これはあまり問題にされていないがカフカの楽屋裏をのぞくにはおもしろい言葉である。カフカはなるほど、そこいらにいる何某という人物は、描かないかも知れないが、少くとも彼の小説の中で出てくる人物をめぐって執ように食い下って書いている。彼の小説の中でも極端なものだが『審判』という小説では、弁護士は延々と一章にわたってしゃべり、何事か確かに訴えている。そしてそれは真実であるとおどろく。しかしわれわれはそこいらにいる何某という人物が目に浮ぶというわけではない。目には浮ばない。アタマに食いこんでくるのである。そうして何某という弁護士ではなくて「弁護士的関係」というものが、生きた人間の代りに、生き生きとアタマの中に造型されてくるのである。生き生きとしているが、分りいいものではない。つまり象徴的なのである。

石川淳の小説の中の人物も、やはり彼の精神をあらわすのに適当な点としての人物を用いて架空な小説を書く。『鷹』では二つの政治的な力の中にぐるぐる動かされ、最後に運河へとびこむ話だ。二つの煙草会社の争いであることは、次第に「私」が分って行くことによって読者も分って行く仕組みになっていることは、カフカの小説と同じだ。ここでは人物は造型されることをさけている。点になろうとしている。次第に造型されてくるのはやはり関係そのものである。石川淳の小説はこの点では、カフカよりも分りいい。むしろ今日の時世が比喩的に書かれすぎて恥しくなる位である。分りにくいところは、実は彼のポーズであるらしい。彼の精神構造は多分に趣味的で、逃避的である。よくいえばシュールなのかも知れない。しかしカフカはシュールではない。分りにくさは積極的なもので、根元的なところへ入りこむエネルギーからくるのである。

安部公房が、分りにくい小説を書くとはウソである。最初から分りすぎる位だ。石川淳には昭和十年代の自意識過剰病がカキガラのようにくっついてそれが観念に屈折を与えはするが、根本から観念小説をムリにしている。安部は過剰どころか、自意識の影も少ない。割に平均的な戦後意識で書いている。『奴隷狩』という題名を見ただけで、何がどう書かれるか直ぐ分るところがある。しかし彼は、怪奇、冒険、科学小説の才能でこれをカバーしている。彼の小説にもいわゆる人物は造型されていないが、それは怪奇小説らに人物が描かれないのと似たところがなくもない。それにしても安部は石川淳より時代の新しさを感じさせる。また梅崎春生は私小説的極微、日常の世界で、時に鋭い比喩を行なう。『Sの背中』という題名でも明らかなように、Sの背中をめぐって、対人関係のコンプレックスにのみ焦点をしぼり、他を省く。といって造型法は従来のリアリズムの方法である。ただ対人関係に焦点をしぼる執ようさと、日常極微の世界に深く入ることで、大きい世界を時に暗示する作風でリアリティをよく保っている。ここにあげた小説は、ページの進むにつれて次第に真相が分ってくるという形が多い。なぜであろうか、私は別の機会に、そういうことについて書きたいと思う。

共通の心の場とは何か

作家と読者がつながりあうところは、人と人との心がつながりあう共通の場にほかならないとぼくは考えています。だから作家が、この共通の場を追求してゆけば、たとえ書き方が従来のものと違っていて判りにくい場合があっても、自然に読者に通じてゆくものだとぼくは思っています。

ところで心の共通の場というものは、これをさぐってゆくと、ぼくたちが人生で本当に感動したところになるらしいのですが、それではぼくたちはへいぜいどこで感動しているかということを考えてみると、問題は非常に複雑になってきます。

たとえば親子の愛情とか、友情とか、それに類する心の美しさをサッとみせられたとき、ぼくたちは感動します。これは素朴な心をうつ感動ですが、逆に心の美しさをねがうために醜さに感動する場合もあります。つまりえたいと思っている心の美しさがえられないために、醜さに感動するわけです。あるいは、心にではなく、頭に訴える感動というものもあります。

頭にこたえる感動とはどういうものか、というとちょっと説明しにくいのですが、たとえばぼくたちはよく、ある卑近なできごとから、なにか大きな世の中のしくみなどをはッと感じとる場合があります。こういうとき、人は世の中をみとおせたという整理感のようなものを感じます。これを感動といっていいかどうかは判りませんが、一種の感動の刺戟になるものだということは出来るでしょう。

最近ある同人雑誌を読んでいたら、こういう話が書かれていました。生れたばかりの子供が死んで悲しんでいる主人公のところへ、ある日市長と郵便局長の連名で一通の書状が来ます。それは「玉のようなお子さんがお生れになってお目出たい。ついてはその記念と祝福をかねて簡易保険に入ってもらえないか」という勧誘状なのです。作者は「この手紙を一読したとき、一種の感慨にうたれたのであった」と書いています。これなどは、頭にくる感動の一種といえるでしょう。

主人公は出生届と死亡届とを一緒に市役所に出していたのです。そこで市役所の機能が分業システムをとっているらしいこと、だから出生届と死亡届が別々に整理され、出生届の方だけが郵便局に連絡されたのでこういうゆき違いが生じたのだろう、というようなことを主人公は考えます。人間と外部とをつなげている組織との関係を、ハッと感じとったわけです。

ぼくたちはこの話から、世の中の内部と外部のぶつかりあいから生れる、あるおかしみとかなしみとかを感じとることができます。このモチーフを発展させると、一篇の諷刺小説ができあがるでしょう。

しかし、この方法では、さまざまな感動のうちの、ある一つの感動しか表わせません。頭の要素が加わると、感動の種類は非常にさまざまになってきます。かりに複雑な感動を複雑なままでうまく表わせれれば、いろいろな感動を読者につたえることができ、ひろい読者とつながることができるでしょう。ところが短篇などではどうしてもそれぞれの感動にあった小説しか書けません。そこで読者も一部に限られてしまうのです。

読者の不満もここからくるものでしょうし、また作家自身にとっても、さまざまな感動をいつくしていないという不満からのがれられません。そこでぼくは、いろいろな感動にあったいろいろなかたちの小説を書いてきました。これらをまとめてみれば、いろいろな感動を表わしているのですが、一篇ずつみるとやはり一部の感動しか書けていません。ですからいくとおりもの感動をつたえる綜合されたかたちの長篇を書きたい、というのがぼくのいまのねがいとなっています。

摩擦音の如きグロテスク

創作態度というと難しいことになるが、僕はとにかく日常的な細かいことに執着して書きたいと思っている。その意味では分り易くいうと、リアリズムということになる。垢によごれたように見える、卑小な些事をとりあげてぬりつぶすような感じだが、モチロン人間は卑小でワイザツなものだという考えが根本にある。いろいろな作風で書き、いろいろな荒唐無稽なことを書いても、むしろそうなればなるほど卑小な、飯を食ったり歩いたり、恥をかいたり、怒ったりするところで描こうとする。生活人としての僕の興味がいつもそういうところに向けられてきたのであろう。僕の場合はその中でも腹を立てる微妙さが、小説を書く動機となることが一番多い。

勢い世界は卑小でワイザツなひびきを立てる。そういう世界の中で、歎いたり、おこったり、動いたり、怒号したりする、きりきり舞の状況を書いてきた。好んでワクを作ってその中で芝居をやらせた結果、何か小説というものとは違った窮屈なものになったこともある。つまり僕は狭い場所を設定し、そこからはみ出さないようにした。中の人物もそこのワクからはなかなか外へ出たがらない。出ようとするところで終るといったものも多い。中の人物はゆっくり物を考えているといった、例えば自然の景色の中を歩いて考えこんで一日を過すといったものはない。切迫している。

考えてみれば、四六時中僕自身が動きまわり、怒号していたのが、作風にうつったのであるし、いろいろ書くことで、とにかく僕は、この世の中に、この世の中ぜんたいにつながっており、行動していると思っていたことは事実だ。このワクがいやになった。人物にもなれてきた。幾人もない手なれた人物を飼いならしていることに気がついた。ワクが作ってあるために、人物は主人公に都合のいい役割を果すようにデフォルメされていてもそれほど目立たない。僕には実感として、それでいいと思うものがあった。そのワクをはずした方がいいと思うようになってきたのは、何より僕自身イヤになったからであるが、そのまた理由は、僕が前よりいくぶん外にあるいは内に眼を転じようとしたことであるかも知れない。外へ眼を転じようとしたのは、転じようとしたというより、自然にそうなったという方がいいであろう。事実僕は長年住みなれたフンイキ外にも少しは出はじめた。と同時にその世界を意識の中で統一し整理しようとするために、内側に於いても前よりは操作が行なわれることになったといえる。あたり前のことだ。

つまり僕は前には気楽なある円盤の上を動いていたのであるが、そうしてもう自分の中で、自分の平面上に於ける位置も評価も分っている「過去」を書いていたわけである。しかもその評価には、僕だけでなくて世の中の「過去」を見る評価が後押しをしていたのであろう。しかしモチロン僕としては、それでも、この世の中の、最大公約数的な安易な評価に抵抗を感じているところで書きもした。

過去を新しく整理し直して現在の視点で書くということは、僕も時々楽をしたくなるとやるが、虫がいいと自分で思うことがあるし、実際は意欲が盛り上らない。過去の意識がなく、現在の中で動いて行く小説にも、どうせ「虫のよさ」はつきまとうが、やはり「虫のよさ」の質も違うように思われるし、この「虫のよさ」には許すべきものがあるように思う。

僕としては自分の円盤の平面から動き出し（?）た時に、僕の扱う人物は信用がおけなくなった。どうせ明快に云えないが、それなら外の人物ならということになると、やはり僕になじみ深い人物でないというだけではなく、どうも人物というヤツが、何か世界の支柱である、或は世界そのものであるかも知れないが、どうもいわゆる人物はそれのもっているワクの強さ、装飾品のために、かえって世界をうつす妨害となる気配がある気もした。外と内を一キョにつなぐような人物がほしいと思った。

私は次第にカリカチュライズする小説が嫌いにもなってきている。そうでないとしたら、昔からのクセが出ているだけかも知れない。

いつの時代でも人生態度として諷刺的態度をとることを好まない人はカリカチュライズすることを好まない。僕の云うのはそういう意味もあるが、その外に、カリカチュライズしてもはじまらないほどの世界に住んでいると思いはじめたせいもある。諷刺する相手は……作者自身さえも容易にその相手の方にまわる可能性がある。そういうことも諷刺することは出来るであろう。しかしそれはまた別な話だ。

もっとも僕はカリカチュライズしたが、あまり諷刺してもいなかった。僕の限界であるが、また日本人の限界のようでもある。

僕はこういうわけで、人物の考え方が変わってきたといえる。私は『島』という小説でたとえば、「噂男」という人物を書いた。これは権三という名前もあるが、アダ名の方が本当の名前であるといった方がよいかも知れない。こういう式の人物は、いわゆる人物としての装飾をまとわないわけであるが、僕としてはこういうものを描くのに、止まるだけ、日常的な卑小なところで書こうとした。私は楽しくもあったし、意慾もおこった。どういう小説でも人物は作者の創ったものでなければならないが、こういう人物の場合は、「噂男」という人物を選ぶということだけにも、かなりの創造の比重がかかってくるように思える。普通の人物の場合も類型はあるわけだが、こういう人物はその類似がもっとはっきりしてくる。ここに危険と限界とがあるようである。僕はそこでもかくことになるかも知れないが、意慾的になれるのが、今の自分に一番ほんとうの仕事だと思うので、意慾的になれるうちは、こういうことをやってみるつもりだ。

僕はユーモアというものも、墓場から人生をみた態度から出るような式のものは、自分でも習慣上書くこともあるが、これもイヤになっている。これでやれば、何といっても伝統とふるさとのある観方なので、病気をした時の気分のようなものにはぴったりするが、現在生きているという感じに進んだ方が、清潔にも思う。

僕もユーモアは好むが、ぶつかって行く時に、そのくいちがいから起る、遠くの距離から見ない、直接的な摩擦音の如きグロテスクなものの方が好きだ。

しかし僕に、色々なものがまじり、そいつが習慣的に反旗をひるがえし、そいつがもっともだと思わせる要素もあったりする。僕はもがきながら、書いたり考えたり、失敗したり、浅はかさをかこったり、恥をかいたりしなければなるまいし、またそれを望む。

私の考える「新しさ」ということ

もともとどういうつもりで小説らしき文章を書きだしたか、ということを考えて見るより仕方がない。というのは、今の私の態度は三十年前にはじめて書いたときと、ほとんど同じで三十年の間ずっと最初のままきてしまったようだからである。気持を伝えるのには小説ふうのものがいいようだとか、自分が小説を読んで面白いとすれば、自分が書いたときも、他人が面白いと思うかもしれない、というくらいに考えていたにちがいない。

とにかく、自分が面白いと思う小説があり、そういうものを何とか書いてみたかっただけだ、といった方がよいであろう。結果において、私が面白いと思う見本のようなものは書けなかった。才能が不足であるか、それとも気持が足りないのだ、というふうに思った。

こうしたことは今でも同じことで、この両方の不足をかこっているわけである。

ただいくら面白い小説があっても自分とは違うことはいうまでもないのだから、見本というふうには思わなくなった。

私は読者のことを考えるというより、立派な小説には自分を含めて読者があるのだから、立派なものを書けばよいのだというくらいに楽観的に考えている。ということは、けっきょくは読者のことをあまり考えていないということかもしれない。私はふりかえって見ると、自分の数少ない小説の中にもいくぶん読者が多い小説とそうでないのとがある。それも段階に分けると三つぐらいになる。いわゆる文学愛好の読者をこえるものと、文学愛好者の大部分を含むものと、その一部の人のみに限られるものと、である。文学愛好家の中には文学研究家や文学青年がいる。

それではいったいどうして三色のものが出来るのか。私はどの場合も別に読者のことは考えていない。せいぜいが立派なものを、と思うだけで、その根拠は立派なものには、とにかく読者があったし、今もあるらしいと思うだけのようである。

十分につかんだものの場合は、第一になるらしい。十分につかんだということは、十分に書く喜びがある、心の喜びがあるというふうにいってもいいかもしれない。そのためにはいうまでもなく筆をとる以前にさまざまの資本がかかっているということでもある。たぶんそういうときには、フィクションもかなり思うように出来る。

その他さまざまの喜びの種類があるだろうが、どこか心とつながる、つながり方がうまくなるにつれて、もともと少ない読者がよけいへるようである。

私の中には何かしら悪い虫がいて、そのために効果の少ないいらざる苦労をすることになるともいえるが、その一つはパイオニアになりたいということである。誰しもそうかもしれないが、私は私なり、ほかのことではまったく駄目なので、この道だけではそうなりたいと思うらしい。それならば、それ相応の装備をもち、十分にトレーニングをして出かけるか、というと必ずしもそうではないのだから、困ったものである。

というと、私は新しがり屋にきこえるかもしれぬが、ほんとうはそうではない。何かしら虫のせいである。くりかえすが、ほかの点では全く新しいも古いもない。それに文学のことにも私が開拓したいというのは、ほんの一つのことに限られるのである。自分に生甲斐のあるような小説。一番大切なことが忘れられていると私なりに感じ、とにかく自分は気がついている。それを自分ふうにではあるがうまく出すことが出来ればと思う。その望みの岩に一つでも足をかけることをしたいものである。といったようなもので、相当に控え目なものなのである。

ところが岩からすべりおちたり、辛うじて岩に片足をかけるところまで行っても、それっきり身体をもちあげることが出来なかったりする結果になる。

私はその昔、それだけの能力もないのに、中学を卒業してからとつぜん思い立って第一高等学校を受けはじめ、三度めに漸くにして入った。私は「作文の実力涵養法」という文章を書いたり、はじめて小説を書いて受験雑誌に応募などしたが、嫌いな数学の勉強に大いに精力をつかった。おかげで私は入学後、数学を教えてアルバイトをして食うにはことかかなかったし、その程度の数学なら、今でも解くことが出来る。しかもその数学は、実は数学などというものの仲間には入らぬような程度なのである。私は徴兵検査の適齢期までの青春をこの受験に賭け、その直後私の中学の校長が、生徒への訓示の中で、私の名をあげて、ああいう馬鹿なことをするものではない、といったそうである。これはもっともなことで、入学すると私はとたんに失望してしまった。私は出世することも、将来のことも考えていたわけではなかったのだから。変に求道的であった。当時の受験の名指導者、たとえば「考え方」の藤森良蔵氏などは、求道を教えたと思う。こういう受験生はその頃かなりいたので、私だけのことではないが、このバカげた、鈍なところが、私のささやかなパイオニア精神と何か関係があるように思う時がある。

人間はどこかの部分で、自己主張のあらわれとしてパイオニアになりたがるものと見える。ただ文学の道でパイオニアになることは、本質をおいてはないので困るのだ（パイオニア、パイオニアというからといって、どうかあいつ思いあがっていると思わないでいただきたい。私はそういうつもりでいっているのではない）。

私は何を書いてきたのだろう。私の書いたことは、誰しも同じではないか。もっとも私は色々の芸当をするということは出来ない。やっても見たが、今までのところではうまく行かない。積極的に、何でもやって見るという人にしても、本当にやりたいことについては、多分私が前に述べたようなことを考えておられるのではないか。いったい何が違うというのだろうか。

私は出来れば立派なものを書きたいと思っている。それによって読者が沢山作られればいいことはいいが、私は読者というものをあまり信用しない、という妙なくせをもっている。多勢の読者の中には、多少とも間違った読み方をしてくれる人がいる。かんじんのところを間違えて立腹する読者がいる。本来なら私の本など買うはずもないのに、何かのぐあいでつい買わされて腹を立てる。最近私の書いた長篇で、この主人公や家族たちはけしからぬ、したがってその作者もけしからぬというふうに新聞に投書した人があったときいている。それをきいて、私はその人に読んで貰いたくはなかったと思った。しかし、評論家でも何でもないその人がそう思うのは、いいことだ、とも思った。あの小説はある意味では、けしからぬ連中だ、と思わせる小説だからである。私はけしからぬ、駄目なやつだ、ということをかなり意識して、というより、それこそあの小説で書きたい重要な一つのことであった。ただ私は、そういうことを大きな声でいうことの出来る人間はいるのか、という気持は同時にあった。私はあの家族を愛している。あんな家族を愛しているのは悪い、というかもしれないが、愛してはいるがつまらないことはつまらない。そのつまらなさをかなり分り易く書いたから、つまらないと思う読者がいたのであろう。一応つまらぬ人物をつまらぬ、というふうに読ませたのは作者の私である。私はその読者とある程度、同じ意見なのだ。

しかし一面からいえば、私の配慮が十分に行き届かなかった、ともいえる。つまり、そういう批判的な人物を中に一人挿入しておかなかったというようなことである。しかしおそらくこれは、ただの技術的のことではない。私自身が当時固執していたものの性質と、それから、私の愛情の及ぶ範囲の狭さであろう。

私にはどうも一般の読者を、ときには好意的な読者にさえもしっぺ返しをするようなところがある。なぜこの作者はわざとこういうもってまわった分りにくい表現をするのであろう、と宇野浩二氏に書かれたことがあった。そのとき、宇野氏自身も近頃はそういうところがあるとひそかに思った。私はもってまわった分りにくい表現をしたり、書きすぎて分りにくい表現をしたり、それに類する表現がたしかにある。その何分の一かは、私がもっと気をつければ何とでもなるものもある。もっと謙虚になれば、すむところもある。作家として腹がすわっていないというところもある。ところが私は心の底で、それだけではない、自分は何かしら、真実の側面を真実がそこにあるあり方でそこにつきつけてみたい、と思っているのだ、と叫んでいることを知っている。私は真実というものは、割に語られていないものであって、真実にも誤解がある。小説の中で真実と見えているし、多勢の人はそう思っているが、実はどうも違うのだ、と叫ぶものがあり、したがって真実というものを示すのに、いく分ヤケ半分になってしまうバカげた破目におちいる。ヤケ半分になってしまうというのは、おかしな言い方だが、どうもうまく言えない。

　真実というものは、そんなもんじゃない、といわれると、私はうなずくよりしかたがない。自分に対して好意的にいうとすれば、たぶん性急なのだろう。それとも真実のつかみ方にくせがあるのかもしれない。いわゆる「芸術」というヤツが嫌いで破壊したいのかもしれない。恰好のついたものに不満であるのかもしれない。ワイザツさを信用しすぎているのかもしれない。技巧が嫌いなのかもしれない。私は性急さだけは何とか改めたいと思っている。そのコツも分ったような気がしないでもない。

　私に限らず、今の作家は何か限界をもつことで文学の純度を辛うじて保とうとするところがある。これは今や常識であるが、われわれの周囲のひとりひとりの作家は批評家にいわれる前に、身を以てそれを知ってよくても悪くてもその道を歩いてきた。それで純度をかち得るのに成功した、といっているわけではないが、たしかに傾向として意識的にその傾向を辿ってきた。

　それは作者にある特定の姿勢を強いる結果になることも事実である。純度を得た方法や態度が、純度を失わせる理由ともなる。そういうときにそこから脱出するのにはどうしたらいいか。その脱出には、大転回が必要かもしれない。そのとき作者はもう一度自由になって、首をその中から出さなければならない。もしそれに成功するなら、きっとそれは、私のいうパイオニアであり、純文学の純度を得ることになるのだろうか、と思ったりする。

　さて、その大転回の初因となるものは、何であるのか。それは今まで、こうだ、とたかをくっていたものを根底からゆさぶるような感じ方。そしてそれはほんとうに生きようと願う願いの新しい発見のようなものではないか、と思う。そういうところから、今まで作家の中にあった習慣的な生き方をしている人物たちは、その世界の中での人物として積極的な役割をもつことになるかもしれない。

　これは言うのは易しいが、実行がまことに困難なのは、作家の筆は作家の中にある習慣的人物たちをつい安易に操らせてしまうからである。私はケチな作家だから、この筆も大したことはないが、それでもこの筆に迷惑をしている。

私の場合はこのような大それた転回は出来るわけではないが、多少でもしようと思えば、何年もかかるし、何年もかけて長いものを書くつもりにならなければ、ある程度の希望もなかなか持てない実状である。

　ある日、ある時忽然というふうにこの初因は得られるものではあるまい。そう見える場合でも、実際は積み重ねであろうと思う。それに案外何十年も前の自分に帰っただけかもしれない。もちろんそれでも、ただ帰ったわけではない。ただ元へ帰るというようなことは、あり得るわけがないからである。

一つの作品をまとめあげたときに、調子が出てきたらしいから、さあ次のものを、というふうにいわれたとしても、私にはとてもその能力はない。私は次の仕事のために前の作品を書いた自分をふみこえて行かなければ、力の弱い作品しか書けない。少しずつ作者の私は変り、その変る自分をもとに、世界を考えるというのが、私の純度を保つ方法であり、それがパイオニアとしても、岩にかじりついて這いあがる手段だと思うより仕方がない現状である。

あるところへ書いたことがあるが、私が名をあげるさえおこがましいと思う大作家のドストエフスキーの小説の厖大なノートを読んでいて、最初からノートをとり直したその努力や精力におどろいた。しかもそのノートに書かれたものは殆んど小説の中ではすべて着実に生き、光芒を放っているが、そのノートの中では殆んど色あせたものである。このことは当り前のことであるが、この作者が一番大切なことはノートでは書く必要もなかったし、書く必要もないほど彼の中に渦巻き、しかも確固として存在していたのだ、ということであろう。

それは「生きたい」という意志、その他、愛や憎しみの心の重要部分を占めるものである。こういうものは、どこかで理想を求めている意志とかんけいがあるにちがいない。

ドストエフスキーの時代と今の時代とは違うから直接こんな例をあげても仕方がないわけであるし、われわれの理想の内容やもち方は、外国人の場合と大いに違うのはいうまでもない。日本の自然主義がどうのこうの、というい方からすると、さまざまな論議の対象にもなることであろうと思うけれども、結局のところは、私というひとりの作家にとっては、どうでもいいことである。

ただ私はずっと過去から現在に至るまで、日本の純文学というものを、ふりかえってみると、その時代によってその内容は違うけれども、よくつきつめてみると、その作品を支えているものは、生きたいという意志、何らかの意味の理想を求める意志を基盤にもっていないものは一つもないというように思わないわけには行かない。

表にまったくあらわれない場合でも、作品を動かして行くリズムのようなものは、即ちそれである。それは生きている人間の呼吸のように、全篇に流れていて、あまり基本となっているので、気がつかないだけのことであるような気がする。

芸術家とは、最上の生活は如何に生きねばならぬかを知っていて、自らがいかに拙い生き方をしているかに気づいているものだ。芸術家とは、自らがその生き方で失敗していると知っていて、しかも何か美しいものを創り出すことによって、その悔恨を癒しているものである。ところが俗人とは、生き方を誤っているのではないかと疑いながらも、ゴルフや恋愛や商売で成功を収めれば、それで結構なぐさめられるような連中である。

これはワイルダーの言葉だが、いつの時代にも適用するのではないかと思う。「芸術家」という言葉を「作者」ぐらいにおきかえたり、「美しいもの」という言葉を広い意味にとればであるが。

私はほんとうに新しい小説は、どこかに人眼につかずに眠っているか、過小評価をされていると空想するのが楽しい。ジャーナリズムはその程度のものだと思うのが楽しい。ほんとうに新しい小説は、既成作家にしろ、黙々と困苦に堪え、時流を睨みながら、ひそかに想を練っていると空想するのが楽しい（しかし何とそれが困難で成功しないことか）。私が恐しいと思う作家はそういう作家である。認められてしまえば、私はその作家に次の作品を当分は期待しない。自分に対しても他人に対しても、私はそうである。例外はあろうが、作品はいつでも新鮮であることが必要だし、ほんとに新鮮な作品は、前の自分を乗りこえることだ、と思う。

一つの立派な新しい作品が出たということは、次にはその新しさに自分さえもついて行けない、というのは、小説の新しさの意味だし、とくに昨今はそうである。世の中とのかかわりあいと人間そのものの存在の仕方が、一層デタラメで、そのデタラメさが次の作品の中で見すえられて何らかの形で一つの要素となって来なければ、忽ち通俗化するし、次の新しいものにあらわれるはずがないからである。現代文学に巣食っている不安はそうしたものである。私が新しいというのは、ほんとうに新しいということで、私は新しさというものを、そんなふうに厳密に考えるのが好きである。

私の場合はしたがって、無い知恵でもしぼり、人間とは何であるか、を実生活の中でくりかえし考え、その意味は何であるかを考え、それは思い過しではないか、と考え、その小説の表わす世界は、今までに書かれたことがあるかないかを確かめ、あとは相応の時間をかけることが出来れば一番幸せな状態といえる。なかなかそうは行かないが、なるべくそうしたいと思っている。私のような貧しい才能で、願いが柄になく大きいと、人一倍考え、思いをひそめ、時間をかけるより仕方がない。またそうでなければ、私の場合は、いったい何のために小説を書く必要があろう。この年になって。

さて私は遂に何をいい得ただろうか。私は私なりにこうだ、と思うものがあるのだが、とうていこういう文章ではいえない。何と不自由なことか。いったとしても誤解を招くことであろうし、私自身も忽ち反発するやもしれない。

Ⅲ 小説の論理

思想と表現――ゴーゴリ・ドストエフスキー・カフカ

1

私たちが他人の小説を読んでおどろくことは、それが大作家であれ、小作家であれ、さまざまな主題や、表現法を通して、いつもたった一つの結論につきあたってしまうことです。

たとえば、ドストエフスキーというような作家は、処女作といわれる『貧しき人々』で、下級官吏の老人の、若い女に対する献身的な愛情、献身的であればあるほど、ウソにみちた奇妙な告白や行為が、手紙体を通して書かれています。まるで愛情を示すには、人間はウソと擬態を示さなければならないのではないか、ということを感じさせられるほどです。このような彼の処女作の中に見られる、彼の人間や、世の中のつかみ方は、彼がシベリア流刑にあって、三年の刑を終えてから書いた『死の家の記録』という刑務所の生活記録を読んだ時にも、何か「似ている」というふうに感じ、それをおしつめてゆくと、どうも、この『貧しき人々』の官吏が罪人のかたちをかりて「死の家」にも住んでいるのにびっくりします。

『死の家の記録』はさきほども申したように実録に近いもので、たいていの作家が、題材を処理できない時に一度は、この作品を読んで、気持を楽にして「いや、なに小説的に書かなくとも、ありのままに書けば、それでいいんだ」と納得させる作品なのですが、(試みに戦後の日本のいい作品を思い出してごらんなさい。『死の家の記録』を意識した形跡のある作品がだいぶあります)実録に近いこの作品の中に『貧しき人々』の中の官吏が住んでいるとは、どういうことでしょう。さらに『罪と罰』にいたれば、だいたいこんな神経質なラスコーリニコフなる青年が、人を殺して、平気でいられるか、どうかと考えることが既に、……といったぐあいに。これは『カラマーゾフの兄弟』になると、どの人物も自分の背負った二色の宿命をもてあまし気味のようです。いったいあのカラマーゾフの親父は、どうしてあんなにいやらしく道化で、そのまた道化ぶりが変転きわまりなく、本人自身も途方にくれてしまうのでしょう。あげくのはて、彼が長老の前にひざまずいてザンゲするとすれば、もうそのことが道化と見えてしまう。そうなると、本人はとたんに道化であったふりをする。はじめから、道化であったのか、道化と見えたから、道化ぶったのかもわからない。本人がわからない。何もこれは、この親父に限らない。この親から生れた子供たちが、その血を受けていないわけはない。

こういうような調子で各人物が根本のところで似ている。似ていながら、バラエティに富む人物たちが、事件をおこしながら小説をすすめてゆきます。

いったいドストエフスキーというこの大作家は、何げなく事件の結末は語りますが、作者はあずかり知らぬような顔をしています。二、三の作を除いて、作者は人物ばかりわれわれの前に圧倒的に登場させて、擬態ばかり演じさせます。こんな擬態ばかり演じているくせに、困ったことに、各登場人物は、読者より、相手の擬態の本質をつかんでおるらしく、その擬態のおくにかくしているところをもとにして、事件は展開してゆくように思われます。

いってみれば、これこそリアリズムの極致なのでしょうが、私の申したいことはそういうことではありません。同じ穴のムジナともいうべき連中が見ぬいていて、それをもとに相手に入りこもうと思うと、たちまち擬態で防いでしまう。いったい彼らは何をこんなにムリをしてまでかくさなければならないのでしょうか。それは『貧しき人々』の場合にしたってそうです。

人を愛したいと思うことは、どうも愛されたいと思うことらしい。この老官吏は、愛されたいと思っていると見せることは、恥ずかしい。自分が恥ずかしい。自分が恥ずかしいということは、自我が傷つくばかりではない。もう一つのもののために恥ずかしいのです。もう一つのものとは、一口にいってしまえば神です。絶対者のくせに、キリストを通して、個々の行為に、変転自在な具体的方法をさししめした、このガンジガラミの、生き方です。底の底で全人類の精神世界をいっきょに包んでしまうもの。

たとえば、「隣人を愛せよ」という言葉が聖書にあります。この言葉の重みが、隣人との交際に、影のごとくよりそって監視しているという立場にたったものでなければ、「神」がどんなに言葉的であり、それだから、自在であり、見ているものであるか、わからないと思います。一方にまた、この重みの中にもぐりこんでしまえば、甘美な世界がひらけるということが、身をもってわからなければ、この重みの感じもわかりません。

愛したいと思う時、すでに「神」が介入してくる。しかるに自分は、自分ふうに「神」と関係なしに愛しようとする。「神」を裏切ることになる。こうなると、「神」をふっとばすか、自我をふっとばすかである。人間はこの両極をもっているとすれば、この両極の間で一方になるか、あるいは、その間で揺れなければなりません。

こういう揺れを感じている人が、(感じ始めたら、かた時も休むことなく、人はこの揺れを続けなくてはならないことになる。生きるということ、そのことが、このように揺れることでさえあります)他人の中に、この揺れを見ぬくことがないはずはありません。

こうした揺れは、かた一方の方に揺れた時はもう一つの方から見れば擬態であります。スタヴローギンが少女に信じられぬほどの精神的打撃を与えて、首をつらせる。少女を愛することが擬態だと思うからこそ、こんどは少女を残虐な方法で殺す、という別な擬態にたちまちうつってしまう。

どの人間も秘密をもっている。秘密というのは別の極のことなのですが。ドストエフスキーの場合は小説の全体にまたがっている。作者の精神の構造は、それぞれの人間が秘密をもつことで人間像を作りあげているということです。『罪と罰』では、全体の筋そのものが、極から極への移りかわりということになっていますが、これはソーニャという一つの極しかもたない理想的女性を通して描かれているからです。

私が長々とドストエフスキーについて語ったことは、この大作家は、処女作から、晩年の作品に至るまで、たった一つの「精神構造」をしつように追いつづけてきたことがわかっていただければいいのです。しかもこのリアリズム作家は、タイフウの眼みたいなものを各人物にもたせている。筋などというものは、タイフウの眼をめぐって回転する人物のぶつかり合いからおのずから発展するものであります。

作者は『悪霊』のノートにおいてシャートフにスタヴローギンをなぐらせるか、あるいはその反対にスタヴローギンにシャートフをなぐらせるか迷い、シャートフになぐらせることに決定した事情を詳細に書いています。

2

小説の場合、表現というものは、作者が終始かわらず追いつづけている「精神の構造」

をあらわすことで、ある作品が堅固な作品であるということは、文章のかっこうがついているということではなしに、自分のもった「構造」にふさわしい文章を書いているということにすぎないようです。

作者が追究するこの「構造」というものは、皮肉なことに、この「構造」を作者が意識しすぎた時に、もはや「表現」を失うように思われます。結果的には、作者のどの作品も、よくもまあおなじ構造を具えている、と思いますが、作者自身はこの「構造」を忘れなければならないのです。

ドストエフスキーのような作家は、いうまでもなく、具体的な、この地上に歩んでいる人間に興味をもち、そういう人間に自分が興味をもつということは、果してどういうことか、というようにして、次第に作品の母胎になる渾沌としたエキスを蓄積してゆくわけですが、とにかく作品に出てくる人物は、『死の家の記録』の人物が刑務所の中に実在していたとほぼ考えていいとおなじ意味で、実在していたといえます。彼のノートを見ると、彼が、彼の周囲から、人物をひき出していることがわかります。

このようにして人物を引き出して作品の中に浮かす際に、ドストエフスキーは、両極の間を揺れるものとして、切りとってきているのです。そして主としてこの「揺れ」を中心として、彼の小説は発展する、ということは前述の通りですが、問題は彼がこの揺れをして、人間をつかんでくると意識しないで、「面白い人間」「重大な人間」というふうにしてつかんでいるにちがいない、ということです。作者の表現と、この構造との関係は、不即不離でありながら、構造は常に、確認の形であらわれるのです。

誠実な作家は、いや作家は誰も誠実であろうとするものですが、作家が創作活動の中で生きようとすることは、現在の自分を新鮮に牽引し、自分を混乱させ、自分の存在を危機に陥しいれようとする現実を、人間を、何とか作品化することです。作者が危機を感じるとは、どういうことか、というと、それは自分の「精神構造」が崩れるか、それでは処理できないと直感することです。にもかかわらず、その現実に立ち向かって、石にノミを入れるように、そして一つ一つのノミに、何ごとかを賭けながら刻む時には、作者は充実感をおぼえ、存在感をもつことが出来ます。表現とは、もちろんこの存在感、充実感をもつことですが、私がいいたいことは、このようにして、自分の「構造」が物の用に立たなくなったかの感がある、と思い筆を進めた結果、出来た作品は、実は不思議なことに、結局のところその構造は自分の「精神構造」以外の何物でもないということがわかるということです。

作者は自分の「精神構造」を忘れ、しかも「精神構造」によらなければならない。だから作者は、もはや賭けるよりしかたがない。

先程私は石にノミを入れる、といいましたが、ここにある材料としての石柱、または石塊のまわりをまわりながら、ノミを入れる場合のことを考えてみると、その事情は納得がいくと思います。一つの面は他の面の責任を負わなければならない。ここでは一瞬一瞬は一つの面しか担当できない。次の面へうつった時、次の瞬間がある。このようにして、作者のノミは、いつも現在を担当するが、それでいて、その一瞬は次の一瞬の責任を負わなければならない。前面を彫りながら、背面を考慮に入れていなければならず、しかも作者がその一瞬を担当することは、前面なら前面だけである。このように現在に賭けるということは、前面の場合、背面を考えない、拒否するというのではなしに、背面のことを考慮することは、前面なら前面においてしか出来ない、ということです。ここで作者は、義務よりも愛の領域に入るのです。愛という漠然とした、心の状況の中でノミを打ちこんで行く時、前面と背面とをつなぐ、全体の構造の中に、作者の精神構造は、現在のつみ重ねの中で、おのずから、その体をなす。作者の義務は結果あらわれてくる。義務こそいってみれば、作者の精神構造なのです。

　　　哲学者はナゾをさぐるが、詩人はナゾをこよなく愛する。

とリルケが『風景画論』の中でいっていますが、現在に賭けるということは、言いかえれば、この「ナゾをこよなく愛する」ことだといってもよいのではないかと思います。
ドストエフスキーは、ディッケンズふうに物語り的手法をとりながら、たちまちにして読者は「現在」の中に放りこまれてしまう。作者が人物の秘密をかくしているというより、作中人物が秘密を保持しているといった感じです。

スタヴローギンにしろ、キリーロフにしろ、シャートフにしろ、もし作者が秘密にしているのならば、ナゾときであって探偵小説であります。各人物が自分で秘密を容易にあかさない、というより、秘密をあかすことは、ますます秘密を深くするといった感じの場合、ナゾの深さは人物の深さに転換され、「現在」の渾沌は、人物の渾沌とおなじことになります。

このようにして、ドストエフスキーの場合人物がよく書けている、ということは、彼が、自分の「精神構造」を忘れるほど「現在」のナゾそのものを愛し、これが人物となって登場し、人物が登場するや、ナゾをもつが故に、背後のナゾをさぐり合って、小説は必ず長篇小説とならざるを得ない結果になるように思われます。

いったいこの作家の『カラマーゾフの兄弟』にしても、章を一つ一つたどって、この長篇の骨格なり、構成なりを見てみますと、何か非常に単純な、といった感じさえうけます。幸いこの作家はいつも章ごとに物語り作者ふうな見出しをつけてくれますので、しらべてみることはさほど困難ではありません。「無作法な会合」などはどっちかといえば、登場人物も多くて、複雑といえば、複雑な章のようですが、実際に注意深く読んでみると、おどろくことは、ここでは特に父親のフョードル・パブロヴィッチの渾沌とした厚みばかりです。行を追うごとに、ますますその感じは深くなり、同時にハッキリとこの人物がわかってくるということだけです。渾沌と明晰さとが同時に存在する。妙ないい方ですが、影のごとくつきまとう明晰さこそが、作者の「精神構造」です。すなわち作者の言いたいことの構造です。私は今、「影のごとくつきまとう」といいました。言いかえるとこうです、この人物が、次の章であらわれるとすると、全く何を話すともわからない。話してしまえば、ああそうか、いつものあの男の手口だ。正にフョードル・パブロヴィッチだと思うに決っていますが、話すまではわからないし、話しているその瞬間には、おどろくだけで、よくつかめない、わかってしまうのは彼が退場して後姿を見せる時です。どの人物もこのように実にやっかい千万な連中ばかりで、彫刻のように一瞬においてはその一面しか見せません。

この大作家の作品の中の人物が、まことにこのように厚みをもった真実の人間として迫ってくるといっても、たとえば、彼がその流れを汲んだといわれる、ロシア・リアリズムの祖、ゴーゴリの作品中の人物とは、まるで違います。『死せる魂』すなわち『チチコフの遍歴』の中の人物とくらべて考えてみると面白いと思います。

3

チチコフという主人公は、本来ならやっかいなばかりで何の得にもならぬ、「死んだ魂

（農奴）」を買い集めてまわる。これはチチコフが、生きた農奴として買いとったことにして、つまり財産として登録し、県知事の娘か何かと結婚するつもりなのです。チチコフはこの愚劣な目的のために奔走するような、愛すべき俗な男ですが、彼が遍歴してめぐり合う、死んだ農奴の売手たちは、チチコフを途方にくれさせます。

　どうしてかといいますと、売手たちは、俗なことでは、チチコフ以上で、死んだ農奴もそのうち値が上がるかも知れないから、少し見合わせるといったりします。はなはだしいことには、チチコフの手渡した札が贋物《にせもの》かどうか、わざわざ光線にすかして調べてみたり、新しい札とかえてくれといったりします。何人かのどれも似たりよったりのこれらの大百姓たちは、読むうちに時々刻々、私たちをおどろかしますが、それはその人物が、一つの極しか持たない激しさに対してです。ここであらわれてくる限りでは「神」は、呪いのセリフとして使われています。俗人どもは、すなわちこの小権力者たちは、気に入らぬ時に、「神」の名を出して罵倒します。都合のいい時に、「隣人愛」をもち出すことでしょう。「神」によって「自我」が傷つくといったことは少しもない。「神」は道具に使われているか、人間を道具にしているか、いずれかです。迷うことはない。迷うのは利害に関する場合だけです。

　長々とつづくチチコフと大百姓どもの会話は、商人のかけ引きの辛抱強い長さです。それも正真正銘の商人の持つあのかけ引きの鮮かさ、といったものが少しも見られないのは、ちょうど戦争中、終戦直後の、にわか商人になった農夫たちの、あのかけ引きだからです。チチコフのおどろくのは、相手の中に巣くっている、一徹な執拗さのみです。しかも策略を弄するのは、チチコフだけで、あとの百姓たちは、損をしまいとネバるにはネバりますが、ただ一徹で用心深さだけです。このようにして出来た物語が、遍歴小説となり、しかも平面的な構成で、どこを読んでも面白いが、一貫して読む興味がはなはだ少ない、タイクツな大小説となったゆえんです。

彼がプーシキンに小説の筋について教えを受けたのもむりからぬことです。しかしおそらくプーシキンの教えたのは、プーシキンの自分の小説の場合の筋ではなしに、あくまでゴーゴリそのものの筋であったに違いありません。もっとつきつめていえば、プーシキンの教えたのは、ゴーゴリの作品の意義だったでしょう。歎きだけかもわかりません。

「ロシアという国は何という悲惨な国だ！」

プーシキンがゴーゴリの作品を見て歎いたこの言葉は、ゴーゴリにとっては、小説の筋そのものを教えられたとおなじことであり、つきつめていえば、もはや、自分の道を行けばいい、筋などは、こうした百姓どもに対する興味がおのずから決定してくれる。そうして結果タイクツに近い大小説となったにしても、タイクツさを通してしか、このゴーゴリふうな真実が語れないとしたら、タイクツさなど何ものでもないのかも知れません。

　我執はあるが、自我のない人間。神との問題で迷わない頑固な人間。一つの道を歩く人間。人間というものは、ロシアという国はそういう人間で充満しているという、作者の「精神構造」を私たちは、彼の作品のすべてから十分知ることが出来る。ドストエフスキーの動的な変化とゴーゴリの静的な一徹は、読者をおどろかす前に作中の相手方の人物をおどろかします。ちょうど、カラマーゾフの父親が後姿を見せてはじめて、ハッキリと実体がつかめるように、チチコフは馬車にのって次の遍歴に向う途中で思わず、舌打ちをしたくなるのです。馬車にのって次の村へと去りつつ、おのずから今まで以上に腹が立ってくるとは、そもそも何事なのでしょう。チチコフはしかも見送られているのです。小悪人のチチコフという人物は、どういう意味にしろ、相手の百姓に理解されていなかったのです。チチコフは義捐《ぎえん》金でもくばって歩くようなありがたい存在だ、感謝されると思っていたのに、どこへ行っても煙たがられ、値上げさせられ、あげくの果て、今度また農奴が死んだ時には、なるべくお前さんに売るようにするから、といわれる。くそっくらえ！　誰が二度とくるものか。全くチチコフは二度と来ることなど考えてもいないし、彼の真の目的を知っておれば、この百姓がそんなことをいうはずはないのです。

　この愚かな百姓は、チチコフの全く新手である、結婚の箔つけに死んだ農奴を買うというこの真の目的は知るわけもないが、結果は知っているとおなじことになる。人は損をするために金を出すはずはない、ということに俗悪な世界での公理が、百姓の中に、経験として巣くっている。この公理はチチコフとのことにもふしぎとピタリと符合してしまう。ヤミクモに符合してしまうのです。チチコフは理解されていないが、やはり知られている。百姓のさぐりは見事に当ってしまう。くさっているとはいえ、やはり大地のごとき堅固さが、チチコフには、どうしようもない対立する壁として受けとれるのです。チチコフは、対立者として終ったことに腹を立てているのです。

「チチコフさん、今までのはほんの芝居です。もっと早く手を打ってもよかったのです。ではゴキゲンヨウ」

といったぐあいにいわれて別れたいと思っているのに、百姓は、まだ損をしたのではないか、といった顔をして、見送っています。

この一徹からくる対立感というものこそ、ゴーゴリの構造そのものだと思えるのですが、このようにゴーゴリの人物は、ゴーゴリの構造を反映して全くドストエフスキーの人物とは異ったものになっている。しかも彼もまたドストエフスキー以上に、現実の人間の中から、これは面白い、というぐあいにつかみ出したに違いないのです。

人物がよく書けているということがよくいわれますが、考えてみれば、小説家が人物を書くとはどういうことでしょう。私たちの前にいるいろいろの人間、この人間たちをえがくということはどういうことでしょう。何尺何寸の背を持ち、何貫目あり、髪の色はかくかくであり、猫背であり、それからかくかくのクセがあるといったこと。女を何人変え、現在の妻はこういう女である。職業は……報告書の中の文面のような、外的な特徴を主にした人間表現というものは、おそらく客観的な真実さを具えることも出来ます。現にゴーゴリの方は、かなりくどくどとこういった特徴を列挙します。しかしながら、それが警察のブラックリストの文面と違うのは、（いやブラックリストにさえも、警察の目的にそって記録されています）ゴーゴリがいかにその人物が俗悪かということ、あるいは、惨めかということを書いている点です。ドストエフスキーになると、こうした静的な一定した特徴描写はなく、変化の相の中に、「特徴」があるとすれば、あるわけです。

それはそれとして、ゴーゴリの場合にせよ、ドストエフスキーの場合にしろ、人物が書けているということは、外的な客観的特徴をえらぶ時でさえ、作者の選んだものであって、いわんや作中動き出した人物というものは、客観的な人物というようなものではない。第一人間などというものは、こんなものだ、と思ってしまえば、そんなもののようですが、実は全く違ったものであるかも知れないし、客観的な正体というものが厳然としてあるものなら、また作家は小説など書きもしないでしょう。作家が、この人物を書きたい、と思う時には、その背後に、作者の世の中をつかむ論理と、作者の精神構造がある。その構造には旺盛な作家は気がつかず、気がついた時それをのりこえるために、事物の中にもぐりこみ、精神構造をふりきるのですが。……

処女作『貧しき人々』はゴーゴリの『外套』の影響をうけながら、『外套』の下級官吏と較べると、『貧しき人々』の下級官吏および下宿の貧しき者たちは、人物として全く違った形であらわれてきていることは、ベリンスキーの評言を待つまでもないことです。そしてゴーゴリのえがく作中人物は、神ならざる神を道具にしている小権力者たちの俗悪に対処するためにその腹立ちの単一さのために揺れず、ドストエフスキーの人物は、神にタッチし、神にタッチするほどの意識があるために揺れ動くのです。作者の側からいえば、この『検察官』の作者は俗悪な人間たちに腹立ち得ることで愛情を感じ、『カラマーゾフ』の作者は、愛することで途方にくれ、そして途方にくれることで愛します。

4

この二人は文学に笑いを導入した、何人かのすぐれた作家のうちでもまた並はずれてすぐれた人たちですが、前者が諷刺作家の傾向を帯びて、かなりアクドイ懲悪的な笑いを氾濫させたに対して、後者が、何ともしれぬユーモアをただよわせている事情も前述の文意からくみとっていただけるかと思います。

ドストエフスキーは確かに一番重要な場面にとつぜん、笑うべき場面を挿入します。シャートフがスタヴローギンをなぐって、部屋をとび出します。シャートフは自分の服の端をドアにはさんでしまうのです。シャートフが内心あわてていることは事実です、シャートフがスタヴローギンをなぐったということは、作者がノートの中で考えあぐねた以上、シャートフが考えあぐねた末に、やってしまったことで、シャートフはなぐった直後もうこの行為を後悔したに違いありません。（シャートフの妻は、簡単にいってしまえば、スタヴローギンにおかされているという事情がある）そうしてそのシャートフがドアに服をはさんでしまったということは、実にあり得ることに違いありません。シャートフの間《ま》の悪さは察するに余りあります。しかしこの微妙な滑稽さは、正にシャートフの心の揺れをあらわすには的確無比な表現であり、しかも作者はその揺れの原因の深さが、ただ「揺れ」という表現にしかあらわすことが出来ぬ、と知っているかのような心憎さでえがきます。しかも読者には何かこのシャートフのへまを笑いながら、記憶の中にたたきこんでおくことになります。この瞬間においては、シャートフはへまとして笑いを誘ったという無念さだけです。しかしシャートフのこの無念については、作者はこの場合、無念のまま放置しておきます。現実の人物がそうであるように、それ以上は望めぬように。無念さのない現実などは存在しませんから。

　いくら揺れている人間といえども、揺れを停止させる瞬間がある。情けないことに、揺れを停止させる時に、人間はかえってへまをする。なぐるという思いきった行為。しかも考えあぐねた後のこの揺れを停止させる行為を行なったときにとつぜん、ぶざまなことをしなければならぬ。私たちはこのようなへまは見て笑い、途方にくれ、愛さないわけにはゆきません。ドストエフスキーの笑いとはこのようなものであります。まともなことは、笑いを誘わずには止まない。しかし少なくともまともになろうとした。その時にへまをした。このへまは許さるべきだ。ドストエフスキーの笑いはこの意味で、すこぶる肯定的要素があります。

一方、ゴーゴリはどうでしょうか。この人は注目すべき死に方をしています。彼はある悪魔的色彩を帯びた教会の僧侶から、死後彼が地獄へ行くとおどかされ、彼は、『死せる魂』を焼き払ったりして、最後は狂い死にしたと伝えられています。この作家は生前、若い文学青年を相手に盛んに笑わせていたという話ですが、その話題は大よそ察することができます。ネフスキー通り、官舎、役所の中、文壇の中、彼はあちこちに散在する愚劣を笑っていたにちがいありません。そしてその愚劣の材料はこの時代のロシアには、現在よりも笑うべき対象として、単一な形を具えていたことも容易に想像されます。

こうした彼の笑いは、一般的にいって、いかに笑うべき対象に向っていたとしても、必ず笑う者の方に、その度に深い傷あとを残すものです。小権力にせよ権力を笑う者は、権力が永久的なものではないと気がついた時には、つまり権力者が失墜した時には、自分の方が権力者の立場に立たされたような感じをもつものです。自分の筆禍によってその権力が失われたというようなことではなくて、そうなのです。それなら権力そのもの、抽象的な権力そのものを笑ったのだ、と思えばいいではないかということになりますが、私たちはそうはなかなか出来ないものです。笑いに敏感な作家は、今度は自分を笑わねばならず、自分を笑わねばならぬとしたら、俗悪さは一般的なものになってしまう。そうなれば、どうして俗悪さなど書く必要があるでしょうか。誰にでも、どこにでも、変転自在のかたちで現われる、俗悪さなら、この作者は最初から書く必要はなかったのです。それはこの作家の「精神構造」にはなかったことです。

作者は自分のこの構造をのりこえようとはしますが、やはり結局この範囲内で動いているという結果の時に、その作者が堅固な表現をもっていて、そうして成長感をいだかせるのであって、その範囲をこえた時、もうその作者は死滅しかない。いかに表現と、この構造との関係が不即不離で、微妙な関係にあるかが、これでもってもわかると思います。

5

私はこれから、ドストエフスキーの死んだ翌々年に生れたチェコの作家、フランツ・カフカについて、今まで述べた私なりの表現論を敷衍《ふえん》してみたいと思います。彼は一八八三年生れで、一九二四年に死んでいます。一部の人には認められていましたが、死後になって、世界的な作家として一躍有名となり、二十世紀の後半の精神世界を支配するとまでいわれています。彼のほとんどの作品は発表されず、ノートに書きのこされ、その草稿をあずかった友人にそれさえも焼きすてるようにといっていました。このような作家の作品が、どんなに新鮮な印象をわれわれに与えるかは、これだけでもわかることです。名声を得るためでも、書かされるからでもなく、自分が書かねばならぬと思うから書くといった、小説家としては、まことに幸福ともいえる生涯を送ったのです。

この作家もまたその作品の中にユーモアをみなぎらしていますが、彼は全作品を通じてふしぎなことに、人物というものをほとんど書いていないのです。カフカもまたドストエフスキーとおなじく、ディッケンズをよく読んでいますし、ゴーゴリも愛好していたようですし、ドストエフスキーの作品も読んでいます。ドストエフスキーがディッケンズの物語ふうな作風をとり入れているように、カフカも特に『アメリカ』においては、ディッケンズのアメリカ遍歴小説を意識的に土台にしています。ディッケンズは空間小説といわれ、人物の造型に卓抜で、彼の小説を読むと、人間がそれぞれの空間をもってひしめいているようだ、と英国のある批評家が申していますが、むしろゴーゴリに近いものでしょう。ドストエフスキーの人物は一巻の小説を閉じた時に、初めて人物として完成するもので、人物はどの一ページにおいても現在を歩いていて、周囲に一つの空間などもっているようなものではありません。

カフカになると、これはこの意味では、一層徹底した道にのり入れてきています。

『審判』でも『城』でも、彼の代表作に限らず、どんな小品に至るまで、何の誰兵衛といった人物は一人も出していません。「誰かが、ヨーゼフ・Kを誹謗したに違いなかった」から始まる『審判』では、Kはカフカに最も近い人物ですが、このK自身が、ヨーゼフ・Kというより、ほとんど人間全体を代表しているように思えます。Kなどという頭文字にしたところにも、その意図は微妙にあらわれていますが、カフカの小説では、いつも主人公は、「誰かに誹謗される」というかたちで始まります。つまり、人間とは誰かに誹謗されているのだ、ということなのです。一方『城』では、「Kが到着したのは夜もふけてからであった」から始まります。『城』では遂にヨーゼフも失われてKのみになりますが、Kが到着した城の町は、技術者として招聘されてきたのですが、実は、その町によばれたと同時に、トリコにされたのでもあり、しかもそれをほぼ知っていて来ざるを得なかったのです。何でもない冒頭のこの文章は、実は何でもないだけに、千枚に上る『城』という奇妙なこの小説をひきずって行くにふさわしい文章なのであります。『審判』より何げないが、自分がのりこんできただけ、『城』の方は背後に強力なものを感じさせる結果になります。

『城』ではKとめぐり合うさまざまの人物は読者に苦痛を与える。これが大小説であるのは、このように苦しみを与える表現のためなのか、とさえ思うほどです。宿屋の亭主あり、靴屋の息子あり、城の役人あり、彼ら役人の泊るホテルあり、そこの女中あり、村長あり、その妻あり、学校の教師あり、つまりどこかの冬になれば雪の降るという条件さえ具われば、まあどこにでもある、ある城のある町に居住する人物が、Kと会います。Kは城へたどりつくためにこれら人物の間を遍歴するのです。彼らはたいてい名前をもっています。そうして、割に仔細にこれら人物についての描写も行なわれています。しかし私たちが、特にドストエフスキーなどからうけた、爆発するような人間像の厚みというものは、一向に感じられない。たとえば、任意の一部分を引用すると、

　暗い紳士荘の前に小人数の一群がいた。中に二、三提燈《ちょうちん》を手にしている者がいたので、幾人かの顔は見わけがついた。Kは一人だけ知り合いを見つけた。馭者《ぎょしゃ》ゲルステッカーである。ゲルステッカーは挨拶としてこんなふうにたずねた。

「相変らず村にいなさるんですかね？」

「ああ」とKは言った、「わたしはずっとここにいるつもりでやって来たんだよ」

「まあどうでもいいさ」とゲルステッカーは言って、はげしく咳きこみ、またほかの者たちの方へ向いてしまった。（『城』第十七章）

　ここで紳士荘というのは、城の役人たちが町へおりてきて泊るホテルで、陳情者とホテルの部屋で面会することになっている。もっともそういうことは、最初からわかっている

のではなく、Kが遍歴しているうちに発見するようにして知ったのであって、Kがいつも「現在」の中で発見して行くにつれて、読者も発見することになっている点は、ドストエフスキーの場合と同様です。

さて「相変らず村にいなさるんですかね？」ときく馭者の人物というものは、わからないわけではない。顔つきまで浮びそうです。それに答えるKの方も目に見えるようでないことはない。しかし、そういうことよりも、この文章では、Kと馭者との間で大変な関係の意味があることの方が前面にイブシ銀のような鈍い光沢をもって押し出してくるのです。「相変らず」というのは「去る方がいいじゃないか、去るべきじゃないか、いつまでこうしているのか」というひびきを持っているし、それに対しKは、「ずっといるつもり」と答える。「ずっといるつもり」と言うにあたって、城の方はおらせないとはあからさまに言ってはいない。Kとしては城の方が蛇の生殺しみたいに自分をおいておき、最後に自分が自殺し、自殺した上で、「居住権」を正式に認められるというようになる結末も、ほぼ予感しているのであります。読者はこの瞬間にはそう教えられはしないが、読み終ってみれば、第一章の第一行からKは予感していたことがわかるのです。

それはそれとして、ゲルステッカーのつれなさは、「咳き」でもって非常によく出ています。そうしてこれだけの引用文の中から、私たちは、Kは何か嫌がられているが、嫌がられてもここに住みつこうとし、結局その意志表示さえも、相手にされない、ということを知ります。

　そう知ったとたんに、私たちはせっかく今までつかむ頼りにしていた二人の人物の姿が肉づけを失い影絵のようになってしまうのを感じる。私たちが、もう一度そう思って読みなおすと、一層それはハッキリし、同時にここに書かれている、入りこむ者と、それをとり巻いて監視している者との関係は、この文章に書かれていることを通して、いろいろなことを暗示していそうに思われるのです。『城』とは何か。Kとは何か。Kが人間そのものという抽象的なある実体をあらわすらしいとすると、城とは果して何であるのか。カフカの友人である、マックス・ブロートは、『城』では神の恩寵を書いているといっています。そうかも知れません。そうばかりでないかも知れません。いずれにしても、人間がこの世の中に生きていく上の根元的な問題、その実態が渾沌としたまま、あるリアリティをもって迫ってくることを知るのです。その意味でドストエフスキーと同じく、また明晰であるともいえます。私はさっき人物が出てきては、暗示的意味となってすりかわると、人物は影絵のようになると申しましたが、それは、仔細に考えると、こういうことになります。

6

　これだけの短い引用文の中においてもKや馭者の心理というものは全くといっていいほ

ど書かれていません。馭者が相手をやっかいなあわれむべき男と思っており、Kが馭者や、城に腹を立てているとしても、そのような心理というものは、Kが人間そのものといったふうに書かれており、他の人物がそうしたKに対応する質でもって書かれてある以上、この心理とも見えるものは、実はたちまち論理に転換されてしまうのです。

ドストエフスキーは、ある人物を描く時、その人物がいかにその人物一人しかこの地上にはいないかということを追究する。つまり、フローベールがモーパッサンに教えた、一つの石がその石以外の何ものでもないように描く練習、というものと、何か相通ずる表現態度が見られます。もちろんドストエフスキーとフローベールとはおなじリアリズムといっても大いに違いますが、カフカとくらべた時に、この意味では、大づかみに似ている部類に入れることが出来ると思われます。とにかく心理というものは、その人物が、何の誰兵衛であるというふうに描こうということとつながりがあるのであって、人間そのものといった抽象化された人物には、心理は本来意味がないことです。

Kとゲルステッカーとの心理と見えるものは、現にこの両者の間でなくとも、Kと村長との間においても、見られるのであって、Kはどういう気持で城の人に対処され、どういう気持でKが対処し、どういう気持を表わす態度でまた城の側に受け流されるか、という、その関係そのものが、「人間存在とは、つまり、こういうものだ」というかたちで伝わってくるのです。

「つまり、こういうものだ」というのは、論理です。

論理とか心理とか、そんなことはまあどうでもいいことですが、とにかく大切なことは、「つまり、こういうものだ」というようにして何かわかったとしても、小説である以上、そのわかりかたは、具体的でなければならぬはずです。

ドストエフスキーにおいて、何の誰兵衛という人物が、ドストエフスキー的に堅固に柔軟に厚みをもって訴えてくるのとおなじように、カフカの場合には、人物が消えたことによって、その「つまり人間というものはこうなのだ」という感じが、厚みと重さをもって訴えてくる。現実の重さ、厚み、全体感、といったものが、この場合はドストエフスキーの人物に相当することになるようです。

おどろくべきことは、カフカのような、わかりやすくいえば抽象的傾向の作品を書いた作家が、全くイメージでもって考え、発想していたということです。一口でいうと、カフカは理窟で書いてはいないし、彼独特の「精神構造」を頼りにはしていなくて、イメージそのものの統合と処理、イメージそのものの自律的な動きの中で整理したと思われることです。

おそらく『城』の場景には、彼が病気保養のためにすごした、ある部落の印象が潜在しているのでしょう。そういえるほぼ確実なデータさえあります。それから彼はユダヤ人として、どの国からも追い出される民族的実感をもっていたでしょう。それから、神と彼との関係、すなわち、気になり、求め、つかまえられる存在である神との関係、あるいは病気との関係、そうしたありとあらゆるものが、一つの心棒をめぐる堅固なイメージとなって『城』の場面の展開を生み出したことも想像に難くはありません。

しかし、とにかく彼はイメージでとらえたということが、彼が作家として表現し得たという結果を導いたことは事実です。そのために彼は渾沌とした厚みのある世界を、描くことが出来たのです。

カフカの「精神構造」は「自らが離れることが出来ないために、相手につかまえられる結果になる。そうしてやっかい者となる。やっかい者となってはいるが、逃れられない。そうである以上、遍歴して一々その事実を確認してやる。それをしてもおなじことで、結局は殺される。殺される前に自らが殺される態勢へもって行く。何をしてもおなじことで、結局死ぬ。そしてそのことは最初、離れられぬ、と思った時に既にわかっていた」。

これはどの作品においても全体の構造が、すなわち、直接この構造そのものであり、どんな部分を抽《ぬ》き出してみても、またその部分が、また（引用文をよく読んでいただければわかりますが）この構造そのものでもある、といったふしぎな事実に気がつきます。しかもくりかえしますが、彼本人は、イメージでつかんでいたということを忘れてはならないのです。

ゴーゴリもドストエフスキーも笑いを作品にみなぎらせましたが、カフカもまた、一種あやしげな、グロテスクな笑いをただよわせています。

「その部屋でなにか落ちたようですな」と支配人が左手の隣室でいった。（『変身』）

落ちたのは、毒虫に変った主人公グレゴールです。グレゴールは、ある朝毒虫に変っていた。ちょうど、『審判』や『城』の冒頭のように、既に主人公の、「とりこ」にされた状況は開始している。彼は平凡なサラリーマンで、虫になっても支配人のことを気にしている。クビになりはしないか、と思ってるのです。そのグレゴール（虫）が、家へ様子をみずから見にきた支配人を気にしたあまり、寝台から転げおちて頭をしたたか打つと、支配人はきき耳をたてて、右のようにいうのであります。

カフカは主人公とそれをめぐる者達との間の関係を最も端的に現わす時に、きまってこうした笑いを導入しているのです。その関係はどうしようもない大きな力で、両者引き離している。私はさっき、カフカの「精神構造」をかなり長く述べましたが、あれは別な言いかたをすれば、どうしても相通じることがない関係、いや、相通じることがないということでむしろ通じている、といったようなものであって、いずれにせよ、距離がある、通じていないということはいえるわけです。このところにカフカは奇妙な笑いを忍びこませるようです。しかしもっと特徴的なことは、私がさっき、毒虫になったグレゴールの筋書きをちょっと書きましたが、こうした、毒虫になったサラリーマンが、自分の悲惨なこの変身ということより、支配人のことを気にし、クビを気にし、そのあげく支配人のいる隣室で音を立てる、というこの筋そのものの中に既に何ともいえぬ、笑いが含まれているということです。

『城』だってその筋そのものが、笑いを誘います。つまり人間の存在そのものが、既に笑いを誘うものだ、ということをカフカはいいたいのです。ここでも笑いとともに、意味の世界が充実した重みをもってあらわれてくるようです。

人物は消えるが、「人間存在」そのものが、具体的な重みをもって、人物にかわってリアリティをもってくる事情は、この笑いを通してもよく理解されると思います。

こうしてカフカの作品は、「人間存在」を人物とすることで終始一貫しています。そのために、終始一貫、彼の作品は私たちを途惑いさせ、意味への絶え間ない転換作用を強いるために私たちを苦しめ、その象徴的な意味の伝えかたのために、精神世界をいっきょに含んでしまうように感じさせるのです。

私は以上、三人の作家をめぐって、作家が小説を書く、表現するとはどういうことか。どういう根本的な秘密があるか、ということを、要約すると、こう述べました。表現とは人物の表現である。人物の表現には、必ず作者の「精神構造」が貫かれていて、それによって人物をめぐって展開する。しかし、作家は「精神構造」をたえず忘れ、現在に賭けなければならない。

愚劣さについて——私の文学

私が若い頃から好きなのは、ゴーゴリの「鼻」という短篇である。ある朝床屋のおかみさんがパンをこねていると、何かしら堅い異物が入っている。とり出してみると、たしかに鼻のようなものだ。亭主に詰問する。これはあんたがいつもへまをやって、客の鼻をそりおとしてしまったのではないか。そそっかしいたらありゃしない。

亭主はしょげる。これはあの八等官の鼻にちがいない。見つかったらえらいことになる。そこで彼は橋の上から鼻の包みを川へ投げすてようとする。

一方八等官はその朝ヒゲを剃ろうとして鏡をのぞくと、鼻がない。これは大へんなことだ。彼は鼻をハンカチでかくして鼻をさがしに出かける。そうして橋の上で床屋は八等官の姿をチラッと見てあわてる。

こんなふうにして始まる小説である。何の描写も心理の説明もなくて、ただあったことがそのまま語られるというふうなものであるが、その底に作者の「悪意」は充満している。

ゴーゴリはロシヤ・リアリズムの始祖といわれているけれども、そのリアリズムとは、こうしたものだ。あり得ないことばかりだ。私は前に心理の説明もないと書いたが、じっさいはある。だがその心理は、

どうしてあるべきところにあるべき鼻が忽然と姿を消してしまったのだろう。誰かの策意にちがいない。

というふうのものである。

人物が何を考えているか、ということを書いていることにはちがいないが、その考えていることとは、すなわち、こういったことなのである。

私はゴーゴリの『検察官』という芝居に対しても同じことを感じる。

検察官が来たという噂が流れると、市長のところに、町の署長や郵便局長やその他の面々が呼び集められて評定が始まる。市長が真剣な顔をして、

「諸君、一大事ですぞ」

というとき、そして次々とそれに呼応して意見をのべはじめるとき、その愚劣さがそのままあらわれているのである。しかもその検察官とは、ただの無銭飲食者で、宿屋の主人はだまされないが、市長たちはかんたんにだまされてしまう。

時々市長たちは舞台の隅にきて傍白《ぼうはく》を行なう。

「さて、この男は腹黒いやつだ。いくらつかませたらいいかな」

この傍白がいっそうその状況と人物とを浮彫りにするのである。ただの傍白ではない。

ゴーゴリには、『死せる魂』という大作がある。死んだ農奴を買い集め、大地主ということにしようと企んだチチコフの遍歴の物語である。地主たちは役にも立たぬ農奴を売りおしむ。いまいましい思いでチチコフは村から村へと廻って歩く。この筋立てをきいただけで、ゴーゴリのいわんとするところは何であるかが、こちらを打ってくる。チチコフと地主の、とくに地主の真剣な顔。その真剣さにたじろいでチチコフも真剣にならざるを得ないふしぎさ。

ゴーゴリのあとに、ゴーゴリはひとりもあらわれてはいない。よしんばゴーゴリほどの天才の持主がいたとしても、彼のような構成と彼のような悪意をもって痛烈にえがくことはできなかった、といってよい。

彼にああしたものを書かせたのは、いうまでもなくその時代というものだ。あの時代のロシヤというものだ。したがって、私は痛烈といったが、この痛烈さということの一つを考えて見ても、私たちの描く痛烈さはおのずから、変ってきているにちがいない。にもかかわらず私は、ゴーゴリの中に私をひきつけるものを感じる。

ドストエフスキーに『悪霊』という長篇がある。この大作家のことにふれるのは、顔が赤くなるが、まあ許していただきたい。私は大それたことや、沢山のことを述べ立てるのではないのだから。

どこを例にあげてもいいのだが、たとえば、この『悪霊』の、キリーロフが自殺するところは、私は昔からとても好きだ。この男が死ぬのは、自分のためだ。自分の力で自分を殺すことがどういうことか、自分でためすためだ。彼はその結果を見届けるわけではないので、この実行そのものの中に、彼は意味を見出していることはいうまでもない。ところがキリーロフの孤独な死を利用しようという男がいる。陰謀家のピョートルだ。どうせ死ぬのだから、罪をしょってくれないか、と頼みこみ、その承諾を得ている。約束の晩ピョートルはキリーロフのところへやってくる。彼はキリーロフの自殺には半信半疑だ。しびれをきらしながら、お追従《ついしょう》をいったりして、ピョートルはキリーロフの死を待っている。キリーロフがいきなり長椅子から跳びあがってピストルをとると次の部屋へ入りドアを閉めてしまう。するとピョートルについて作者はこんなふうに書いている。

ピョートルは一分間ばかりもの思わしげに、ドアを眺めながら立っていた。

(今すぐなら、あるいはやっつけるかも知れないが、考え始めでもしようものなら、何のこともなしにすんでしまうにちがいない。)

やがてピョートルは部屋の静けさに心配になり、キリーロフが窓か通風口から逃げ出しやしないかとドアをあけて入る。そのあと作者はキリーロフの様子を細かく書く。その細かさが私は好きである。

この細かく書かれた文章の終りの方の一部分だけでもここに抜いて見よう。

> ピョートルは蠟燭を上から下へ、それから更に下から上へ移しながら、あらゆる点をも洩さず照し出して、この顔を見極めようとした。彼はふと気がついた。キリーロフはどこか前の方を見つめてはいるけれど、横目でピョートルの方を見ているばかりか、ことによったら、仔細に観察しているかも知れないのだ。この時ある考えが彼の心に浮んだ、——一つこの灯をいきなり「あん畜生」の鼻先へ持って行って、やけどをさして、どうするか見てやろう。

このあと、キリーロフの首がのびてきたかと思うと、頭でピョートルの蠟燭を叩きおとし、真暗になった瞬間ピョートルは手をかまれる。叫声をあげてピョートルが部屋から逃げだすと、「すぐ、すぐ、すぐ!……」とキリーロフの叫声が十度ばかりきこえる。そのあとでピストルの音が鳴り渡るというのである。ピョートルはそれから引返してキリーロフの死体を見るが、彼の指の痛みのはげしさに歯を食いしばっている。

　こういう事件をふくめて、作者はこの一章に「多労なる一夜」という題名をつけている。

　この二人の人物の真剣さと愚劣さが私は好きである。その愚劣さはキリーロフの場合さえも決して例外ではないところがいい。その書き方の細かさは、人は真剣になるものであり、真剣になるときは、愚劣なものであり、だからこそ人間であり、だからこそ人間は……というふうになっているようである。そこから神の問題も顔をのぞかせる。

　ドストエフスキーの場合も、彼のあと、一人のドストエフスキーも出てはいない。出るはずがない。私はこの作家にひかれる。彼の中にあった神はないが、ひかれる。私はゴーゴリともドストエフスキーともちがう。才能の問題だけのことではない。神の問題というものは違うのに、私はひかれる。

　チェーホフという作家がいる。この人の芝居はしゃべっていることと、思っていることとくいちがいがあるので、そこがずいぶん演じるのが難かしいということだ。もちろんそこが彼の作品のリアリティであって、私もそこが好きだ。

　この人に『六号室』という中篇小説がある。くわしいことは忘れたが、ともかく設備の悪い病院へ医者が赴任してくる。彼が何かしらひかれて、ついベッドへ近よって話しかけたくなる患者がいる。患者のいうことが正当に思える。だんだんこの患者のいうことが分りかけてくるにつれて、この医者もまわりの者から頭がおかしくなったと思われはじめる。彼の仲間が外国旅行に誘う。キチガイ扱いしなだめる。その仲間のいうことはトンチンカンであるばかりか、彼の金を使ってしまう。仲間は医者がもっと貯えがあると思いこみ、これで金はおしまいだ、という医者の言を信用しない。帰ったあと、ほんとに貯えがないことが分る。

　読んでいるとこの仲間の方がよっぽど頭がおかしいように見えるが、しかし彼は医者を狂人として扱っているからそうなるのである。しかも、二人の会話からすると、医者に少しもおかしいところはない。いや医者のいうことばかりか、例の患者も、いうことは少しもおかしくはない。それでいて確かに何かおかしいことも事実である。それなら狂人と見なされていない連中はというと、やっぱりおかしい。おかしいが、それでいておかしくないというわけだ。

　主人公の医者は、もともと変人であった。変人でエゴイストだったといっていいだろう。その男が何かしらマトモに考え出したとき、何かしら見えてくると思うだけ、人々が特に自分を親切に扱いはじめるのである。彼はこの病院の医者だから、何もかもそういったことは知っているはずである。ところが、そのことが現実に起ると、そうではない。はじめての経験だ（すべての経験ははじめてで、はじめてだということは、本人が感じるだけだ。それを他人に伝えて分ってもらえるものではない）。

彼の後任がやってくる。そのことがどういうことか、分らぬはずはないが、彼には、もう大したことではないように思える。その投げやりの態度が、彼が狂人であることを決定的に認めさせることになる。彼は病院へ事務引継ぎにきてくれといわれて、長らく行っていない病院へやってくる。彼は患者服を着せられる。例の患者は相手にしてくれない。外へ出してくれと喚いていると、兵卒あがりの看護人になぐられて即死をして病院の墓地へ葬られる（この看護人は以前は彼の下でいつも何かというとなぐっていたのだが）。

　この小説の不評に対してチェーホフは次のような、かなり有名な手紙を書いている。その後半でこういっている。

　われわれには近い目的も遠い目的もありません。肚の中は球でも転がせそうに空っぽです。われわれは政治的主張もなければ、革命も信ぜず、神様ももたなければ、幽霊もこわくなく、殊に私なんぞは、死ぬのもめくらになるのもこわくないという有様です。なにものも欲せず、なんの希望ももたず、なにものも恐れない人間、そうした人間は芸術家たることはできません。……あなたとグリゴローウィッチは、私を賢明だと考えておられる。さよう、少くとも私は、自分の病気を自分に隠さず、自己を欺かず、自分の空虚を、たとえば六〇年代の思想といった他人のお古で蔽いかくそうとしないだけの賢明さはもっています。私はガルシンのように、階段の欄干から身を投じるようなことはしませんが、だからといって、よりよき未来に対する希望などで自分をごまかそうとも致しません……。

ガルシン云々は、あの「赤い花」のことである。
中村雄二郎君は「チェーホフの美学」としてこの『六号室』をとりあげ、右の手紙について、示唆に富んだ文章を書いている。

……あるいはそこから何にも出てこないかも知れない、空しい営為かも知れない、がほかに手はないではないか、——そういう捨身の姿がここにはある。

といい次にこう述べている。

『六号室』のおそろしさは作品そのもののおそろしさである。（略）そうした世界の成立は（略）作品の中心がどこにあるか容易にとらえられず、また「ひっかかる箇所が方々にあって、これならと確信して摑えることがどうしても出来ない」ような特異な技法によるのだ。

更に、

「紅い花」では、世界の一切の悪は一輪の紅いケシの花となって凝集していたが故に、敵の所在は明らかであり、したがってまた、主人公たる狂人は、これに挑戦し、刺しちがえることができた。『六号室』においては、敵の所在もまた明らかではない。

中村君は明快にこういっている。最近読んで共感した。私は自分が小説を書いて行かなければならない立場にあるので、このさい中村氏の蔭にかくれ、せいぜいチェーホフの手紙の何分の一かの控え目の態度でいることにしたいが、それに私はめくらになるのも、こわくないことはない。死ぬのもこわくないことはないからだ。才能のことではなく、ずうっとだらしがないところがあるからだ。

そうではあるが、『六号室』はガルシンの「赤い花」のように書かれるわけには行かなかったということと、狂っているとすれば、ぜんたいが狂っていて、赤い花がないらしいということは、私たちにもよく分るような気がする。そしてそのことを、彼の同時代の人はよく分らず、あとになってレーニンが『六号室』を恐ろしくて読むに堪えなかったというのが、面白く思われるのである。

私がこの小説のことを、ある友人に話したら、彼はこういった。『六号室』のように医者がアニータに殺されるというようなことは、今では小説に書いてもリアリティはないだろう。たぶんそうだろう、と思う。チェーホフ自身もいつも『六号室』のような強烈な小説ばかりを書いたわけではない。にも拘らず、『六号室』から私は共感をおぼえることも事実である。ここでも、真剣と愚劣とが共存しているのに、私はおどろく。といっても実は『六号室』はつい最近読んだばかりである。

　こんなふうに外国の作家について語ってきたが、どうということはない。私は自分に書きたいことがあり、それが次第にポイントがつかめてきたとき、それを現わすにふさわしい表現と構成をもって書きあらわせば、それは必ず作品になると信じている。読んでくれる人は少なくとも。ゴーゴリは、もともとそうだったわけではないが、世の中の愚劣を見るのに、精一杯となった。ところが晩年になると、自作を焼きすてた。狂信者にあおられて、悪魔にうなされるようになり、悪魔の鼻をひっつかまえてやらなくちゃ、とうわごとをいうようになった。悪魔の鼻とは、自分の鼻だったかも知れない。彼は特徴のあるカギ鼻をしている。彼の「鼻」の主人公も案外自分だったのかも知れない。彼はおれはマトモにならなくっちゃ、と思いつめたときから小説はつまらなくなり、彼は狂い出した。そういう未来が待ちかまえている。そんなふうにして彼の作品が書かれたわけである。未来を行手に彼の作品が世間を諷刺したといえば、それは分りやすいように見える。つまりあのように印象のつよい作品が出来たについては、時の権力に対してはげしい抵抗を示したからというようなことだけではない。やがて狂わなければならないようなものが、彼の心の奥にかくれていたにちがいない。それでなかったら、鼻にとてもあんなに執着をもてやしない。ゴーゴリにある、あの酔わせるようなものは、ここからくる力だ。川の上へ鼻をすてようかすてまいか、と床屋が迷うというような場面一つ考えて見てもそうではないか。『外套』の気の毒なアカーキイ・アカーキエヴィッチに、彼は同情をそそいでいるわけであろうが、外套のすりきれた布地のことや、ぶら下ったボタンのことを細かく語るのに、彼は悪魔の力を借りていないとはいえない。『死せる魂』の終りになると、そのことを彼は忘れなければならなかった。残念ながら、彼にも悪魔を介添にしてではあるが、宗教の問題がある。

ドストエフスキーは、最初の『貧しき人々』の時から、適度に狂っていたように見える。人間が増大するにつれて、神も裏側にぴったりとくっついて育ってきた。『貧しき人々』の老人からマルメラードフからラスコリニコフからキリーロフから、『死の家』の中の囚人達まで、みんな気宇大である。貧しかったり、飲んだくれだったり、人の手にかみつかなければならなかったり、うじ虫にひとしいと思いながら、そうなのである。つまり彼等は気宇大だがすぐ気兼ねをする。『カラマーゾフの兄弟』の父親が面白いのは気兼ねをするところである。そこに作者は愛情をそそいでいる。

何のために気兼ねをするのか。おそらく神というものがひとりひとりの背中にくっついているからであろう。いや、気兼ねがあるからこそ、気宇大にならざるを得ないのだろう。私達は気宇大であることはあんまりない。もし大であるとしても、それは世間的にそうであるだけで、せいぜい相対的なものだ。

私達は気宇大でないところで気兼ねをする。気兼ねをするのは、思うに神がはりついていない人間同志だからではないか。事ある度毎に第一歩からやり始めなければならない。はりついて見えるとしても、幻に過ぎないのだから。時々人間がぐうたらの儘《まま》で小心翼々として神の代りになりすました顔をしないと具合が悪い、悪党のマネでなくて神のマネだ。母親も父親も亭主も女房も、身上相談係もそうしたマネをさせられる。頼ってくるものが幻しかもっていないということに気兼ねがあるから、一応はひきうける。気兼ねがあるからマネをする。そんなマネが通って行くはずがない。

私は前にアメリカの三〇年代の作家ナサニエル・ウェストの『ミス・ローンリイ・ハート』のことをある雑誌に書いたことがある。これは新聞の身上相談欄のカコミのニック・ネイムであると同時に、その係りの記者のニック・ネイムでもある。彼はキリストの役を負わなければならない。しかし彼は誰もそれを背負うことが出来ないことを知っているから、その役を負うようになる。

小説が始まると、二頁目に、とつぜんイタリックで、こういう文章が書かれている。

ミス・ローンリイ・ハート様。

……私はほかの女の子みたいに、ボーイ・フレンドをもって、土曜日の夜に出かけたいと思いますが、誰も連れてってくれません。私は生まれたときから鼻がないのです。私は踊りは上手だし、スタイルもいいし、お父さんは、きれいな服を買ってくれるんですけど。

一日中坐りこんで、自分を眺めて泣いています。顔の真中に大きな穴があいているもんですから、みんながいやがります。ですから、男の子が私を連れていきたくないのだって、おこれません。……

こんなひどい目にあわねばならないような何を、私はしたというんでしょうか。お父さんにもきいたんですが、おれには分らない、というんです。前世で私は何をしたんでしょう。それとも、お父さんの罪のために罰をうけているんでしょうか。お父さんはとてもいい人ですから、そんなことはないと思います。私は自殺するのがいいのでしょうか。

かしこ

絶望の娘より

『ミス・ローンリイ・ハート』は同僚からも、キリストになれといわれる。彼は自分の恋人との間がますますスムースに行かなくなる。ほんとうは彼の方が相談をしたいのだ。こうして彼がこの仕事をマトモに考えはじめたときに、彼はノイローゼになる。彼はもともと返事をジョークを語るぐらいに考えていたのだが、そしてそれが好評を得たのだが……

私は最近アーサー・ミラーの『セールスマンの死』という芝居を見て同じようなことを思った。この芝居の中の二人の息子達は、自分の父親を何だと思っているのか。父親は子供を何だと思っているのか。何だってたかがおいぼれたセールスマンが、まるで神ででもあるように自分を扱うのか。子供がそう扱うことを期待し、子供もそうするのか。何だって子供は父親がおかした過失に、こんなに神を責めるように責めるのだろうか。何と父は子に気兼ねをすることか。

困ったことに、これがただの茶番劇であることをめいめいがどこかで知っていることだ。その茶番が茶番だと知った瞬間に彼らは抱きあって泣くけれども、それもほんのつかの間だ。また茶番が待っている。こうして茶番であることを互いにかくしてしまう。

リンダ　ゆるして下さいね、あなた。あたしには泣けないんですよ。何故でしょう、でも、泣けないんですよ。どうしてだか、まるで分らないんですよ、あたし。（略）考えて考えて、考え抜いたんですけど、あたしには、まるで分りませんのよ。家の払いは今日で全部すませました。今日ですよ。ところが、住む人がいなくなってしまって……

リンダにも分らないはずはないが、分らないと同じ結果になっている。このなれあいが、どうにもならなくなったときに、夫は自殺したのだが。家をもったり、冷蔵庫をもったり、車をもったりすることは、もちろん生きるに必要なことにちがいないが、そういうことで協力してきたことも、なれあいだったのかもしれない。妻にとってどうしてなれあいだと思えるだろうか。精一杯ではなかったか。

神のマネをさせられていることを、このセールスマンは意識していない。たぶんこの劇が悲劇の骨格をもったのは、そのためだろう。もし意識しているとしたら、つまり、ぐうたらだということを毎日感じているとしたら、おそらく自殺しないだろう。自殺するとしても、ぐうたらだということをちゃんと作者は見せておかなければならない。そうなると、おのずから喜劇のにおいを帯びてくるのではないか。

一般に、喜劇の要素が入らないと、作者というものは不安のようだ。自分の生き方死に方との釣合いがとれないと思っているような傾向がある。人間が自分の力で人間をほろぼしつつあるような、(ほろぼしているのは、あいつのせいだというのではなくて……)この毎日毎日の日常の流れの中に生きている作者が、作品の中で人物を扱うについて、作者たちが経験しているこの矛盾した愚かしさを確めておかないと居心地がわるいのかもしれない。ただし愚かしさだけが目につき過ぎると、作者の頭の中はバラバラのものが残るだけだ。しかしバラバラだから仕方がない、と多くの作家はそんなふうに思い、それだけでは如何ともしがたいので、谷底へとびこむつもりで、何かにすがる。過去の小説を成立させたものの幻影にだ。そこで失望すると、なぜ自分の大事なものが作品の中で生かされぬのだろう、と首をかしげる。そのとき、記録とか歴史とかが作者をひきつける。このとき、自然的な風土と時間が主役となる。

　こんなことをしながら、多くの作家たちは、バラバラがバラバラであることの形而上学と文体をさぐりたがっている。作者は危険な紙一重といったところでしか、成功できまい。私にはそのことが、とても興味がある。

　チェーホフは、人間というものは、奇妙な愛情乞食だといいつづけていたように思われる。『六号室』の医者は人間というものに愛情をもちはじめたときに、六号室をしつっこく訪れだした。もっともそれは相手の患者には通じなかった。精神病院の医者である彼が、自分をここへぶちこんでニキータを使っている医者がそんなことを考えているとはもう信じられなくなっている。医者が患者として六号室へぶちこまれたときには、この相手の患者は、患者服を着ているということで、この医者を信用しなかった。彼の愛情はとうとう一番愛情を求めていた相手に通じなかった。

チェーホフの主人公達は通じない愛情にもだえている。『可愛い女』の女主人公を、チェーホフはどれほど距離をおいて見ていることだろう。愛情をあたえる相手がなくては一日も生きていけないこの哀れな女。彼はこうした女の愛情にさだめしヘキエキした経験があったにちがいない。

ゴーリキーの書いた『追憶』の中でチェーホフがフェミニストなんかではなかったことを知ることが出来る。彼のところへやってきたチェーホフの崇拝者である女達の一言一言に対してやり返し、彼女達の顔を赤らめさせている。

一方彼は何年間も女を思いつづける男のことを書いている。その男の思いが我が儘なものであることを彼はよく知っている。

『三人姉妹』のような戯曲を読むと（『伯父ワーニャ』でもよい）、未来を論じたり、村の生活の不都合さをなげいたり、痛風の痛みでかんしゃくをおこしたり、たいくつがって新聞記事を読みなげたり、早く死にたいといいつづけたり、自殺をはかったり、結婚なんかもうしないといったり、人のじゃまばかりしたり、口笛を吹いてばかりしていたり、そういう登場人物のひとりひとりが、私は愛されたい、私は愛したいと心の中で叫んでいるのだ、ということをさりげなくよそおっているが、実は一生懸命にあきらかにしようとしていることが、よく分るのである。その愛情に対するこだわり方で、みんなマトモではなく、それで作品は、現実というバランスを保っているようにさえ見える。

人間が愛情乞食であることを痛切に感じとっていたこの作家は、学校や病院を建てたり、寄附をしたり、監獄の悲惨を訴えたり、患者の世話をこまめにしたり、といったようなかたちで、ぎりぎりの清潔な愛情をあたえた。彼は愛情の点でみんな狂っていることを知っていた。人間同志が愛をあたえあうことだけでバランスをとっていた、タイクツな狂った時代であることを感じていたのだ、と思う。

私達の未来は輝かしいものと誰も思っていない。チェーホフの人物のように思うわけには行くまい。輝かしいとすれば、人類の幸福というようなものではなくて、隣りの家よりも自分の家の地所が広かったり、よそより美しい花壇があったり、よそより出来のいい子供がいたりというようなことである。そうした小さい相対的な幸福のことである。その幸福のために、悪戦苦闘しなければならない。それでいて、人間同志だけの間で、愛情乞食の毎日を送っているような気がする。

心ある作家たちは、その作品ぜんたいを通して、多少とも、この状態にこたえようとしているにちがいない。

Ⅳ　小説と絵画

ゴッホの絵について

ゴッホの手紙は、彼が絵にかきあらわしたいことを、実によく語ってくれているのでおもしろい。

「こんど僕は風景のなかに人物とおなじ感情をあらわそうとつとめた」と『根』というデッサンについて語っている。それにつづいてこんな文句も見られる。

「もだえるようにシャニムニ大地にしがみつくが、あらしのために根こそぎにされそうになっているといったところ……をあらわしたい。それを哲学化などしないで、見たとおり自然に忠実でありたいとつとめた」

一八八二年ハーグ時代の絵だから、画家生活に入って二年目、三十歳のときの言葉だ。ゴッホのこのテーマや態度といったものは、私たち素人にも、その後死ぬまでずっとつづいているように思える。

見たとおり自然に忠実であるということは、彼の場合もだえるようにシャニムニ大地にしがみつこうとすることをかくことだ、ということが先ず私たちの注目をひく。私はこの作家だけが特に好きだ、というわけではないが、このゴッホの言葉や絵は、小説を書くさいにも共通する表現というもののシンズイみたいなものを、ほのめかしているような気がする。

私はゴッホの絵で、部屋の中の椅子だけをかいたものを見てグロテスクで、ユーモラスなのにおどろいたことをおぼえている。なぜそういうふうにかんじるかといえば、さっきゴッホ自身がのべているように、人物をかくのとおなじ感情でもって椅子をかいているからだ。椅子は表情をもち、動き出しそうに見える。また椅子に人物とおなじものを見ようとする態度そのものの背後に、ゴッホの人間同志のあいだの愛憎、たたかい、といったものがあるからで、椅子を人物のごとくかかなければならなかったのは、ただそうかいて見てやろう、というのでそうしたわけではない。そうでなければ、あれだけの生きた作品はできるはずがない。

このことにかんれんして興味のあることは、リルケのその『風景画論』の中で、「これらの風景はすべて、人物を樹木のごとく見なしてかいたものだ」というふうにいっていることだ。事実、すぐれた風景画はすべて、そういったものであろう。ところがゴッホは、これら風景画の場合とは逆に、風景を人物のごとくかこうとした。ゴッホの風景が動的なのは当然である。

次に『公園の若草』という絵についてのべている手紙の文章がおもしろい。

「その一つは極度に単純なもので」とのべ、「ヴァイオレット・ローズの松の幹と、それから白い花をつけた若草、たんぽぽや小さなバラ、そしてカンヴァスのずっと上の方の奥に、別の木の幹があるというだけのものだ」

こうしたありふれた「単純」なものから、意識的に彼が絵を仕上げようとしたのは、それによって彼の意図するものが十分にえがき得ると思っていたからだ。

「極度に単純」というその「極度」がおもしろい。しかしそれでいて、自然の充実感はそのまま伝わってくる。極度に単純なものをねらったものは、いくらもあるが、少なくとも通常は「自然の充実感」といったものは感じられない。私は小説家として、このことが小説の表現にもつながりのある意味のふかいことだ、と思わざるを得ない。

それからもう一つ、ゴーギャンと喧嘩をしたあとにかいたといわれる、あの象徴的な、たまねぎのある『静物』がおもしろい。これは画板の上に、彼が不眠薬として使っていた「たまねぎ」とぶどう酒のビンと、パイプタバコと、ローソクを立てたローソク立て、赤い封蠟……手紙、健康年鑑などがおいてある絵である。この絵はよく見ているうちに、誰でも彼の当時の生活が象徴されていることに気がつくし、何かほのかに笑えてくる。ほのかだがグロテスクな笑いである。

私はこれを見ていると、また小説のことを思いうかべる。小説もこんなふうに、周囲のものをかきながら、それが象徴的であり、そうして、読むものにグロテスクな笑いを洩らさせるものがある。

その作者が、精いっぱい生きていることが、そのまま、読むもの見るものに何か笑いをおこさせる。そうしてそれは、何もその作者一人のことが笑いをおこさせるのでなくて、人間ぜんたいのこととつながりがあるということを感じるので、そうなるのだ。

まわりの物にしがみつき、作者の眼がしみとおっているために、物が作者の化身となる。しかも、その物は物として、作者からも見るものからも、いたいたしいほど独立している。

私は彼のこの絵を見ていると、そんなふうに思いたくなる。

エドガー・ドガ

ポール・ヴァレリーは晩年のドガをモンマルトルのヴィクトール・マッセ街三七号館のアトリエに訪ねたものだが、その印象をこんなふうに書いている。

「私はこの男の以前の姿を想像してみるのだが、彼は洒落者であって、その挙動はじつに自然に気品のあるものだった。毎晩オペラの楽屋に通い、ロンシャンの競馬場では最上席を占めるのを常としていた彼は、人間の体のもっとも鋭敏な観察家、名馬の美しさに暁達した一流の通人、女体のとりうる姿勢や線のもっとも残酷な愛好家であり、また、頭脳明晰で思慮ふかく、妥協を嫌って徹底的に執着する、デッサンの並びない名手であった。――彼は才気溌剌たる社交家で、彼の言葉は、その完璧な悪意のうちにいくつかの真実を要約し、もって人を殺す種類のものだった――」

ドガが要約されている。ドガは時たま訪れるヴァレリーにさえも、いつも機嫌のよい顔を見せたわけではなかった。もう盲目にひとしくなっていたドガの家にヴァレリーが坐ると、ドガはこの訪問客の手をじっと興味ぶかげに見ていることがあった。それは、遠くが見えないせいでもあるかも知れないが、そればかりではない。そういう小さい仕草そのものに心を惹かれていたのである。ヴァレリーその人に対するよりははるかに興味を抱いて。ヴァレリーの身体は何を考えているか、本人よりずうっとよく知っていたのである。

面白いことに、そのヴァレリーが別のところで魅力的な文章でドガの物真似の才能について伝えているのである。ドガ自身がある日、ヴァレリーに語ったことなのだ。

ドガはその日も乗合鉄道馬車に乗って憂晴らしをしていた。すると前に一人の婦人がいて、居心地よくしようとして身体を動かしていた。彼女はまず着物の上に手をあてて皺をのばし、それからもっと坐り心地をよくするために座席に深く掛けなおした。それから手袋をひっぱってボタンをはめた。つぎに唇をかんでから舌を濡らし、そのあと自分の身体が生温かい下着に触れるのを快く感じるもののように着物の中で身動きした。それが終わると、鼻の先をちょっとつねって、巻毛をあるべき場所にさっと置きなおしてから、ヴェールをおろしたが、そのまえに手提袋をあけて中のものが無事であることを確めてからだった。そのような一連の仕草が終わったとき、すべき準備が終わったように、あとは神の御心のままだというふうに席に納まった。

ドガは以上のことをそっくり同じように真似て見せたのであるが、婦人がじっとしていたのはしばらくの間で、五十秒もたつと、また彼女の現状に不満を感じはじめた。彼女は背のびをして、衿の中で首を動かし、鼻をちぢますようにして、ちょっとすました顔になった。そのあともう一度、ヴェールだとか着物だとか手袋だとかを直しはじめた。こんなことは、しばらく止んではまたくり返された。

　こういうことをドガが語るときには、意地悪さもまじっていたとヴァレリーはいっている。そしてそれは、ドガがその過去に特別女から冷たい仕打ちをうけたとか、よくない思い出があるとかで意地悪くなっているというのではなくて、何もかも見逃がさない彼の眼が、バラ色に見ることを許さなかったからだ、といっている。

　盲目にちかい状態にあったドガの眼が、うす闇の視覚の中からこのようにつかみとっていたのだから、そのときドガは半ば想像力をまじえながら眺めていたに違いあるまい。というよりも、小さいヒントから身体の動きを察していたに違いない。人間も動物も、見られていようが、見られていまいが、一瞬といえどもじっとしないものだと、その婦人を馬車の中で見るまえに彼は十分に心得ていたのだ、と私は思う。

　ヴァレリーが目をつけた「物真似」の才能というものは、考えてみれば、ドガのような人には当然のことのようにも思える。いちばん確かな記憶は、自分が見られる物そのものになることであり、見るものと、見られるものとがひとつになることが出来るからこそ、ドガは盲目になってからも、腕の運動のようにしてデッサンを描き、着色し得たのだし、それから、あの彫刻を作ることができたのであろう。

それにしても、あのドガの細かい観察（物真似を伴った）の報告は、私に、フローベールの『ボヴァリー夫人』や、プルーストの小説や書簡などを思いおこさせる。ドガを含めてすべて生涯結婚しなかった人たちである。もう一人、これまた物真似の才にめぐまれた（といっても空想の人物の小さい仕草を演じるのだったが）独身者の作家、フランツ・カフカを思いおこす。

フローベールを素朴に読むと、馬車に乗っていたり、パラソルをもって街を歩いたり、夫の眼をかすめて家を出ていったりする、恋にあこがれる田舎の一人の人妻を、どうしてこう細かに頭を働かして書くことができたのか、と驚かせるものをもっている。食堂でエンマが夫の話をききながら、壁の蠅を見ている場面の細かさを考えるだけでもいい。

エドモンド・ウィルソンの『アクセルの城』の中には、こういう文章が見られる。

「プルーストの細かな慇懃《いんぎん》さについては、よく聞くところである。（略）シェイケヴィッチ夫人への、つぎのような手紙は、ただ過度に慇懃であるばかりではない。それは十八世紀にすら見ることがむずかしいような、特別な教養のありすぎる、根本的に納得のゆかぬ感性を示している。

『貴女が御病気だったということを知って、なんと悩ましいことでしょう。今になってやっと知ったなんて、なんと心痛が加わることでしょう。——貴女が苦しんでいられたときに悲しむことができなかったなんて、（略）貴女はもうおなおりになったのですから、回顧的な筆法で、私の想像の世界に戻り、貴女のカルヴァリー（磔刑の地）に登らなければなりません。――貴女の熱に浮かされた夜々を眠るのです。いや眠らないでいるのです。（略）』」

　こんなふうに延々と書き綴られた手紙を読むと、自分に同情してくれ、自分に乗りうつってくれることが、ありがたくなくなってくる。貴族ふうのこの慇懃さや同情は、何か気持の悪いグロテスクなものにさえなっているのである。

　ヴァレリーによると、ドガは直接の師であるアングルの教訓と、それからもう一人、ドラクロワの魅力と、二人の影響下にあったが、その一つに徹し切れず苦しんだようである。苦しんだということが面白いのである。

　だからドガは「マネの確実さを歎賞し、羨望した」とヴァレリーはいう。マネの眼はモデルの中から彼の実力の全部を発揮し得る肝心のものを捉え出し、彼の手は誤ったことがなかったという。もし、そうとすれば、ドガの場合、盲目こそ彼にあたえられた恩恵であったといえないことはない。ドガの鋭い線は、彼が生きていることの確かめであり、生きんとする意志、外界との接触の切断面であり、あの鮮かな色彩は、彼の喜びや、復讐の表現であったとも考えられるからである。多くの作家は、晩年になるともう一度自分自身に立ちかえり、残されたエネルギーをふりしぼって必要なものだけをかくものだ。

しかし、それにしてもこのドガ評はいくぶんヴァレリーその人の作風を語っているようにみえる。というのは、ドガが板挟みになることに苦しむことを敢えて自分に許したのは、ほんとうは彼が一つのものを追究する宿命を負っていたからとしか思えないからだ。それは運動をつかまえるということである。

私たちは正直いって、絵の中に現われた運動ということにはきわめて鈍感になっている。素人が見ると、レオナルド・ダ・ヴィンチが水流の秘密を絵にしたり、『騎馬の戦』のような戦闘場面を描いても、そのことには感動したりしないものだ。レンブラントにしろ、ドラクロワにしろ、クールベの重い石をもちあげている石工にしろ、運動の一場面がそこにあるという意味では、少しも感動しない。むしろ気の毒に思うくらいが関の山である。

同じことは顔や手の表情、とくに顔の表情という、顔の中の運動についてもいえる。レオナルドの自画像にしろ、心の変化がそのまま現われているレンブラントの自画像にしろ、耳を切って包帯を巻いたゴッホにしろ、なかなか驚いたり感動したりできないようになっている。動く写真である映画や、その映画を止めて写真にしてみて、また動かしてみたり、こういったことに慣れたせいだろうか。アップにした写真を見なれたせいだろうか。それとも宇宙船内の無重力の動きというものさえも知ってしまっているためだろうか。

不思議といえば不思議だが、私たちはかえって中世の操り人形のような人物を描いたものや彫ったものに惹かれたりするのは、いかなるわけであろうか。そういう意味では、私たちはドガを見たりするまえに、歴史の歩みといっしょに歩みなおさなければならないのかもしれない。

最近私が読んだシンポジウム〈芸術と思想〉というものの中で、日本人の大正時代は赤の時代で、茂吉の『赤光《しゃっこう》』に代表されるように、絵でも詩でも小説でも、赤、とくに朱にちかい赤がなじみの色だったというようなことが語られている。大正時代、天皇の亡くなられたのが小学校の六年のときであった私は、小学生のとき絵をかくのに、クレオン、クレパス、パステルの三種類をよく使ったが、頭から印象派ふうの絵ばかり描き、非常にものたらない気持だった。色は赤を使い、赤と青とまぜ合わせ、黒は使わないようにした。私の兄に見せると、黒をとりあげて輪郭をきつく塗るので、眼がさめるような気がしたが、絵は甦ってくるけれども、それはそれで不満であった。いずれにしてもこうした私事にわたることを述べたのは、印象派ふうの絵が小学校でも大はやりであって、本家本元の絵を見ると、さすが違うと思うし、なつかしくもあるけれども、見あきてしまったということである。それならドガの特徴はどこにあるのか。

ドガは若いころから歴史画をかいたり室内の家族の肖像画をかいたりしているが、じっと見ていると身体や顔に表情がかなりはっきりと見られる。室内画ではモデルがかき手のドガを意識している。というより、ドガを意識しているということそのことをかいているといった方がよい。こうですか、こうしているのね、これでいいんだな、といっているような気配がだんだんと出てきて、ドガとモデルとの会話がきこえてくる。一般の肖像画のようにモデルは静止して、自己の再現の喜びとエチケットのために何十分かの苦役に堪えている。この皮肉屋は若いときから、モデルに何か話しかけたかもしれない。その苦役の間にモデル自体は、しだいにモデルの意志や心に向かって色々と命令を下しているかも知れない。身体と身体を包んでいるものとの争いや馴れあいや、そうした小さなドラマのさざなみが、ドガに分らぬはずはない。

マネの『オランピア』には一種不安を感じさせるものがあるといわれている。トランプのカードのように人物が画面の空間にはりついて見える、つまりレオナルドがあれほど唱えた遠近法が破られているせいだ、といわれている。マネのこの作品が不安感をおぼえさせるというのなら、ドガの室内の家族の群像たちは、動くべきはずの身体を一瞬静止させていることからくる不安感を見るものにおぼえさせるともいえそうである。モデルたちはドガの自由になってあげようとしているが、その身体がかならずしもいうことをきかない。そういう小さい恨みがドガに向けられているように思われる。

ドガが描いたこうしたモデルたちは、揺るぎなく緻密に画面に塗りこめられて、ドガの命令に一応したがいながら、脚や手をしかるべき位置に微妙において構図を助けているけれども、どこか椅子や壁や時計や敷物や衣服などにその感触が似すぎている。アングルの教えや、十五世紀のイタリアの絵の影響がつよすぎて、ドガを圧迫している結果になっているということかも知れない。だが、アングルのあたえる冷たい不安とは違う。モデルの人間は充足していない。身体が反抗しようとしている。

ドガが競馬場やオペラ座に出かけて馬や踊り子たちのデッサンをしはじめたのは、モデルとしてではなくて、動くことが生きることである対象がそこにいたからであろう。彼らは動くことが即ち見られるものである。ドガはたしかにアングルの弟子であるとともにドラクロワの弟子でもあった。馬や踊り子は肖像たちとは反対に、動きそのものに熱中するのは、ちょうど肖像たちが静止しているのと同じである。だから馬や踊り子たちは、その動きのリズムの中で軽い反抗をする。つまり、運動の停止を行なう。いや、停止というより別種の運動といったほうがいい。つまり我儘な姿勢をとる。馬は前脚をあげてのびあがったり、歯をむきだして泡をふいたりする。踊り子は、あくびをしたり、背中をかいたり、踊りの運動と無関係な個人的な表情を見せたりする。どういうことかというと、つまり卑俗さを具えた日常がそこに現われたということなのである。

ドガが愛することのできたのは、ほんとうはこの日常というものであろう。ところが日常を愛するには、彼らは運動していることが条件である。この貴族的な皮肉屋はそんなふうに思いはじめていたのかも知れない。

ドガは『十四歳の若い踊り子』という蠟による彫刻を作った。ヴァレリーが訪問すると、道具とまでいえないような色々なものが乱雑に置いてあり、そういうものを使って作業をしていたらしいとあり、じっさいチュチュをつけた踊り子の彫刻が転がっているさまが記されている。ヴァレリーは、画家の仕事場というものが、職人の手工業の部屋に似ていることがいいたかったとみえる。そうして将来、これとまったく違った、機械などが置かれたアトリエの中で画家が仕事をする日がくるかも知れない、といっている。くり返すが、ヴァレリーはドガの孤独について述べたがっているようであり、実験と知識と想像とが一つになる。盲目の人の内部世界を暗示したがっているかにみえる。

それはそれとして、そこに転がっていたのは、この像だろうか。そうではない。これらの踊り子は放り出されるがままに終わり、ついに陽の目を見ることがなかった。残ったのは『十四歳の若い踊り子』ひとつだけである。『十四歳の若い踊り子』は、ほんもののチュチュを腰のまわりにつけ、乳押えとサテンの布靴をつけている。胸をはって上を向いたこの少女像は傲慢に見える。少女が傲慢なのか、作者がそうなのか分らないが、実は傲慢と見えるのは、彼女でもドガでもなくて、少女というものがそうなのである。その少女を選んだのはドガであるけれども、この伸びやかな少女はそのままの姿で作者の愛情をいっぱいに身につけ、充足している点は、それが馬であっても構わぬような感じさえあたえる。この小立像については、見る人の眉をひそめさせた。ポール・マンツは『ル・タン』にこう書いた。「結果は恐るべきもの……不幸な子供は安物のローブを被せられ、まんなかに青いリボンをつけ、足には短靴をはかされて立っている。……その子は動物的なずうずうしさを顔というよりも小さな鼻面に浮かべて進む……ドガ氏は醜悪の理想を夢想し、それを実現した」

これから動きに入るのか、動きの止まった一瞬なのか分らぬが、いずれにせよ、少女はいったん動きだせば、美しい運動のリズムをくり拡げることは間違いないと感じさせる。すべての運動が、見るものの想像の中に浮かんでくる。休止であるのか動いているのか分らないともいえる。

またこうもいえよう。踊る踊り子と、休止の姿勢をとった、リズムからはずれた日常的なものと、この二つを一つに表わしたのが、この少女像だと。ドガの作品から一つを選べといわれたとしたら、私はこの少女像の名をあげたい。

いったい衣服とは何であるのか。『ルーヴルにおけるメリー・カサット』を見よう。少女像とこの婦人の絵はなんとアングルの線を思わせることか。後向きになったこの婦人像の心憎さはどこからくるのか。少女像がチュチュなど実物を身につけているのがショックをあたえるのは、これだけは実物である衣服というものが何なのか、ということを考えさせずにはおかないからであるが、それと、この婦人像は本質的には変わらないと思われる。衣服はこの婦人の身体を刺戟し、充足させる。少女はチュチュその他の、呪われた実物を身につけていることによって、ある一つのものとなっているのである。にもかかわらず、そこにあるものは、本来身体だけである。そのような矛盾を知っていたからこそ、ドガはヴァレリーに、あの馬車の中の女と衣服との関係を語ったのである。

ドガの踊り子や騎馬などを描いた作品を見ると、運動の一瞬をつかまえるということについて、ある考えをもちつつあったようにうかがえる。運動というものは、少女像や婦人像のように運動が流れだして想像世界をくり拡げるのと、もう一つは、動く群像というものによって一つの平面に運動のリズムが流れ、音楽や人の声や馬のいななきが聞こえ続けるというふうのものと、二つあるようである（たしかに聞こえるものは音である）。

馬車の中の婦人の仕草が延々とつづいて終わることがないように、くり返し続く運動を平面に表わすには群像が同時にそこにいることが必要である、とドガは思っているように見える。そうしたとき群像は、多くの場合、同じ服装をし、同じように動きまわる踊り子の複数であったり、騎馬の複数であったりする。

ヴァレリーは、オペラ座の舞台や稽古場の床に照明をうけて蟹のように這っているように見える踊り子の絵を例にあげ、床を背景にして反射し合う光の波動が、踊り子の顔や腕や脚や衣装の上に銀粒のように漂うのを見て、ドガは印象派になったといっている。つまりドガは、ほかの同時代の画家のように、風景画を描きに外へ出かけていったことはなかった。ドガがパステルを使いだしたのは、それまでそのために使っていたあの鈍さや不透明さのためではなくて、光の粉のようにこの画料の粉をアクセントとして置くためである。背景が光を反射する床であったのが、やがて床でもなく、踊り子を吸いこみ、包みこむ、踊り子のための世界となり、やがて、ドガの想像世界が住む居場所となってゆく。

「彼の半ば消えた眼がもはや支配することができなくなった光への熱狂は、ますます強くなる色調とは対照的な、きらきらした蛍光に変貌してゆく。記憶の確かさと技術の習熟は、これまで彼にもっとも革新的な接近の数々を許してきた——パステルから細かいデトランプ画へ、彼が発明者であるモノタイプへ、いろいろな技術と材料の不調和だが意外な新鮮をもつ混淆へ——が、それは現実を深く洞察する心理的な観察に裏打ちされたかつての見事なデッサンを、一日一日抒情味と白熱さを増していく、時間を超え肉体を離れた描画へと変えていった」とジョヴァンニ・カランデンテは述べている。

ドガは、晩年は浴室の女を、自分の腕の運動に頼るようにして、女の裸を描いている。女の身体の動きは、彼の想像世界の動きになり、それは腕の動きに乗りうつって描かれる。人物の輪郭はもちろんのこと、色彩もまた線になる。

「デッサンは線の外側にあるものではない。その内側にあるものである。」

喜怒なきマスクの如く——坂本繁二郎論

画家の中で文章家としても評判の人はいろいろといる。そういう人はまた書家としても名が通っているらしい。中川一政《かずまさ》などはとりわけそうなのであろう。さいきん熊谷守一《くまがいもりかず》の文章もうわさにのぼっているので、私も読んでみた。熊谷は私と同郷の岐阜の人であり、何かしら、その文章に私は同郷のにおいを感じて面白かったが、やはり同郷の友人の一人がその奥さんといっしょに、とくにある箇所を推賞したので、私はその熊谷の文章の一冊本を、その友人が今住んでいる前橋の本屋で求めて帰りの汽車の中でもう一度ゆっくり読んでみた。

もう一度というのは、既にその友人宅でその本のその部分を読んでいたからであった。

その部分というのは、熊谷の娘さんが胸の病で亡くなる前に立ちあがって黒板にチョークで南無阿弥陀仏と書かれた、というのである。そしてそれが何十年もたった今でもそのまま残っている、というのである。そしてその黒板と文字は写真にうつっている。

口述なのだろうと思う。せいぜい一行ばかりの文章である。口述でなくとも、まあ口述と同じようなものだ。何故黒板がその部屋にあったのか、何故、その黒板が今でもそのチョークの文字をそのままに、どこかにあるのか、そういうことは記されてはなかったので、私は不思議に思ったが、そういうことはどうでもよいように思った。あるいは、私の読みちがえ、読みおとしだったのかもしれない。たまたま私は東京を離れていてこの本は手もとにはないので読み返すわけにはゆかない。たとえ手もとにあっても、たぶん読み返すまい。なぜかというと、私には不思議に感じたことが、そのまま不思議であるのが、喜びなのだからである。そういうわけで、手もとにこの本がないことをむしろ私はしあわせにさえ思うくらいだ。

熊谷の文章はこういう短かい挿話がポツポツと語られるというふうのものだ。短かいがためによく、そればかりか、右の箇所などは何かしら危険にみちている。これが少し長くなると危険の意味も別種の性質のものと変ってしまう。ほんとういえば、あまりにも尊いというような意味で危険なこの文章は、いっそ語られぬ方がよいくらいのことかもしれない。いずれにしても、私の友人がいうようにこれは熊谷のその一冊の文章の特徴であるといってよかろう。

私は坂本繁二郎《はんじろう》の文章は一読再読に価するということを、今から十何年前に河北倫明《みちあき》氏から旅行の途中きいた。私も仲間に入れて貰った「秀作美術」という同人会の旅行会で、私どもは装飾古墳を見る途中、久留米の石橋美術館に寄り、そこの仕事をしている古墳にくわしい某氏から便宜をはかってもらうつもりだったのだが、ちょうど美術館では、青木と坂本の展覧会を催していたので、それも観た。私が坂本繁二郎の実物を見たのはそれがはじめてといってもよいもので、それ以前に東京のブリヂストン美術館でちょっと見た程度であった。あとは馬の絵の絵葉書を机のガラスの下において何となくガラス越しにすかして見ていたぐらいであった。この絵葉書を私はブリヂストンで買ったような気がする。裏に何も文字が書いてないのだから、そうでなければ私の机の上にあるのはおかしいから。

とにかくその日は展覧会を観たあと筑後川をさかのぼって装飾古墳をいくつか見たが、その一つは、とくに大きなもので、青木繁の《黄泉比良坂《よもつひらさか》》は、この古墳をあたまにおいたといったようなことをきいた気がする。が、これは私のききちがいかもしれない。

この日のことがきっかけになって、私は青木、坂本の二人の文章に興味をもつことになった。青木の文章は、たまたま河北さんの青木画集の解説を見ていたら、そこに雨滴のことをつづった短文があって、その印象が瑞々しくあざやかでたっぷりしているのは、ちょうど、絶頂期にある青木の絵と似ている。画家の文章というよりは詩人や当時の小説家の文章のようであるという気がする。青木は文学青年でもあったのだから当然であるといえばそれまでだが、私はびっくりした。天才といえば一種の天才ぶりを、そこに見る気がした。

坂本繁二郎の文章のいくつかは、解説文や坂本論の中の引用文をとおして見てきた。これまた私はびっくりさせられた。坂本の絵を見る以上にびっくりさせられた。そのことについて語りながら、絵については素人である私が、日本の創作者としての立場から、絵についても勝手なことを書かせてもらうつもりであるが、とりあえず、こんど文集を通して読んでいて、気がついたある一つのことから先ずはじめてゆきたいと思う。

「画作難」という文章がある。陰うつな巴里の冬が終ると、ようやくひとりで汽車にものれるようになったので、フランスの西海岸クロアジックに出かけて行く。避暑地のある村に着いてみると、冷たい雨が降っている。海辺には無人の別荘がいくつも立ち並んでいる。一つ一つ個性を見せた家が暴れ狂う海に対している。空き家はかえって家そのものに生気あるように見える。しゃにむに画架を立てて仕事にとりかかる。どこまでむりが通るか試煉だ。何としてもムリは通らない。頭ばかりは火のようになるが、体は氷のように冷え切る。こうしてパリにもどる。この頃の天候はいつもそうなのだが、不案内のためにそういうことになる。旅先の仕事は天佑なしにはうまくゆかぬ。

こんなことが数頁にわたって書かれている。私が紹介しているよりはもっとくわしくくどく、こういってよければ、怨みがましく書かれている。ここには暴れ狂う海を前にして一人のエトランジェが何とか収穫を得ようとして奮闘している姿が、舞台の中で、ある広がりの中で感じられるような気がする。

天佑をもち出してくるところも、当り前と見えてそうではない。同じ目にあった画家は彼一人ではないし、天佑が必要だと思ったのも彼のみではないかもしれないが、しかしずっと読んでくると、どうも独特である。ここには何かしら尋常でないものがあって、それが、そんな感じをあたえる。その頑張りのもつあるフンイキである。無人の空家がかえって生気あるように見え、それが興をそそる、というふうに思うこと自体もその一つであろう。いや無人の空家がかえって生気があると見えることと、この頑張りとは何かしらつながりがあるともいえる。

これは私には、それよりずっと前にロンドンにきていた頃の漱石の頑張りを思いうかばせる。

私がこの「画作難」という短かい文章を紹介したのは、実は次にくるところのしめくくりの箇所が、いかにも不思議な印象をあたえるからである。

日本に帰って二科会に自分の画を並べたとき何だか詩のようなものが胸裏に往来した。『私のタブローが並ぶ、泣きもせず笑いもせず死人の眼玉のように眺むる人々に対して居る。私独《ひとり》の胸の裏にはタブロー一つ一つの思出が悲痛、夢、自嘲、泣笑い、墓地の死骸の如くくらくすみに折重なる。だがタブロー共の表情は泣きもせず笑いもせず喜怒なきマスクの如く静寂の世界にある』

一つのタブローの裏にいろいろの思いがあるということは、帰国後の展覧会場で自分のタブローに対したときに、誰しも感じることかもしれない。そう読んでもさしつかえないのであって、私のようにわざわざ持ち出す必要はないともいえる。しかし考えてみると、こういうふうに文章にした人もほとんどなかったように思えるし、タブローどもの表情について、こんなふうに思いをかけた人もなかったように思える。

それに坂本は自分のタブローを「喜怒なきマスクの如く静寂の世界」という言い方をしている。壁面に並んでいる自分のタブローどもが、それぞれそうした静物どもだという意味だ。

喜怒なき静寂だと感じることは、実生活において喜怒がない、ということではない。そんなことはあり得ない。それどころか、喜怒は人一倍あるということであるのかもしれないのだ。

喜怒が人一倍あるというよりは、その喜怒も一個の人間のただの喜怒とは違うというのであろう。そうでなければ、「喜怒なき静寂のマスク」としてあとで感じることはないに違いない。絵の裏面にこもっているという見方感じ方をするということは、もう絵をかいているときに、描かれるものの奥にあるものを、一つの組織として感じているということだったのだろう。あるいは中年になって外国へ絵の勉強にきている日本人の自分とは何者であるか、という一個の画学生の奥にあるものを感じるという態度と無縁ではない。だから、フランスの西海岸の季節はずれの避暑地で、荒れ狂う海を前にしての頑張り方、自然との対処の仕方、怨み方、自嘲、つまり一口でいうと日本人の泣き笑いの仕方とつながりのあるものなのだ、と思う。

タブローの中にいろいろのものがひそんでいる。そのように外国にきている中年の日本人画学生の中にいろいろのものがひそんでいた。どういうのが本物の絵であるのか。流行と不易のものとのかかわりあい方はどうなのであるか。

日本人は何を学ぶべきか。学ぶべきものがこの外国にあるのかどうか。この外国の自然はどうして気に入らないのか。そういうことを考えつつあった彼が、陰うつなパリの冬のあと西海岸にやってきた。青木繁と訪れたことのある房総の海岸のことがあたまにあったかもしれない。彼を阻む雨と風が彼に絵をかかせなかった。かかせないのは、ほんとうは雨でも風でもない。外国にきて外国の自然の中で何か学ぼうとして絵をかいていること自体なのだ。自嘲とはそのことだ。

私は前に留学中の漱石の感じ方とよく似ている、と書いた。坂本には「阿蘇行」という文章がある。これは漱石の「二百十日」という阿蘇へ登る話と非常によく似ている。「二百十日」は、明治二十年代から三十年代にかけてと思われるが漱石が熊本にいた頃の印象がもとになっているし、書かれた時期も大分漱石が早い。阿蘇にきて、そこにいる人間と自然とのことを、歩きながら考える態度の一つ一つがとてもよく似ている。自然の壮麗さ無意味さは誰だって阿蘇へくれば感じる。しかし、次のように書いたものは、ほかにはおそらく漱石一人ではないだろうか。噴火口の穴を前にして坂本はこう考える。

　今自分が石ころになってしまおうと思えば只一飛びすればいいのである、数分時をもいらぬのである、かく世界の生物は数分時にして石礫と化し得る、世界永遠の寂滅はたった一皮の自分のそばに存在して居るのである、世界の生物が悉く申し合せて一思いに死んでしまったならば折角に生物を成した自然はがっかりするだろうか、それとも其の事それを自然として矢張りしゃあしゃあとして自然は自然で寂滅の儘《まま》進行するだろうか、生物が自ずから出来たところにはそれだけの意味があるのに相違ない、それかとて又死ねば死んだ事が意味となるだろうか、空には鼠色灰色の雲が入交り急わしく動いて居る、恐ろしさの喜びとでも云う様な妙な気持だ、……

このあと下り途を歩きつづけたあと、

此辺すべて見ゆるもの聞ゆるものが一種異様の空気を湛《たた》えて居る、此処を往来して居る『風、温気、音、気合』は何等かの特別な意志が潜んで居るようで彼等は其恣《ほしいまま》なる占領力を誇ってでも居るかの様である、斯う云うところに出っくわすと神経は特別に緊張して其刺戟のあらゆる微細なものを一々逃がすまいと働き出す、妙に非人間的な頭許《ばか》りが際限なく誘い出されて来る、人はハハハと笑って通る、何たる平気な姿だろう、そもそもハハハと笑える様な安定な姿は神と一致でもしない限り出来ない事ではなかろうか、……

こうして自然などということを考えているだけ非自然的なのだ、とか、どこまで行っても解決がつかぬ、解決がつかぬのが当り前かもしれないが、それではいまいましい、というふうに書かれている。

阿蘇山で考えたようなことを、いたるところで考えるのが当然で、それはまた作品活動の中で考える。そしてこの文章のくわしさは、おそらく絵の中では色調とかいうようなものによってあらわされるのだろうかと思われる。

せっかく漱石の名を出したついでにいうと、漱石は帰国後、自己本位ということをいいはじめたことは私たちのよく知るところである。自己本位だといったからといって、自分勝手に、日本人は日本人だとあぐらをかいたというわけではなかった。彼の小説の書き方は、坂本のいうところの組織的に構築的にというふうであった。西洋式に近かったり、東洋式であったり、西洋式と東洋式とが折り合うようなやり方であるように見える場合もいろいろあった。彼は南画ふうの山水画もかいたし漢詩も作ったけれども、同時に一方に油絵ふうの小説で、日本人として彼の描きたいと思う世界を書こうとした。漱石は大正五年に五十歳で死んだ。坂本はその頃三十四歳になっていて、大ざっぱにいって、漱石が考えていたようなことを、考え、また実行しつつあった。そして洋行がその五年後の大正十年である。洋行前にも今いったようにどんなに考え、どんなに実行しつつあったかということは、おそらく解説者の方々が述べられるであろうから、私は遠慮することにするが、とにかくその執拗な「自己本位」の追究は、おどろくべきものである。おどろいてもおどろいてもまだおどろき足りないほどのものである。正直いって、まったくいやになってしまう、というよりほかにうまいいい方はない。すくなくとも私はほんとに泣きごとをいいたくなりもう坂本繁二郎のことは考えたくない。もし現存しているとしても、顔も見たくない、というほどのものだ。私は絵そのものが、おどろくべき作品だ、と必ずしもいっているのではない。

　なるほど驚くべきものかもしれない。しかしそれより驚くべきことは、どうしたら自分自身になれるか、どうしたら油絵で日本人の絵がかけるかということをあけてもくれても考え、文章に書いているということとの組合せがそうなのだ。日本人が考え尽くさなければならぬことを、画家としてほとんど考え尽くし、それをただ単に印象的ではないところの、ちゃんとした組織的に筋を通した文章にしているということである。

なぜ油絵でなければならないか、ということは、日本の場合は、小説の場合などにおきかえていうのなら、人間というものを早々とあきらめた恰好をしない、ということが必要である、ということ、早く悟りを開いたつもりにならないような手間暇かけた、時間的な、まどろこしいようなことにもつきあうということである。それをあえてやるのだ、と思わないと、日本人は世界に通用しないものとなる。通用しなくたっていい。要するにひとりよがりにすぎぬということは許されぬことなのだ。

油絵をかくものが、日本画をかけば、かけるが、日本画をかいているものは、油絵をかいているものがえがくものはかけぬ、と坂本がつぶやくようにいう。これは小説でいうのなら、人間というものは一人だけで生きるものではなく、それぞれの主張をもったものが生きているとちゃんと理解することであって、これは決して易しいことではない。この易しくないことを、手間暇かけてやってきているのならば、そこから人間というものの姿をいっきょにつかんだり、あるいはいろいろの眼にさらされているものを、しばし眼かくしすることを許してもらうというようなことをやったとしても、それはそれなりに的を外れることにはならないのかもしれないのである。

老人が子供に似てきたり、人間が生をうけるというのは、実は死ぬことを目ざしていることであったり、堕落することによってしか向上できぬこともあったり、日本人であるためには、日本人的でない画材を取り入れることであったり、自然的であることは、非自然的になりかねないということがあったり、空間的にいっきょにつかむことが得意であるために、時間的な歴史的な因果や手続きを踏むことであったり、喜怒なきマスクというものが好ましいといっても、それは喜怒がないということどころか、むしろ人一倍喜怒があることであったり……それから坂本繁二郎であるということは、青木繁でないというわけではない。つまり、（あまりいい言い方ではないが）同じ久留米藩のうっくつした武士の子弟であったというようなことは、一口でいうと、漫画的だということである。

私の見るところでは、漫画的気分は第一作からあらわれているが、牛が物思いに沈んでいる、と漱石が評した《うすれ日》の牛も漫画ふうである。『吾輩は猫である』の処女作をかいて小説家として登場した漱石は、後年、『道草』をかく頃に縁側で居眠りをしている猫を見ているうちに自分の方もゆすぶられてくる、とノートしている。日本や日本人の矛盾をあんなに考えつづけたものたちが、漫画的気分に敏感であるのは当然だ。自分の力で実感的につかもうとすると、おのずから漫画的になる。

色が単純に二色対比されると両極力が現われる、これが只意識に判別されるだけで

は只の批評であり、感得され詠嘆されると意義深長となるのではあるまいか、

実感的につかむとは感激することだ。そうして感激して実感的につかむということは、どういうことかというと、矛盾をつかむということである。この世に生きるということであり、油絵で日本を描くということでもある。パレットから色を運び、塗り重ねてゆくときに、意義深長というものはあるわけではない。意義深長とはそういうことで、かく以前に感得され詠嘆されるものだ。私はたまたま「追想記」という青木繁のことを追想した文章の最後のところを抜き出してみたいと思う。これはただの追想記の文章であって、とりたてていうのはおかしいともいえる。それにこの文章はあまりにも有名である。坂本繁二郎が青木繁をいかに理解していたか、という証拠としてもあげられるものだ。だが、私は文章の語句をつみかさねてゆくときの呼吸が、ちょうど色をおいてゆくときとよく似ているということ、そして坂本のいう意義深長の、ほんのちょっとだが、実物を彼本人の文章の上で示したいと思うのだ。

君の体質を感じの上からいうと、巻かれた反物のまがい絹物の肌触りである。君を包む雰囲気は銀色である。君の持てる力は細身の金銀造りの白柄《しらつか》である。君は眼も口も大きく、時々口を横びろに引張って、諷刺的な嘲笑を見せた。またある時は大に口

を開いて笑った。併しそのハッ、ハッ、ハッと一つのハと次のハとの間の途切れるような笑方は変な調子で、笑って居るのか、ただ発声して居るのか、一寸分らない位であった。そして君は常に空ばかりながめて歩いた、その仰向いた頭の角度の非常なことは有名で、後ろから声をかけた方が早いとまで言われて居た。

この文章には青木繁のそれこそ漫画的なことも書かれているが、そうではないことも書かれている。自分との対立を見ているし、その奥には青木といっしょに生きて先立たれ、そのあとを生きていることの感激がある。そうしたことがそれ以前の部分ともつながって、色をおき重ねてゆくうちにかりに意義深長というような世界を作ることになる。その中でもはっきりしていることは、青木は坂本とは反対ともいえるタイプの人間ではあるが、けっきょく青木は坂本であるという感慨というか感激というか、そういうもので組織立てられるということだ。

青木は死んだが、ほんとうはいよいよ坂本自身の中で生きている。この文章は大正二年に発表され、あと昭和三十年に訂正されたものであるが、たぶん想像以上に青木がつきまとって離れなかった。外国にいるときも、あのフランスの西海岸の荒れた雨の日でも、そうであり、坂本がジャーナリズムにさわがれはじめてからも、八女《やめ》に住みつくようになったときも、牛や馬を見るときも。そんなことは大げさな言い方だという人もあろうが、実作者どうしというものは、そういうものなのだ。

あまりにも卑近なことすぎるけれども、この啄木ばりの後ろから手がとどくほどそりくりかえって歩いていたのは青木だった。だが坂本が心の中でそりくりかえっていなかっただろうか。すくなくとも、坂本自身もそう思わぬはずはない。どこにも坂本はそう書いてなくとも、その気配は十分に坂本のいろいろな文章の中で読みとることが出来る。でなかったら、自分のフランスでかいてきた絵を喜怒なきマスクのようだ、と感じたり、能面に興味をいだいたりするはずはない。

素人の私が画集を見ていると、早い話が《うすれ日》などはこれはこれで青木繁と非常によく似ているように思える。天平時代の女たちを描いたものや《日本武尊《やまとたけるのみこと》》とも似ている。日本武尊が青木自身であり、牛が坂本繁二郎であるというようなことよりも、色あいというようなことだ。同じ時代の作家だというようなことであろうか。

坂本は、坂本流のものをかいているといいながら、画風が変っていくことが、画集からもよく分る。そこで私はフランスにいる頃の絵を見ていて、坂本もこの間にまた大分変ったものをかいていたのだな、と考える。私のかんちがいかも分らないが、どうもこれらのものは、たとえば、田舎町をかいたものや、婦人をかいたものにしても、画風として試みがおこなわれていることははっきりと見てとれるけれども、ねらいというものが伝わってこないような気がする。たとえば、この絵がそうなのか知らないが、空家がかえって生気がある、というようなふうに感じたとかいている文章から推測をしたりするのは間違っているとはいえ、私には、そのつかみ方は何だか陳腐というか、ありきたりに思える。そんな文章でいうよりは、もっと意味ぶかいことが画面ぜんたいから伝わってくるというようなことがあるとしてもだ。この文章のことはしばらくおくとしても、風景画や人物画は、渡欧前の牛をえがいたものなどの牛の顔や尻の部分など、白く塗られたあのマッスが私に訴えかけてくる。あんな感じのものがもっと意識的に追究されているようにも見える。少くともそういうものもある。

　とにかく私のいいたいことは、何かしら坂本繁二郎らしくないものに見える、ということだ。ほかの人の名が冠せられてもいいということだ。外国人の名でもいい。そういうと叱られるかもしれない。これこそ坂本的なものが再醱酵しつつあるではないか、ともいわれるだろう。それはその通りである。

　坂本は当時流行のセザンヌに合理的でありすぎて物足らぬといっている。むしろコローの中に何もかもある、とこういう。坂本の絵を見るとコローよりもむしろセザンヌに近いとさえ見えるのも、ほんとうは少しも不思議ではない。このあと誰が見ても（と私はあえていうが）どちらに近いといえばコローよりもセザンヌに近いものをかきつづける。そして口ではさっきもいったようにコローだ、といいつづける。

私はそこが面白いところだと思うのだ。そしてやはり組織的ではあるが知に走らず、割り切ろうとはせず、とつとめながら、やはり一見するとセザンヌに近い。これが時代というものだ、といってもいい。青木と坂本がよく似ていると私に思えたりするのと、同じ現象なのだろう……。

それはそれでいい。私がいいたいこととは、そういうこととは別のことだ。

日本で四十になるまであした坂本そのもののような牛などをかいてきた坂本繁二郎は、西洋で何をどのようにかいたらいいのだろうか。日本人の坂本自身をどこに托するのか。どうして西洋の風景や婦人像から、彼は彼の絵をかくことが出来るのだろうか。

こうして憶測を逞しくすると、坂本が空家がかえって生気があるという、ありきたりのいい方も、ありきたりではないものを含んでいるように思えてくる。西洋にきている坂本自身が空家なのか、西洋の家が空家なのか。とにかく「空家がかえって生気がある」には、何か共通した基盤としてものを見てとっていたように見える。

それが当っているとしてのことであるから、こんなことといっても仕方がないかもしれぬが、やはり、そのような基盤では、絵心としては弱いことになる。

そこで帰国後にかかれた能面のような母親像や、自画像や、それから馬や柿や砥石といったようなものを、フランスでかくことが出来ないのがむしろ当り前だということになる。私は間違ったことをいっているのだろうか。もしいくらか当っているとするならば、彼が「画作難」で書いたところのタブローの裏にある泣き笑いというものは、タブローそのものの裏にあるべきで、作者の思いにあるべきではない。壁に並んだタブローがマスクのように坂本に思えるのではなくて、見るものに、そう見えるものでなくてはならぬ勘定になる。

彼は牛や馬を多くかいた。人間の裸は美しいものではない、という。美しいという点では牛や馬の方が美しい。人間が牛や馬におき並べることが出来るのは、《傘をさす馬》のような、馬と一体になっているような人間であることが何の特別なことでもないような、馬が歩いていて、それにひかれているような人間、馬の顔や傘と同じように、そこにそれらがあるということや、そのかもし出す世界ははっきりと分るけれども、目鼻立ちなどは分りもしないような人間になっているときだけのようだ。

もしそれ以外の人間でかく必然があるとしたら、目鼻立ちだけの、能面のような人間や、能面にあらわれた人間である。それを彼は油絵でかくのだが。私はこう空想する。能面にあるマスクといういっきょに世界を切る空間と、それが演じるところの喜怒哀楽の時間というものに見合うものが、能面のまわりのスペースであるのだと。すくなくともそういう覚悟で、どうも絵具は塗り重ねられているのだと。

人間を能面の如くかくのはともかくとして、なぜ能面をえがくのだ。それは堕落ではないか。熊谷守一がそれに似たことを書いているとの話だ。私がその言葉がのっている本をひっくりかえしても出てこない。熊谷夫人が夫を語る文章の中に、夫の意見としてのっているとのことである。私はまだ見つけていない。熊谷の本はいったん見失うとなかなか見つけることがむずかしいと見える。

私もまた疑問を出したくなった記憶があり、まだ解答を出すことは出来ない。馬や柿や砥石やハサミや本や石ころや鶏卵が作品であるのなら、能面が作品であってどうしていけないのか。能面と本が舞台の喜怒哀楽を裏にひそませているのか、それとも能面はただの道具にすぎない、本と同じようにただの形あるものにすぎない、という思いをこそ訴えようとしているのだろうか。それならそれもまた漫画ふうであるという新しい実感だが。

　世界の生物が悉く申し合せて一思いに死んでしまったならば折角に生物を成した自然はがっかりするだろうか、それとも其の事それを自然として矢張りしゃあしゃあとして自然は自然で寂滅の儘進行するだろうか。

これは前に引用した「阿蘇行」の中の文章である。

V 小説と芝居

小説と戯曲の間

いつだったか、美術展を見に行った時に、絵画というものを何室も眺めながら、彫刻の部屋にはいった時に、彫刻というものが非常にふしぎなものに思えた。彫刻がふしぎなものに見えたあと、絵画をふりかえって見たら、これまたふしぎなものに見えた。私は部屋の中の人々の顔や、窓の外の景色を何となしに眺めているうちに、そうして絵画や彫刻と思いくらべているうちに、私がいま感じていることは文学の場合だっておんなじことだ、というふうに思われてきた。

考えてみると、絵画と彫刻の関係は、ちょっと、小説と戯曲との関係に似ている。彫刻家が具体的な石や金や土を素材にするということは、戯曲家がすきな人間を舞台でいかして、芝居をさせるのに似ている。

なれない人が小説を読むとふしぎな気がし、また、なれない人が芝居を見ると、これはおかしなものだと思うのではないか。

私はほんのときたましか芝居を見ないので、観客に見せるために、すきな人間が何かをしているということが、とても気になってならない。そんなことを思わせつづけるというのは、小説の場合とおなじく、その芝居がよくないということもあるのかもしれない。それから第二に、その芝居が芝居くさくて気になる。役者のせいばかりではない。チェーホフの劇のようなものでも、私は芝居くさいのが気になる。いうまでもなく、これは芝居になれていないためで、なれていない人が見ると、そのていどの抵抗はあるのが、当然だと思った方がいいのかもしれない。

一口でいうと、私が芝居を見て気になるのは、舞台で人が現実の人の模倣をしているということである。つまりマネというものが、どんな場合にでも、おかしな、弱いものだ、という意味で、私は芝居が一応気になるのである。それから劇の筋をふんでいるということである。劇的だということである。

ところが、こうしたマネや、劇的だというものは、いうまでもなく、劇の長所であって、その中へはいりこむと、これがタノシイ健康な安楽でもあるのにちがいない、と私は思う。私は自分で小説を書いていても、ふいと芝居の台本とおなじように、会話と（そこで顔をあげる）といった文章だけで書いたら、どんなにタノシイだろう、と思うことがある。心理など一切書かないのだから、とても清潔でいい。その代わり、心理など書かないで分るようにちゃんと仕組んでなければならない。それはなみ大ていのことではないが、それでも、この台本のような文章はいいな、と思う。

たぶん私がこんなふうに思うのは、即物的な描き方がしたいということではないだろうか。そうして即物的といえば、劇はたしかに即物的なのである。

もっとも即物的といっても、台本は実際に芝居を人がやるのだからいいが、小説は台本のように書くのでは、読む方がメイワクで、とてもイメージがつかみにくいはずである。

そんなふうに考えていると、ある日、私などは、ああ芝居というものは、何と健全でいいものだろう、小説のもつ、表現の自由など、不健全なものだ、というふうに思う（私はこの文章はもともと、劇をあこがれる気持、いつか台本を書いてみたいという気持がもとになって書いている）。そうして、そもそも芝居のあの芝居くささがおもしろいのであるのだとか、中途半端な芝居だから、かえって芝居くさく感じるのだ、はては芝居くさく感じさせないような、芝居が出来ないこともあるまいとか、妄想はハテしなく芝居する。といっても、これはもともと、小説のことから発展した考えで、芝居そのものが格別すきだから、ということから出てきたものではない。したがっていいかげんなものかもしれない。

しかし、やはりこの妄想はタノシイことはタノシイ。作者など奥の方へひっこんでいて、出てきた人物に勝手に動いてもらう。できればその役者のくせがあって、そこに作者のイメージとマサツがあるのもおもしろい。ああ、できれば、役者といっしょになって芝居の台本が書けたらいい、といったように素朴なことも考える。

もともと、この文章は、押しつめれば私が生来、無精者だという結論に落ち着くかもしれないし、まったく今すぐその理由が自分でも分らないが、どうも芝居というものは、共同作業でやるのがいいような気がする。気の合った作者が二人ぐらいいっしょにやるのがいいのではないかと思われるが、いかがなものか。いや「いかがなものか」などといえた義理ではない。

小説と演劇

私は最近あちこちで、小説というのは妙な袋小路に入ってしまっていると言ったり書いたりしています。これは私個人の問題かもしれません。私は自分では、書くのはそんなにむつかしいと思っていません。ただ、いかにも小説がひ弱になってしまっていると思わずにはいられない。私は、書くのは苦労だとは思っていません。ただ、他の人のものを読んでも、そういったひ弱さというか、あるいはどこかつまらないという感じをもつことがあります。そういう時に芝居を見に行きますと、芝居にもいろいろありますでしょうけど、ああ、こういうところはいいんだなあ、いいんだなあということはまた意味があるんですが、そういう風に思うことがあるんです。そういうことをめぐって、今日は手前勝手な話をしてみたいと思います。

今日は友人のＳ君が来ているので、彼に話しかけるような形ではじめたいと思います。

彼と先日会って芝居の話をした時、こんなふうに話しはじめました。

民芸が『想い出のチェーホフ』という芝居をやって、私はテレビで見たんですけれど、これはだいたい、チェーホフの出した手紙とか、チェーホフのところへ来た手紙をもとにして、チェーホフの生涯がわかるように仕組んだものですが、その芝居は、舞台のちょうどこのあたりにチェーホフが腰かけていまして、観客に向うでもなく、誰に向うでもなく、チェーホフが自分で手紙をしゃべりはじめるわけです。そして、それを受け取ったいろいろな人が、妻のオリガとか、恋人であったある女性とか、あるいは妹だとか、そういう人たちが現われて、そこで返答するわけです。そういうようなやりとりがあって、ある場面に来ると、ゴーリキーが現われてくる。ゴーリキーも、手紙をもらって返事を書いたわけですが、ところが舞台では、ゴーリキーがサッサッとやってきて、チェーホフの肩に手をかけるような感じでしゃべるわけです。「私は今度、これこれの芝居をやって国を追われるので、しばらくお目にかかれないかもしれません。チェーホフさん、このごろおからだはいかがですか」というようなはなしをするわけです。その時のゴーリキーは、別にチェーホフを見ているわけではない。それは、けっきょく手紙の中ですから、手紙の中の会話が行なわれているわけですから、チェーホフを見てはいけません。チェーホフもゴーリキーがそこにいることを意識してはいけません。そういう形で人物の間に妙な空間があるわけです。それが何ともいえない不思議さを感じさせたわけです。そういうことは、S君に言わせれば、「それは大したことはない。舞台というところは自由に時間と空間の処理ができるから当然じゃないですか」というわけですし、私もそういうことは期待しなかったわけではないんです。ただ、それにしても、私は健康なものだなあとか何か不思議な魅力があるなあと思ったんです。S君はこうも言いました。「もともとわれわれが、チェーホフのものを読んでいて、チェーホフのことが見当がついているから面白いのじゃないですか」私もその通りだと答えました。いかにもその通りだが、われわれがチェーホフのいろいろな作品を読んでいて、チェーホフ像を頭に描いていて、そのチェーホフがそこに現われて、そこで演ずるという時に、われわれが下敷きをもっているにしても、その下敷きをもって面白さを感ずるということの関係はいったいどういうことであろうか。普通、芝居というものは、それそのもので演じて、いろいろなことを分らせるわけです。それそのもので演じて分らせることは立派なことです。しかし、そうでない場合、つまり今のチェーホフの芝居の場合、これはどういうことになるのか。この場合、小説でもそういうことがあるが、それはチェーホフを知っている人には面白いけれども、知らない人には何の関係もないじゃないかということになります。しかし、知っている人の数が非常に多い場合には、(芝居を見る人がほとんど知っているとすると)それでいいじゃないかと言えなくはない。もちろん、これは反論をしようと思えば、すぐ反論できることなんです。

そして今度は、ワイルダーの『わが町』の話を出したわけです。『わが町』とは、ご存知のように、ワイルダーが、試作みたいにはじめて、最後にまとめた非常によくできたものですけれど、これはちょっと面白いと思いました。『想い出のチェーホフ』と似ていますが、二軒の家があって、そこの男の子と女の子が結婚するわけです。結婚式があり、子供ができて、嫁になった人は死んでしまう。その時に白い結婚衣装のまま担がれてきて、舞台に据え置かれる（これは埋葬されたわけです）。そしてみんなが行ってしまうと、女が立ち上がる。こちら側には椅子に何人かが坐っている。これはお墓なのです。そこに一つの空席がある。そこへ自分が行くのだが、入るのがつらい。そこで進行係の人に頼み、昔の自分の生活に戻らしてくれと言う。すると、それじゃ何時間か時間を与えるというわけで、照明がつくと、家が現われ、そこでお父さんお母さんが、今まで舞台へ出てきたよりずっと若い父母が話をしている。そこへ同じ衣装のまま入って行く。そして話をするが、父母には全然聞こえない。そうしているうちに耐えられなくなる。それじゃあとあきらめてお墓に入ろうとこちら側に歩いてきて、その座席に坐る。こういう仕組みは、お能などに似ているわけですし、だまって坐っているお墓もお能にはよくあることなんですが——そういってしまうとなんでもないが、ここをこう歩いて過去の方へ入っていくとか、ここから立ち上がってお墓の椅子に坐るとか——こういうことは、小説ではあまりになんでもなく出来ることなのです。あまりなんでもなく出来るから、小説ではダメなのですが、劇では、劇という規則の中でするると、それが生き生きと、あるイメージでもって感じられる。

そういうことをS君に話しました。

さて、その後で、「君は芝居を書いてみないか」と私はS君に言いました。その前に彼は、「あなた、そんなに芝居のことをいろいろ言うのなら、自分で芝居を書かないか」と私に言っていたんです。だから、「ぼくが書くよりも、君は前から芝居のことに興味があり、また演出もしたがっているのだから、一度書いてみたらどうか」と言ったら、「しかし、ぼくの生活あるいは意識には葛藤がないから、どうも芝居は無理なような気がする」と、S君は言いました。葛藤がないということは、S君の説明によれば、他人がいろいろしゃべったりすることについて、自分はそれに対立するよりも、分ってしまう。理解してしまう。それで、それを自分で消化して適当な返事を与える。そして処理していく。例えば、ここに二人の人が話し合いをして、話がうまくつかない時に、自分がその整理をするかもしれない。そういうことで、自分には実生活にも葛藤というリアリティがないから、劇は無理だと思う。とこういう風に言うのです。

これについて私はこう思いました。理解をしてしまって葛藤がないというのだけれども、その理解をして仕方がない人間を主人公にして芝居を書いたらどうか。それは小説ではダメです。そういうものを書いてもとてもダメです。しかし芝居で、理解をされる人間がいて、それを理解する人間がいて、これをやれば、それはそれだけで相当な効果があるわけです。ところが小説ではその程度ではダメなのです。その程度ではダメだというような程度のことだから、芝居で生きるわけだと私は思います。それともまた、葛藤を起こさないと言いながら、意識の中では抑制したり、いろいろしている。その部分を拡大して、今度は外へ展開して、それそのものを仕組んで舞台にのせたらどうか。これも小説では、そのくらいではダメだ、意識を書いてもダメなのだと思いました。

　しかし、私の今言ったことは、考えてみれば無理かもしれない。というのは、「しかし自分の理解をすることは、何かおかしいんだ。舞台の外から見ると、何かおかしく見えるんだ」という意識がなければできないことだ。つまり、舞台にのせられない。つまり、自分で作れない。そこは紙一重だと私は思う。というのは、芝居に限らないが、どうも紙一重であるというところでものを作らないと、面白くなくなってしまう。あまり距離をおいて作者が扱うと、リアリティがなくなってしまうのではないかと思います。これもいくらでも反論はあるが、ただ私の感想なのです。飛躍しますが、芝居はまだ距離を置くことですむけれども、小説では、距離がおけるかおけないかという境目のところをうまく処理するという危険を犯さないと、作品として面白くないんじゃないかと漠然と思っています。

　私はイヨネスコの『禿の女歌手』という日本人のやる芝居を、実は見る気はなかったんですが、こういう講演を引き受けてしまったので、何かの参考になるだろうと思って見に行ったわけです。この芝居の出始めに、これはロンドンでありながら、人物が日本の着物を着てそこに坐っている。それで良いかどうかわからないが、とにかく坐っている。旦那さんの方は、新聞を見ていて顔が見えない。奥さんの方は靴下をつくろいながら、今日の料理は何を作ったかと、ながながと一人でしゃべっている。今日はお客さんに来る予定の夫妻が来なかったから、食事を、あまり食べすぎたので、便所へ何度行った、というようなことをさかんに詳しく話す。すると何かの拍子に、旦那さんはひょいと新聞をどけて、話に食いついてくる。そして話しはじめる。次に、来るはずになっていた夫妻が大分遅れてやって来る。その夫妻が、主人夫婦が着物を着替えに行った留守に、椅子に坐っていたのが急に立ち上がって、今度は二人相向き合って、そこで特殊な身振り、ちょうど狂言の時のような身振りで、話し方もそのような話し方で、旦那さんが、「あなたは、もしやマンチェスターの生まれの方ではありませんでしょうか」と言う。すると、「ひょっとすると、あなたはマンチェスターの生まれの方ではありませんか」と、今度は奥さんが言う。そして、「あら不思議、何たる神秘、あなたと私は同じマンチェスターの生まれでした」「それでは、××行きの列車の××号車のコンパートメントにいた人ではないでしょうか」と、向うも同じことを聞く。そうやっていくうちに、「昨夜、××のアパートの××の寝室で寝た相手はあなたじゃありませんか」そして、子供の話まで、そういう風になる。そして、「してみると、妻であるらしいですね」というようなことを、体操のようにして演じる。そうすると何かおかしくなります。そしてみんなゲラゲラ笑うんですが、そのおもしろさは、意味として考えれば、いったい夫婦というものはどう意識して暮らしているのか、夫婦というのは何であるのか、というようなことを演じて見せていることです。そういう、ほとんど無意味と思われる言葉のやりとりがあって、それはそれでおもしろく終わる。観客もよく笑ったり、しゃべったりする。そしておもしろい雰囲気で終わったのですが、それを見ていると、何かよくできたコント55号の場合と似ていると思いました。その一種の無意味さ、おかしさ、現代的な何かが、確かにそこにある。

それを、家へ帰って話したところ、妻と娘は見に行くと言う。つまり、「ああいう芝居もあるから、見といた方がいい」と私は言ったんです。そしてある日、見てきたらしいんですが、私が帰宅すると、二人は喧嘩をしています。少し聞いていて、私は「もうそのへんでやめなさい。それ以上やっていると無意味になる。お前たちが今やっていることは、イヨネスコの芝居と同じなんだよ」と言ってやりました。そして、その日体験したエピソードを話してやったんです。その日私が近所の医者の家の前を通りますと――断わっておきますがそこに医院があることは知っていましたが、会ったことも、話したこともなかったのです。その医者は庭木の手入れをしていました。ところが、そこの桜の木には、アメリカ・シロヒトリが黒々とたかっているんです。しかし、私はそのことを彼には言いませんでした。いい気持で庭木の手入れをしているのに、もし私がアメリカ・シロヒトリのことを言い出したら、彼はきっと何か気持が通じない不愉快な気持になっていやな顔をするでしょう。私と医者とのやりとりの場面がまた、あの互いにしつこくからみつくコント55

号の出だしの部分でもあるわけですが、つまり私の妻と娘のやっていたことは、そういう種類のことなのだと言ったのです。

昨夜、同宿の友人にこんな話をして、『わが町』にしろ、『想い出のチェーホフ』にしろ、その中で使われている方法は二度と使えないものだと思うが何故だろうと言いますと、その友人は「それは技巧的だからでしょう」と言っていました。そうかもしれません。小説でも二度と書けないものがあります。絵についても同じことが言えるでしょうか。このことはよく分りません。

今まで申し上げたことを少し整理してみますと、一つは、芝居としては出来るが、小説としては具合が悪いことがある。それはどういうことなのか、ということです。このことについては、私自身にもよくは分らないのですが、芝居のもっている制約と生身の人間が出てくるということが、それと関係があると思われるのです。生身の人間が出てくるというのは、芝居そのものとは関係がないわけですし、その人間は観客の前で演じて見せなくてはならないのですが、ただ生身の人間が出てきて、何か演じてくれそうだというだけで、小説の場合とは違って、安心感のようなものを与えてくれる。小説の力も、芝居とは違った堅固さの軸となるようなものを求めればいいわけですが、それを失ってしまった。

芝居は物語りでないにしても、芝居であれば、何でもないことが効果を発する——つまり、ほとんど無意味と見えることの意味が効果を発するのです。ところが、小説というのはどこかにちゃんと意味がなければまずい。しかも、その意味を現在はっきり出すと嘘くさくなる。そういうわけで、今現実を描くには芝居の方が有効であって、小説は行き詰っていると感じられて仕方がない。もっとも、さっき申し上げましたように、私自身は、小説を書いていて、どんなに小さかろうと一つくらい意味はある。活路はあると信じているわけですが、それは非常に謙譲な態度でつかまないと逃げてしまうんです。ところが、世の中は時々刻々変わっています。十年前にはそれでよかった書き方が、今ではダメになっています。

　われわれは何を目標にして、どういう目的で生きるのかということを軸にして小説を展開しなければならない。それではそれをどこに求めるか？　それはほぼ分っているが、しかとは分らない。しかと分らないような姿で書いておいて、匂わせなければならない。それをどのように書いたらいいのかが問題なんです。その、しかと分らないことの中におもしろいものがあって、ことによったら、それは芝居でやった方がいいかもしれない。

　たとえば、『ゴドーを待ちながら』を例にとって見ましょう。これは、ご存知のように、はじめ二人の男が何ということもなく、ただうろついているんです。何かを待っているらしいんですが、そのうちに退屈になって、靴を脱いで足の匂いを嗅いだり、そんなことをしているんです。その二人の男はほとんど同じで、ことによったら同じ人間を二人で現わしているのかもしれませんが、まったく違いがありません。そして、舞台の上を往ったり来たりして、何の意味もないことをしています。その無意味さが面白くなってくるんですが、それは小説ではぜったいにできないと思うんです。それは何故かというと、小説の場合は意味で読んでいきますから、五頁も六頁も意味がつかめなくては読み続けていけません。

私は近頃小説の中に、知らず知らずに芝居が持ち込まれているような気がします。それは芝居のもっている健全さを、小説が逆輸入しているのではないかということです。もちろん、作者は気が付いていないが、結果としてそうなっているということです。たとえば、サリンジャーの『フラニーとゾーイ』ですが、「フラニー」の部分は、ずっとフラニーと男の友だちとの喫茶店での会話です。「ゾーイ」の部分はゾーイの記録的な文章ではじまり、あとは浴室の中でのゾーイの思考の内容が書かれています。手紙というものは、「書簡小説」という素朴な形であったわけですが、手紙がそのまま出てくると、読者には相当に負担が重いわけです。しかし、それは舞台が目の前にあるのと同じ感じがあります。ところが舞台はないんですから、つまり文字で読んでいくわけですから、その類似は苦労を増します。けれども想像力を呼び起こします。さて、会話ですが、サリンジャーは心理をかなり詳しく書きますが、この頃私はあまり心理を書きたくありません。心理を書かずに会話でつないでいき、その時どう動いたかということを書きます。それが結果から見ると、芝居と同じようなことをやっているなという気がするんです。しかし、本当はまったく違うんです。小説の会話は、生身の人間が喋る芝居の会話より、もっと綿密でなければなりません。一行一行の会話が「立って」いなければなりません。シナリオ・ライターに言わせると、シナリオの会話は「立って」いてはいけない、「寝て」いなくてはいけないと言うんです。「立って」いる会話は、俳優の邪魔になるからです。それに較べると、芝居の会話はもっと「立って」いますが、小説の場合は「立って」、「独立して」、刺激を与え、会話と会話とが相拮抗するくらいでなければいけません。また、地の文も「立って」いなければ、近頃では小説は読めたものではありません（私は今日は技術のことばかり言っていますが、もっと大事なことについてはなかなか簡単に言えないからです）。次に、記録について言いますと、これは作者と関係がなくそこに事実がころがっているという姿勢をとりたいわけです。ですから、ただの記録とは違います。類似としては、事実の場合、報道の場合と似ていますが、結果においては違うわけです。「ゾーイ」の場合、お風呂に入りながらゾーイが考えるわけですが、意識という問題にしても、意識を書くなら、べたっと意識を書かなければいけない。ここからここまでは意識です、というような中途半端なものでは、もう通用しないのです。そうすると、ここでも芝居との類似が出てきます。大庭みな子の『三匹の蟹』でも、作者は知らず知らずのうちに芝居の方法を使っています。

小説というものは、もっと物語があって、気楽なものであった方がいいのではないかという人もありますし、私も頭の調子のよい楽しいときには、そう思わないでもないんですが、先日、『アンナ・カレーニナ』を読んで、大変感心はしましたけれども、やっぱり今はもうああいうものは書けない、ということはあります。ギリシャの叙情詩は今も面白い。それでは、今も昔も同じじゃないか、人間の感情というものは変わりがないということになりますが、今の人間にはそれを理解し、感動することは出来ても、それは書けません。物語をもった、いわゆる小説らしい小説がこれから日本で書かれ得るかもしれないとは思いますし、ノーベル賞を受賞された川端さんの連作形式の短篇も、日本的な空間を表現する立派なものです。われわれにそういうものがないとして、一体どういうことになるのかと考えるんです。あるかないか分らない軸というもの、その軸のあるなしの関係の何かがつかめたら、相当多くの人に理解され、作者の主張も通るようないい作品ができないでもない、そういうものがあった場合、それはこうなるのではないか、ちょうど『ドン・キホーテ』のように、過去にあり得たような話をもってきて、それが裏切られていく、あるいは洗い流されていく過程を書く、そのことによって小説が健全になるのではないかと思うんです。

初めて戯曲を書いて

必要あって昔自分の書いた文章をしらべていたら、昭和三十四年に、恥ずかしくなるような題名のものを発見した。『劇を書きたい』というものだ。十何年も前にそんなことを考えていたのだろうか。すっかり忘れてしまっていた。

そのころからかもしれないが、小説というものが、人間の心理を手前勝手に書き過ぎていて少し自由になりすぎ、その報いがきたというふうに時々考えたりしはじめていたことは、たしかだ。それからこんなふうにも思ったようだ。絵画とくらべると彫刻は石なり、木なりという具体的な堅固な現物を相手に奮闘するから、この方が抵抗があって、健康で、手ごたえがあるようだ、と。

私の考えていたことは、他人を説得出来るようなものではない。早い話が、ボードレールなんかは絵と彫刻について、全く反対のことをいっている。したがって、これは私一人がそう思わなければならない、不健康な状態にあっただけのことかもしれない。

だが、私は他人の小説など見て、しっかりして手ごたえのあると感じるものには、不思議と何か小説的というよりは劇的なものの姿を借りていることに気がついた。

劇的なものというのは、どういうことか、具体的に述べてみると次のようなことだ。

そこに出てくる人物たちが、芝居の会話のようにしゃべる。つまり作者の心理描写に助けをあまり借りない。たとえば一般に人々が話しあっているときに、話しあっている言葉から私たちはその気持、考えを察するだけであるが、ちょうどそんなふうにしゃべっている。そして、だいたい芝居は舞台の上でそんなふうに動いたり、しゃべったりする。

次に、記録ふうの文章である。記録ふうの小説といってもいい。そういう文章の中でひかれるものは、多く、事実や事件が、先方から筆者の方へその面をつきつけてくる。その素気のなさにこそ真実性があるのだが、それはあたかも、舞台の上で人物が観客と対面しているときとどこか似ている。

私がこんなことを考えていたのは、私自身の人間の気持がしっかりしていないのと、物のつかみ方が相対的になっているためだ、と思うが、絶対も相対と離れてあり得ないせいなのか、世間でどちらかというと、絶対的価値を人や物においているようなタイプの人の文章に、意外に右にいったような気配を発見した。

私が求めていたのは、しっかりとした健康なものを小説というすっかり自由になり、堕落した形式の中に恢復《かいふく》したいということで、何もそんなことを考えなくても、自分がしっかりしていればいいことだ。私はこんなことを考えるのが好きだから考えていただけのことであろう。

私は芝居はいくらも見ていない。じっさいの芝居を見ると、これはこれで時間と空間の制限の中で、その不自由さからかえって自由さを発見しているというふうには必ずしもいっていない。芝居はむしろ行きづまり、小説に援護を求めようとさえしているらしいことがわかった。

そうこうしているうちに、私に戯曲を書いて見ろという声がかかり、遠慮しているうちに、いつのまにか予定に組まれ、いやでも書きあげなければ申し訳ないことになった。

私はこの十一月にやる芝居をこの夏書きはじめ、前から気づいていたことだが、いくら小説の中に戯曲ふうのものがはいってくる傾向のことを口にしていたとはいえ、劇と小説とはまるで違うものだということにハッキリ気づき、そのことをおもしろいと思った。

私は気楽に、戯曲を小説ふうに書きはじめてみたが、書き進むにつれて、地の文はト書きに変わり、けっこう普通の戯曲の書き方が一番都合がいいことがわかった（当たり前のことだが）。

そしてかねがね思っていたことだが、小説の地の文というものは戯曲のト書きとは異質のものである。戯曲には地の文がないが、それは、けっきょく劇としての構成が引き受けるものらしい。

いったい小説にも構成はあるが、いわゆる芝居くさくなると、とたんにそれは文学ではなくなる。そして通俗になってしまう。ところが劇には構成がいる。したがって一見すると私たちの小説のように会話の多い小説の場合と芝居の会話とは同じもののようだが、実際は、全く異質のものである。

こうしたことは最初から分りきったことである。小説に劇の手法を、劇に小説の手法をとり入れようとするにしても、そこにおのずから全く異質のものをとり入れようとしていることであって、とり入れた結果は変質されているものなのであろう。

小説と劇とが刺激を受けあうということは、今にはじまったことではない。過去においてしばしば、そのことが行なわれてきたのであることを最近知った。

せっかく芝居を書くのなら、私はじっくりと深みのあるものを願った。そのせいかどうかハッキリしないが、とうとう人物は男女の二人（夫婦）だけになってしまった。小説ふうということかもしれない。これで三幕もたせるのは、役者の人も骨が折れると思う。

Ⅵ 小説と書簡

小説とは何か——私の「最終講義」

ぼくはこの十何年『罪と罰』の講義をしてきました。もともとこれは、日文の「小説研究」の時間ですが、はじめから現代あるいは近代の日本文学の作家や作品を扱わない方針でした。二年めぐらいまでは、『罪と罰』のほかにも何作かやりましたが、そういうことをやめることにしました。もう忘れましたが、この作品だけにしぼるようになったのは、一つには、当時は学園紛争というものがあり、世間もそれと呼応して騒然としていた頃であって、学生諸君の中には下宿で色々と思いこむような傾向があったせいかもしれません。もちろん、主人公であるこのロシアの一八六〇年代の学生は、いわば、たったひとりで大問題を考えたあげく実行に移したのですから、当時の日本の学生諸君とは違います。彼は先輩の指導を受けたり、共同研究をしていたわけではなかった。それでいて、まことにもっともなことを、彼は考えていた。しかし、それがもっともであることは、彼がはじめて気がついたことでありました。もっともでありながら、しかもあまりにも独創的であるということはもちろん危険なことです。ぼくは今、この内容について述べる必要はありません。この一年皆さんは、いやというほど触れてきたことですから。

いずれにしても、ぼくは、『罪と罰』を扱う以上漠然とそういった違いのことも念頭にありました。だからどうということはありませんが。その後学生の運動は下火になりましたが、ぼくはあいかわらず続けてきました。

ぼくは、ドストエフスキイのほかの作品、とくに、この作品以前の作品から入ることも、同時代のほかの作品のことを話すこともしたことがあります。『罪と罰』とまったく別の傾向の作家のものや、その年々にぼくが語りたくなった作家のことも気ままに話題にしたこともあります。

しかし、今年度はぼくは『罪と罰』だけに終始することにしました。にもかかわらず終りまで行きつくことはできませんでした。もちろんぼくはそのことを後悔してはいません。ぼくは、あなた方にもいったことがありますが、何年も読んできた同じ作品ですが、金曜日の二時限めの授業にあわせて、前の日にノートをとりながら読みなおし、金曜日の朝読み続けたりして、国立《くにたち》からお茶の水までの電車の中で考え、それから、七号館の講師控室で三十分から一時間ぐらいのあいだ同じようなことをしました。それからぼくは不安な気分でベルが鳴る前にこの部屋にやってきて、あなた方と顔を合わせ、スピーカーの用意などしてベルが鳴るまで待ちました。ぼくはそのとき、時々、自分がここにこうしていることのイキサツを思うことがありました。

もともと、ぼくのこの「小説研究」の講座は、舟橋聖一氏が長い間もっておられました。舟橋さんは、『源氏物語』を、たぶん延々と次の年、また次の年へと帖《じょう》を追って続けてこられたのでしょう。ぼくは控室で舟橋さんがポツンと時間を待っておられる姿を見かけたことがあります。舟橋さんはこの授業を愛しておられたのですが、病気で休まれるようになり、そのうち亡くなられました。舟橋さんが担当されるようになったのは、五、六十年前から始まった、文学部の前身の、文芸科の時代の名残りかもしれません。

舟橋さんの死のあと、日文の教授である平野謙氏から丁重な手紙をいただき、この講座をもつようにとのことでした。学外の作家に依頼することは、この安い講師料では不可能であり、もし依頼すれば、工学部に小島がいるではないか、といわれるにきまっている、とありました。また、もしこの講座を中断するとなると、せっかくの作家による授業が永久になくなることになるであろう。こんなわけでぼくは素直に引き受け、それから今日に至りました。その間に、平野さんは亡くなられました。

ぼくもこの講座を愛してきました。というより、不安な気分で教壇へやってきて、不安なまま独演を開始するスリルを愛したのだ、というべきでしょうか。ぼくは、ずっとそうなのですが、この長篇小説の第一篇から語りはじめる。なるべくこの有名な作家について知識のないものとして、直接小説の中に入りこんでしまう。ぼくの言葉で、ぼくの小説でもあるように、進んで行く。色々と抵抗にあったり、話しづらくなったりするであろう。ぼくはノートをとっているといっても、それは脈絡がつきすぎていて、ぼくが語りはじめると、ぼくのノートそのものの方が読みちがえしているように見えてくる。ぼくはそこで立往生するかもしれない。ぼくがノートをもっと綿密にとっていたならば、そういうことがないかというと、そうではない。ぼくが話しはじめると、綿密にとったことが、それなりに邪魔になることもある。いずれにしても、ぼくが教壇に立って、こうして話しはじめてからすべてが動きはじめるのである。これは大げさかもしれない。ぼくがそう思いたがっていたのかもしれない。そして現在この瞬間、皆さんに話しかけていながら、そう思おうとしているだけなのかもしれません。

　ぼくは毎年、読み落しがあったことに気づきました。人間の頭というものは、語るつもりで読むせいか、つまり、選び出す操作があるために、当然、読み落されてしまう。しかし、選び出すということはどうしても行なわれる。選び出し方が問題なのであろう。……ぼくは出来れば主人公となって、つぶやいたり歩いたり、のぞいたり、上の空であったりするところを、マネしてみたいと思いました。そういう主人公や、その周囲の風物や人物たちから、逆にそういうものをそういうふうに書く作者とはどういう人であるか、を問いつめる恰好をし、作者が背中を向けたり、頭をかいたりするところを、ちょっと示した恰好をしてみたいと思おうとしました。そうすると、ぼくの意気が昂揚してくるからです。意気の昂揚なんてものは、果して何であるか？　といったって、とぼくはいうことにします。それ以外何をアテにするのであろうか、ぼくたちは、とぼくはこうぼく自身に答えさせてみます。そしてぼくはそのやりとりを斜めに見るのです。せめて、ささやかなパフォーマンスをやってみたいのです。先日ある小さな本屋さんが、ぼくにいいました。「先生」（先生とは、このぼくのことです）「まったく時代について行けないのです。本が売れないのです。パフォーマンスでもやってくださいよ」

ぼくが、この講座を愛しているなどと、勝手なことをいったのは、ぼくが心中ひそかにパフォーマンスにあこがれているせいなのではないでしょうか。

ぼくは今日は、あとであることを材料にして話そうと企らんでいるのです。やがてそこへ向って歩を進めるべく（というと、たいへん計画的に見えますが、これは漠然としたものです。それのみか、ぼくは、地震でも起きて、ぼくの期待なんか、ふっとぶことを、望んでいるのでもあります）、多少は、ぼくが『罪と罰』について、あなた方という聴き手に向って舞台の上の役者の独白のようにして語りかけてきたことの具体例をもう一度よみがえらせてみることにします。

あなた方と同年輩の元学生、主人公のラスコリニコフは、若きドストエフスキイの如く、夏の夕べの下宿を出ます。彼は、下宿の主婦に出会うことをおそれながら、どうやら首尾よく外へ出ると、歩きはじめる。彼はただ歩いているだけであるが、作者は、めざすあそこまでは、七百三十歩だ、と彼は前にはかったことがあって知っていた、とぼくたち読者とのつなぎをする。いったいなぜ、歩数を数え、しかもそれが七百三十歩であったか、分らない。その分らない、ということは、そのときぼくたちの愉しみである。いつか分ることができるにちがいないし、もし簡単には分らぬとしたら、それはいわゆるナゾである。そのナゾはもしこれからナゾとして居すわったままであるとしたら、さだめし、それは小説ぜんたいにつながって行き、たぶん、ぼくらを恍惚境へひきいれるであろう。

たぶん、このときはまだ元学生かどうかさえも分らなかったかもしれない。もしそうならば、いずれ今は退学している情報はもたらされるが、どうして学校をやめたのか、ということを分るように説明しようとしたら、どういうことになるのであろうか。かいつまんである程度でいいから教えろ、それくらいいえないとしたらその小説自体がおかしいのではないか。と、こう難じられるかもしれない。だが、それは容易にいえるだろうか。すくなくとも、てっとり早く答えようとして、それがムリなことが分り、ぼくたちは狂いそうになる。

〈若きドストエフスキイの如く〉とは、ぼくが勝手につけ加えたことである。たぶん私は混乱をまき起そうと企らんだのであろう。〈若きドストエフスキイの如く〉ということが理解できるのは、何頁も待たなくてはならない。しかるべきときに、私がもう一度、この文句を取り出してみせたときに、この作品と作者がからみ合って新しい光の中に浮び出てくるであろう。ぼくは、それまで、悪党にならなくてはなるまい。それまでは、宿題としておきます、とぼくはいっておくことにするのである。ラスコリニコフがドストエフスキイだ、という意味は、ドストエフスキイに、ラスコリニコフそっくりの経験がそれまでに現実にあったということではないのは勿論である。ぼくが伝えたいことは、やがて分る前代未聞の企て（賭け）をいだいて歩きはじめた主人公は、前代未聞の小説を書こうとしていたドストエフスキイとそっくりだ、ということである。これではとてもとても不十分である。狂おしいほど不十分である。しかし、こんなふうに解説すべきではない。ぼくが最初に口にした如くに、ラスコリニコフは、〈若きドストエフスキイの如く〉というふうにいうべきである、とぼくは考えたのだろうと思います。〈のだろうと思います〉とぼくがアイマイにいうのは、ぼくにそう閃いただけのことで、その閃きをそのままぼくは自分の中の意気の昂揚によって知っている、と思っているにすぎないからです。

　七百三十歩あることを彼は知っていた。いったいこの主人公は、この歩数をかぞえているときに、どんな顔をしていたのだろうか。彼はいつ、どういうことと、どういうことの間にそういう計測を行なっていたのであろうか。彼が歩きはじめてしばらくたって彼が上の空でセンナヤ広場を歩いている箇所にさしかかった頃、ぼくは皆さんに向ってこの人は、どんな顔をして歩いていたのだろうか……というふうにこの問いをさしはさむべきである。

なぜならば、とても計測している様子が、どうしてかぼくらには浮ばないからである。作者にうかがってみても、「さあて」という返答がもどってくるだけかもしれない。「そんなことはどうでも宜しいでしょう」とつけ加えるかもしれない。こんな問いなどもちろん不必要なことだ。だが、その不必要な問いを発したくなる。そう思いついた理由は、ぼく自身にもよくわからない。強いていうならば、ぼくがたわむれたかったのであろう。作者と登場人物（主人公）と、あなた方聴衆のあいだに割りこんで、ある役割をつとめ、つまり、みんなが仲間であることを示すことで勢いづきたかったからであろう。『真夏の夜の夢』の妖精の役を進んで買って出ることとです。失敗してみたりすることとです。

しかし、作者は案外にこんなふうに答えないともかぎらない。「ぼくは、〝死の家〟の中で、シベリアの監獄要塞の中で、囚人たちが出獄の日を、丸太の柵にしるしを打って数えているのを見たことがあるが、あのことを考えていたかもしれないね。それから仕置き鞭の数とか、それからシベリアの目的地までの距離を頭の中で数えてみたとき、死刑の宣告が下って処刑まで三十分間として、その間に考えるべきことを、三つに分けて考えてみたことなども、どこか似ているかもしれないですね。しかし、ほんとうは、そういう連想は、ラスコリニコフという人物の連想というふうになるときのほかは、ほとんど意味がないことですね。何かにぶつかり、何かをしようとして誰かと話をかわすときに彼が連想するというのなら、分りますが」

ぼくは、小説とのつきあい方というものを、ほんのちょっとですが、復習してみました。ぼくは小説のナゾとのつきあい方と、いうつもりのようです。ナゾに共鳴し、なるべくそのまま残しておくということ、解読することで、解明できたと思わないようにすること――小説の主人公がそうであるように、答えを出した、と見えるときは、「出した」と自分にたいして思おうとしたり、眼に見える、あるいは見えないところの相手に向っていう、そういうだけであるということにすぎない。だからぼくたちの小説とのつきあい方もまたそのようにあるべきである……しかしそれではすむまい！　ぼくは、たぶん、こんなことをいいたいのであろう。またそういうことについては、この一年間くりかえししゃべってきました。『罪と罰』は特別にそういう小説なのでした。しかし、ぼくたちは、よく考えると、現実にもそう生きているのであります。一見そういうネライで書かれていないように見える作品も、ぼくらが補ってみることができるように思えます。たぶん、ぼくがこれから語ることは、そういうことになるらしいのです。といっても、ぼくは、今この時点で、そのことに気づきました。ぼくは二、三分前まで、そこまでは考えていなかったのです。（今にして思えば、このことが一番大切なことであるらしいのに）どうも大切なことは、うっかりするものであり、また向うの方から姿を見せてくれるもののようです。安心いたしました。それにしても今日はどうも肩に力が入りすぎているからでしょうか、イヤミになりました。ぼくが割込むユトリもない、というのがよいのですね。小説からはじきとばされるべきですね。易々とやりすぎました。

ぼくはこれから、ある一冊の本について語ってみようと思います。ヘレーン・ハンフというアメリカの女の人の編著にかかるもので、七、八年ぐらい（?）前に出たものであります。題名は『チャリング・クロス街84番地』。

これは一口にいうと、ノン・フィクションともいう部類に入るものです。一九四九年の十月五日の、ニューヨーク在住の若い独身女性ヘレーンがロンドンの題名の場所にあるマークス商会にあてた書簡から始まる。先ずじっさいのものとぼくらは思っていい。この書簡を読む前に、次の頁を見ると、これまた書簡で、これはマークス商会の事務用の便箋がつかわれている。十月二十五日付である。差出人は、FPDとだけ記されている。ぺらぺらとめくってみると、ずっと書簡がつづいていて、要するに、だいたいのところ、この二人の往復書簡なのである。とりあえず終りへと頁をくると、一九六九年の四月が最後である。そのあとエピローグがついている。これは手紙一通から成り立っている。それのみである。ここでこの本の五分の二ぐらいは終る。そのあと「ブルーマスベリ街の公爵夫人」というタイトルの日記ふうの文章がある。

この本のことは学生諸君の中には知っている人もあるでしょう。ぼくは、不意に今日この本のことを話題にしようと思った。それまでは、今日話していることと、まったく別のことを考えていたのです。ぼくは、さっき『罪と罰』講義（講演）をする日に、ぼく流の予習をするようなことをいいましたが、ほんとうは、別の話に逃走をしよう、と思いもしていたのでした。だから今日も、今こうして話していることは、ぼく自身から逃走し、ある意味では、ぼく自身に戻ることでもあるようです。ぼくは裏口から、戻ったのです。ぼくの中のこういう表現は甚だ好かぬのですが——意識下にあるものに出っくわすことになったのでした。ですからぼくは、頁をくりながら、まるで追いつめられ、即興の如く、実演しているのであります。

　ぼくはこの本との係り合いを語りましょう。ちょうどぼくが『罪と罰』講義をこの壇上で続けるようになった由来を示したのと同じように。あれは世界の代表的古典小説ですが、これはそうではありません。それゆえにこそ、ぼくとの（ぼく、というより、ハッキリ小島信夫といった方がいいようですね）係り合い方の話もいっそう必要であります。あとでいいますが、この本そのものの内容が、因縁、由来で成り立っているといえるのです。

　ぼくは七、八年（？）ぐらい前、イギリスへ家族連れでこの学校から留学していたM君から、このヘレーン・ハンフさんの本の話をきいた。講談社の出版部のT氏が前からぼくを通じて知っているM君に会い、彼の案内で、この題名の本屋を訪ね、店の写真をとり、やがて出版された飜訳本にその写真をのせました。ぼくは、M君から本を借りて読んで、しばらくしたら、江藤淳氏によるその飜訳が刊行されたのでした。これはりっぱな訳です。

ぼくは、そのあと、あなた方の先輩にもこの壇上で話題にしました。その年の講義の冒頭の二回分をあてたのです。ぼくは生協に本をとりよせました。それからぼくは翌年には、ぼくの本拠地である工学部の一年生の英語のテキストにしました。ぼくのこの講読（ぼくは、この講読ということを、この講義と同様に愛しています）の授業が半年ぐらい進んだとき、あるテキスト会社からテキスト本が出ていることを知ったのです。すると最近、文庫本として江藤さんの飜訳が出ていると教えられました。最初の飜訳本は、前半の往復書簡の部分のみでした。こんどの文庫本は全訳でしょうか。ひょっとしたら、あなた方は、この文庫本を持っているのかもしれないし、そこにはくわしい見事な江藤さんによる解説がついていて、それを読んでおられるかもしれないですね。そのことに関してぼくはあなた方に質問しないでこのまま話を進めることにします。ぼくは、調べたり、人にきけば、すぐに分ることを、わざとそのままにしておく快感にいま酔いしれたいと思っている次第なのです。何故そんなケチくさい快感を問題にしているのか、これもすこし考えれば分ることですけど、あえてわざと放置します。

　かつてぼくがその年の出発点として選んだ一冊の本を、最後に扱うことになったのは、この平明な著作がぼくの頭の隅にいつもあるということのためであります。それならなぜ頭の隅にあったかということは、ぼくがこれから述べることで、ひとりでに明るみに出るのではないでしょうか。これまたぼくが前にふれたナゾの解明にかかわる問題です。ぼくがこれから述べることは、江藤さんが述べていらっしゃるとして、それよりつまらないかもしれませんが、何かの取柄はきっとあるはずです。なぜかというと、ヘレーン・ハンフさんのこの編著書は、ぼくがこのことだけを語るつもりであっても否応なしに連想が行なわれるからで、その連想の内容は、人さまざま、その折、その折によってさまざまなのです。結果の成否はともかくぼくはそのことを実演してみせます。

さて、最初の書簡に戻ることにします。作者が不在なのですから、ぼくたちは自力で読まなくてはならない。皆さん、考えてみると小説は他力なのですね。それで覚悟を決めて自力をはたらかします。「新聞の広告で、あなたの店が古書を扱っていることを知った。古書専門店という名称におそれをなしている。こちらは、古書はないことはないが高価だ。リストを送るから、そのうちどの本でもいいから送ってくれ」といっている。彼女は、汚れていないことと、一冊につき五ドルを越えないことという条件をつけている。いい忘れたが、「私は貧乏作家です」と書いてある。ほしい本のリスト同封のことがある。

これに対してさっきもいったように、二十日あとの日付のロンドンからの手紙が続く。これは「マダム」、から始まっている。ヘレーンの手紙には実は、名前のあとに括弧をしてミス、とあったのであるからぼくらは気づきます。そして読むことにします。すると、三分の二はとりそろえたと書いてある。ハズリットの随想三篇は、何々版にあったとか、スチーブンソンは、何々に入っているとか、いっており、とてもきれいな本だから満足していただけるといっている。そのほか、リー・ハントの評論集が、そのうち手に入るはずとか、ラテン語の聖書はないが、ラテン語とギリシャ語の新約なら最近出版されたもので在庫があるとかいって、それで終りである。

ぼくは今、あなた方に気がねをしていることは、ぼくの自信なげな声で分るでしょう。どうしてこんなことが、ぼくには面白いのか、いったいこれらが何なのか、と皆さんがぼくにいいたがっていることが、ぼくには分るのです。しかし、どうしてもタイクツともいえるこんなことを示さなくては、ぼくはいいたいことに達することは出来ないのです。次のヘレーンの手紙は十一月三日付ですから、自力ですぐ前の本屋の手紙から何日たっているか、しらべて下さい。すると九日たっていることが分ります。ヘレーンは本の礼を書き、送られた本が彼女を喜ばせた模様を具体的にいっている。みかん箱を積み重ねた本棚に入れるにはおもはゆい、とある。そのあとアパートの階上に住んでいる女性の恋人がイギリス人で、その人がポンドをドルに換算してくれて、それによって送ることができるといっています。さっきの手紙にあった聖書の本のことは、それでいいから送ってくれ、とか、これからはそちらでドルに換算してくれるように頼んでいる。追伸にはマダム、とあるが、そちらとこちらとの使い方に違いがあることを望む、といっている。

実にゆっくりと、ぼくたちは、この若いアメリカ婦人が、ノビヤカな筆で率直に意志を表明し、それでいて、本に関してはあまりアメリカ人らしくない好みをもっているがゆえに、手紙を寄越してきていることを知るのであります。彼女の申込んでいる書物は、皆さんはあまり興味がないかもしれないが、たとえば、こうしてしゃべっている、ぼくたちが学校で読んだようなものなので、決して珍らしいものではないのです。そのことは、何でもないことですが、それにしても自力で読みとらなければならないともいえます。ぼくらが実生活で初対面の人と手紙の交換をするとすれば、自力で相手をこのようにして綿密に、一字たりとも読みおとすことなく、知ろうとするのと同じなのであります。そして、こんなことをいうのもオカシイほど当然のことです。しかし、この当然のことを、ぼくは、明るみに出してわざといってみることにしたのです。

何回かの往復書簡は同じような本についてのやりとりが続く。さきほどの新約聖書についてこういうふうに始まる。江藤訳によると、

「コンナモノハインチキぷろてすたんとノ新約聖書デス。

イギリス国教会の方々は、この世で最も美しい散文を、だいなしにしてしまいましたね。このことをあの方たちにちょっとお知らせ願えませんでしょうか。いったいだれの命令で、ラテン語訳の『ブルガタ聖書』をへたにいじくりまわしてしまったのでしょう。よくお聞きください。イギリス国教会の方々は火あぶりの刑に処せられてしかるべきです。

と言っても、私自身はなんの痛痒も感じません。私はユダヤ教徒ですから。」

彼女はこのあと、この『ブルガタ聖書』をラテン語の先生から借りているが、そちらで

見つけてくれるまでは返さないことにした、と勝手なことをいっているふりをしています。そのあと精算の話にうつり、残りの十二セントは、コーヒーでも飲んでくれと、横着なふりをしている。それから郵便局まで遠いために四ドル紙幣を同封することになる事情をぐちっている。つまりコーヒーでも飲んでくれといいたくなる理由なのである。このようなことは、この手紙の文章そのままを示さないと、ほとんど意味がないというのは、とても残念である。このあと、また新しく本を注文している。

ぼくは仕方がないから、ここで足をとめて整理してみることにします。この一つの手紙によって、ぼくたちは、彼女について実に沢山のことを知る。彼女の宗教から、聖書についての彼女の態度（？）とか、郵便局からの距離のこととか。彼女が彼女なりに多忙であるらしいとか、こんどの注文によって、現在どんなことに彼女の思想生活が向いているのか。くりかえしますが、さっきもいったように沢山のものを省いてしまっています。それらは、ほんとうは、どの一つも省くことは出来ない。ディテイルそのものが、一つ一つで背景をあまりにも持ちすぎているからです。この手紙を、相手のイギリスの商人は綿密に読むにきまっています。本の注文というビジネスにかかわっており、第一回めの手紙から既にそのきざしが見え、いよいよ熱心な古書愛好家であり、それはニューヨークのアパートに到着次第読もうとしている。しかも非常にうるさい真面目な顧客である。しかも若い婦人である。彼はそのことについてはいま一言もふれていないけれども、この若いアメリカ女性の手紙を待ちはじめているらしいことも、その文面を楽しんでいるらしいということも想像がつくのです。そしてまた彼女の方も、そのことを分っていると感じられます。彼女がどうして分っているのか、ということはあなた方も色々と考えることができると思います。彼女は「貧乏作家」だと自己紹介していることと関係があります。もう私たちは、この女性が才能の持主であることを知りますね。ぼくは、一足とびにこういうことだけいわせてもらいます。まだこの段階では名前も知らされていないこのイギリス商人は、このあと二十年間ずっと、ビジネス以外のことは一言も語らないということを念頭に置いてくださるように、ぼくはお願いします。

今ぼくは二十年間といいましたが、まだ書簡の往復が開始したばかりのときに、先き立って口にすべきではないのです。たぶんぼくの話し方が下手なのでしょう。彼が死ぬことによって、この往復書簡は終りを告げるのですが、そのあと、この商人の妻の手紙によって、彼がヘレーンの手紙を楽しみに待っていたということ、それを彼女はひそかに嫉妬していたということ、それから主人もまたユーモラスな一面のある人で、人に好かれていたということなどが伝えられてきます。妻の嫉妬なるものは、どの程度のものか、想像はつきますが、ぼくたちも、ヘレーン自身も、商人が彼女の手紙を、おそらく第一信から楽しんでいた、ということ、待ち望んでいたということが分るのです。この分り方は、一つも説明とか描写とか、商人やヘレーンの表情その他によって分らされるといった性質のものではない、のでありますね。ぼくはこんなふうに話を運んで、不覚にも涙が出てきそうで困るのです。ぼくはこの先きを読み通し、エピローグがあり、そのあと「日記」までがある、ということを既に知ってしまっているからということは確かにありますが。それからも彼と彼女は一度も対面することがない、ということも含めてなのですが。

皆さん、ぼくは重要なことを、明かしてしまいました。あなた方はこの事実をちょっと忘れるふりをしてください。そして一九四九年の最初の頃の手紙に戻っていただきます。

ぼくはさっき、手紙の中の一つ一つの文句が彼と彼女との現在を知るうえに、一つとして不必要なものはないといったふうのことを述べました。そんな馬鹿なことがあるものか、とぼく自身が反問したいくらいです。考えてみれば当り前のことで、彼らは必要なこと、とくに相手にとって必要なことのほかは何もしゃべってはいないからです。彼女のほほえましいポジティヴな明るい冗談まじりの物のいい方は、彼女にとって必要な用件と密接に結びついているばかりでなく、彼女の人間かんけいにとって必要なことであり、そこに余計なものは、一つもない。一方彼の方は、ビジネスマンとしての誇りをもった真面目な用件のほかは何もいわないのです。しかし、この用件というものが曲者です。ただの商品の取引であるとはいえ、ぼくらにとって、いくらか縁の遠いタイトルであり内容の古書というものは、ほかの商品とは大分違います。彼女と彼が注文をめぐって古書の名をあげ、装幀や値段、完本であるかないかについて書くとき、ぼくたちの想像は、飛躍的に拡大されるのです。どうか、この飛躍的にということに注目してください。これを読むイギリス人とアメリカ人と、ぼくらともそこに差異があるし、年齢によっても差異があります。しかし、ぼくは、文化というものはそういう差異があることで、かえって想像をかき立てられるような気もせぬわけではないのです。ぼくがいった自力ということは、これからもつきまとうけれども、自力はひとりでにはたらくようになるので、やがて楽しみにもなります。ぼくはもうこれからこの本の頁をくることを止めて、ぼくの印象と記憶にあるものを頼りに、それがぼくを迎えてくれるのをアテにしてこんなふうに話を進めることにしてみようかと思います。

往復書簡の読者は、当事者です。ぼくたちは、いわば盗み見させてもらっているだけであります。ぼくはもう一度、そういってみます。今気づいたかのように、呟いてみることにします。それから、人物たちの行動の変化などは、主として日付によって知るということを、くりかえしてみます。それから、彼らお互いの手紙は、ぼくたちの前に並べられていますが、じっさいは受取人が手にするのは五日とか六日とかあとであります。大西洋をへだてているから、どちらかが海をわたらなければ、直接に会うことはないのです。彼らは、電話をかけたことは一度もないから、声を知らないままである。商人の名はやがてフランクと名乗られる。彼女は戦後の物資不足がやまないイギリスの古書店に働いている店員の家族のためにナイロンの靴下だとか乾燥卵だとか、肉類のようなものだとか、送る。

店の人員の構成、フランクの風貌、年恰好、彼が再婚で先妻との間の子供がいることなど、女店員のひとりが、ひそかにヘレーンに浮き浮きと報告してきます。そしてこれは内緒だとつけ加えているのです。この手紙を見たとき、ぼくたちは、ぼくらこの本の読者の要求に合わせたそのタイミングのよさに、思わずフィクションではあるまいかと疑いを起すのです。しかし、ひるがえって考えると、これは、あくまで女店員その人が知らせたくてたまらなかったからなのです。彼女はヘレーンの手紙を読んでいたからですが、ヘレーンの手紙は注文書をかねているから、その扱いで綴じこまれてあるのです。いずれにしてもこれは天の助けではないでしょうか。いまぼくは〈天の助け〉といいましたが、このあといくつもそれが出現します。

ヘレーンの古書の注文は続きます。その傾向は一貫していて、一種の激しさをもって依頼されます。女性特有の熱心さで、正式の古書の依頼以外の何ものでもないが、何かしらそれ以上の気配さえ感じられます。そんなことは明らさまには何も思いはしないし、気づくことさえないでしょう。いずれにせよ、彼女はずっと独身なのです。すくなくとも、この本の中ではそうなのです。彼女の両親は英国出身である。彼女はまだ見ぬロンドンについて、空想をはたらかす。彼女はイギリスの古書を読んでいる。時間的に前後するというか、すこし先きにまたがってしゃべっていると思いますが、彼女は童話を手がけたり、伝記のシナリオなどが売れるようになったりする。ある時期までは、学校へ通って勉強していたのだったかもしれない。こんな無責任な書き方をしているのは、彼女の手紙の中で、必要な部分でありながら、人生のそのときどきの情報のように、消えないまでも去って行くからでもあるのです。――そして、このことは、決してこの往復書簡のあたえる効果としてマイナス面ではない。

ヘレーンのところに、店員一同のクリスマス・プレゼントとして、彼女がいかにも欲しがっていそうな、あるいはかねてより欲し、ようやく入手した古書が送られてくるのであります。ぼくはこれも小さいが〈天の助け〉の一つとしておきます。プレゼントが古書であるということのウマミです。この行為と似たものとして、この頃か、もうすこしあとのことかでしたが、ぼくの思いちがいでなければ、さきほどの女店員の家で、ヘレーンがロンドンを訪問したときのベッドを用意していることを知ります。これは、この女店員その人の手紙によってでなのです。店の者たちがヘレーンの来訪をどんなに待ち望んでいるか、ということは彼女から前にもいってきたようです。プレゼントが贈られてきたとき、そう書いてあったかもしれません。そうとすれば、フランクがそう書いたことになりますが、しかし彼はそういうことはいって寄越さないような気がしますが。――ぼくのこの語り方は、きわめて宜しくないように見えると思います。しかし、ぼくは今、ぼくも彼らたちと交際する術として、こんなことをしているみたいなのであります。ぼくはさきほどから気づいているのですが、登場人物たちは、手紙の相手以外は、どうも見ていないみたいなのですね。ぼくはとても親しみは感じているにもかかわらず、ヘレーンさえも近寄ってこないのです。このことは、あとで考えることにします。

しかし、ヘレーンは、ロンドンへ来るとはいわないのです。そういう約束は一度もしないのです。彼女はいよいよ多忙になり、いよいよ古書の注文をしつづけます。大分あとのことでしょう。彼女の脚本による伝記物が放送されることなども見られます。例の女店員だったと思いますが、彼女の主人の仕事のかんけいで、既に中近東方面へ出かけている夫のところへ店をやめて出かけて行き、それから二度と登場しません。ぼくは急ぎます。あなた方の顔にタイクツと書いてありますから、ぼくも何とかせねばならない、とさきほどから考えています。しかし、タイクツといっても、これはぼくの話し方の問題なのです。なぜならタイクツと見えるものは、読んでいると、決してタイクツではないからなのです。あなた方はそう思っていないのかもしれないのに、ぼくだけがそう思っているのかもしれない。分っています。人生はいっぱいある。小説以上に人生はいっぱいある。小説以上に広がりがある。ただいっぱいあるだけではない、空想をいだかせもする。この日常の奥にあるものも想像できぬことはない。手紙に書くことは、それにふさわしくないことは省いているということもよく分るからであり、省いていることが、これまた人間の存在とか人生とかのことを感じさせもするのであります。

ヘレーンがロンドン来訪を一向に実行することがないので、そのことを店の者も期待しなくなるみたいであります。そして、いつしかぼくたちも忘れてしまいます。ところが〈天の助け〉が二つばかりあらわれるのです。

その一つはこうであります。

ヘレーンの女友達で役者をしている人がいて、彼女がロンドンからヘレーンあてによこした手紙がぼくたちの前にとつぜん奇蹟の如く現われるのです。もちろん、その手紙の内容とあいまって、そうなのです。ロンドンをはじめて訪れたこのアメリカ人がこの歴史のある、いわば取りすました市のたたずまいや若者たちの動静を、あたかもヘレーンの眼のように批評するのを見ます。彼女は劇団といっしょにロンドンへ芝居の公演に出かけるのですが、ニューヨークを発つさいにヘレーンからある使命をあたえられているのであります。その使命が何であるか、皆さん分るでしょうか。この気さくな友人は、たぶんジーンズ姿でヘレーンの代りに、チャリング・クロス街八十四番地の古書店を偵察にきたのです。彼女は店の人に何者であるか知られることなく店を去り、手紙の中に報告をしています。ぼくはこの偵察の一件をヘレーンがフランクへの手紙の中であかしていたかどうか忘れました。沈黙を守っていたとすると、この本の刊行によって分ったことであります。いうまでもなく、たいそうささやかな事件ですが、このとき、何となく、ぼくは、ヘレーンは自分では、けっきょくロンドンを訪れないのではあるまいか、という予感がしたのです。

次の〈天の助け〉はこんなことであります。彼女が新しいアパートへ移ったことを知らせるヘレーンの一通があります。彼女は本箱を話題にする。そこに、それまで彼女がマークス商会から仕入れた古書がぎっしりつまっているさまを想像してくれ、といっている。どうか、皆さんは自分で確かめてください。あなた方は、どうしても、ぼくの話だけでは自分でこの往復書簡を読み進んできたということ自体を忘れてしまうはずです。一番のベースを忘れるはずですから。商会のフランクと、ヘレーンとの間に紙面を越え、海を越えて、どんな想像が行きかっているか。ぼくは何年か前に、この演壇であなた方の先輩に、『チャリング・クロス街84番地』の話をしていた頃に、偶然に現在のヘレーンさんがこの本箱を前にして微笑をうかべている姿を見ました。テレヴィの英会話の時間だったと思います。〈天の助け〉が、ときどき出現して、灯をともしたとしても、ぼくらはそれも忘れて行くことになる。おかしないい方にきこえるが、それこそが、この本のリアリティを作っているのだともいってもいい。ところで、ぼくは忘れかかっていた〈天の助け〉を一つ思い出しました。次のようなことであります。皆さんはタイクツしていますか。どうも単調ですね。こんな話し方では駄目ですね。演劇的にやらないといけませんな。ぼくの話は、これからが面白くなるのですが。それはどういうことかというと、今まで散漫に見えた話が、一つにマトマってくるということですけど、とにかくこれからが正念場です。ぼくは絶望しかかっていますが、これからが始まりです。ぼくはおしゃべりの道具になっているようですね。

その〈天の助け〉とは何か。ぼくがさっき忘れかかっていたということは、確かこんなことのようでした。――これは今出さぬ方がいいかな。まあいいや。いつの頃であったか。――何しろ二十年間にわたっているのですから、彼女は古書の注文――いつだって彼女はそうなのですが、注文あるいは、受け取ったときフランクにいっていることです。私は小説は好かない。同じ伝記でも、直接に会った印象にもとづいているものでないものは、きらいなの。私が小説で好きなのは、オースティンだけ。このときこの女流作家の古書を注文していたのかもしれない。皆さん、ぼくがそれについて語っている、この『チャリング・クロス街84番地』のことを考えてみてください。これは正に彼女の好みの本ではありませんか。彼女はこの一通の中で明言したときに、――彼女はこう明言しなくとも、彼女が注文した本の名を見れば分るのですが――このとき、『チャリング・クロス街84番地』のことを予想していたでしょうか。

　ぼくはこれから、この往復書簡が終ったときのこと、それをめぐって考察を試みてみることにします。往復書簡は次第に間遠になりました。先ず彼女の注文が次第に減って行ったからです。何しろ古書ですから、ほしいものがだんだんに集められてくれれば、当り前でしょう。それにフランクは、次第に古書を集める困難さを訴えてきています。せっかく集めてきた本がまとまって買いあげられ在庫は乏しくなってきています。彼女はある日のこと、久しぶりに注文した本のことで返事がおくれていたからだったでしょうか、「あなた、この頃どうかしているの。死んじゃったんじゃないの」といった文面で始まる手紙を書きます。というより、いつものようにその手紙の印刷された頁がぼくらの前にあらわれる。すると次の頁に、彼が腹膜炎——だったと思います——がもとで急死したことを告げる手紙が商会から来る。そして、あなたから注文していただいた本のことに関しましては、……というふうに書かれてある。またしても本のことである。これが〈天の助け〉の最たるものと、ぼくは思います。いかなる人も、その死によって物語にならぬ人はない、といったのは、パスカルだったでしょうか。この往復書簡は自然に不条理に中断された形で、終焉を迎えることになる。こういうわけでフランクの生前、ついに彼女はチャリング・クロス街八十四番地はもちろんのこと、ロンドンを訪れることがない。

彼女は既に、これらの古書のおかげもあって、知名の人になっている。誰が眼をつけたか、彼女自身の着想かもしれないが、書簡集『チャリング・クロス街84番地』は出版され、ベストセラーとなった。本をひっくりかえしてみると、一九七〇年である。彼女はＢＢＣ放送によばれてロンドンに行く。そのときの滑稽なほど大モテにモテて閉口する日記が、七四年に出版され、この二つを合わせて、ぼくがここに持っているこの体裁の『チャリング・クロス街84番地』となりました。ぼくはこの日記はざっと見ただけです。小説は好かない、といっているヘレーンさんのこの本の、広告文の一つに、ラヴ・ストーリイという文句が見えます。一理あるのではないでしょうか。

この二人の往復書簡というのは、古書の注文をめぐって始まり、その形を持続しました。彼女の本の選択は一貫した意図をもち、その古書は彼女の実用に供せられ、彼女は着実に出世をして行く。ふしぎなほど甘っちょろいものがない。彼女は何故ロンドンへ、父母の国イギリスへ出かけなかったのであろうか。すくなくともそこにもまた、甘っちょろいものがないように思われます。彼女が、書簡集を編集して本を出し、やがてイギリスへ渡ったあと、彼女はイギリス人に質問されたのではないでしょうか。前にもいったように、多忙であったのかもしれない。色々の意味でユトリがなかったのかもしれない。もともと彼女は単純に考えていて、それを返答としたかもしれない。それにしても、彼女がフィクションが嫌いだ、といっていることと関係があるのではないか。ロンドンへ出かけて行くことの方がフィクションを読むときのものと似ている、と彼女は思っていたようにも見える。すると彼女が頭に思いえがいた世界は小説的なものではないというのだろうか。ぼくの知人の女性は、「ヘレーンという人は無精な人なのよ」といいました。また、「文章では色々と書くが、じっさいには思うことがいえないで誤解されるような人なのよ」ともいいました。ヘレーンさん自身はいよいよイギリスへ発つとき、スーツ・ケースに身の廻品をどうつめていいのか分らず、御手あげだ、というふうに記しています。そうしてみると、ぼくの知人が意地悪げにいったことが当っていないわけでもないのですね。もしそうなら、彼女が友人の女優さんに自分の代りにひそかにマークス商会を訪ねてもらったということは、よけい感じが出ます。そもそも彼女のフィクション嫌いは、どこから来ているのでしょう。しかし、書簡の中では、彼女は彼女なりに、自由になり、そういっていいのなら、フィクションの世界に足をふみ入れていた。といっても、商会の誰に盗み見されても恥かしくないようなことであった。それでも彼女は、書簡の中だから、たわむれたのであって、だからこそ彼女は書簡の中に書いた自分の素顔を見せたくなかった。

ぼくはここで、こんなことしたくないのですがいくら何でも整理の必要を感じています。いよいよ立往生のうきめを見ることになりかねないのです。立往生のマネをするのならともかく、ほんとうにそうなったら、やはり困ったことであります。ぼくはこういうふうにいってみることにします。手紙の中でいくらかそれなりに自由になる。そしてそうして互いにそういった書簡をかわすということは、もしそれが運よく持続できるとするならば、『チャリング・クロス街84番地』の如くに進みあのように死によって中断するというぐあいに行かないまでも、大へんなことである。いくらかそれなりに自由になる。それから、往復書簡というものによって不思議なものになって行くということです。

ぼくは、このノン・フィクションの稀有な往復書簡作品と、はじめから小説として書かれた往復書簡というものをとりあげて、その両者の間の似ている点、異なる点など考えてみることにします。今ぼくは稀有なといいました。ぼくはほんとうにそう思います。『アベラールとエロイーズ』に較べてさえも、そう思うくらいなのです。これを小説で行なうためには、どうなるかを示すために、ぼくは、ドストエフスキイの処女作『貧しき人々』を例にあげます。ドストエフスキイは往復書簡小説をたぶん先進国のフランスから学んだのですし、目ざましい作品もあるようですが、ぼくは『貧しき人々』の方が参考になると思っているようです。その理由はあんまりぼくがよく考えていないせいもあって――そしてそれにはワケがあるようです――省いてとりあえず先きへ進むことにします。ぼくはこの小説には、今年はまったく触れませんでした。しかしヘレーンさんのをやったうえは、やり過ごすわけには行かない。何故なら、当然、ぼくが一年間話してきた『罪と罰』と、無関係であるはずはありませんから。ただ何といっても時間がありませんから、そのつもりできいてください。

ヘレーンとフランクの二人が大西洋をへだてて書簡をかわしたように、四十七歳の筆耕の役人であるマカール・デーヴシキンと、薄幸の娘ワルワーラ――ぼくはわざと物語的にいいますが――この二人はアパートの内庭をへだてて互いに窓の見える部屋にいます。彼らがそうしたぐあいに住んでいることも、ぼくが紹介したことなども、すべて二人の手紙によって知るしか方法はないので、作者の紹介によるものではないのです。このことは、『チャリング・クロス』と同じです。当然です。往復書簡小説ですから。こうしゃべってきて、ぼくはあらためて、感動するのであります。何にか、といいますと、今のべたばかりの、あれだけのことにです。あれだけいっただけで、ぼくは、もうこのまま皆さんにさようならをして、演壇を降りてドアをあけて永久に去って行ってしまってもいいと思うくらいです。ぼくはその方が何といっても楽なこともありますけど、それだけのせいでもないのです。皆さん、そう思いませんか。前者は、古本を注文するのですから手紙を書くより仕方がないのですけど、後者は何と、見えさえするところに住んでいて、何のために手紙をかわすのでしょうか。もうお分りと思いますが、この場合はとにかく既にして作為があります。重大な理由があります。といってそれを語りはじめるとしますと、ぼくが本日の講義の冒頭の方で申しあげたように、『罪と罰』ぜんたいにかかわり、けっきょく長篇小説をぜんぶ読んでもらうか、自分で朗読でもして見せなければならなくなる、というのと同様なのです。『貧しき人々』ぜんたいを読まなくとも分るには分りますが、ほんとうには分らない、といった方がいいのです。つまり、こんなふうに筋を話したりしたって仕方がないということなのです。『貧しき人々』は、何といったってセンチメンタルだとか、稚ないとか、単純なものだ、とか、いう人がいますが、いいたい人には勝手にいわせておけば宜しい。センチメンタルといったって、ドストエフスキイがセンチメンタルなのか、この中の人物がそうなのか、そこのところは、読みちがえがないのだろうか。仕方がないからこれから簡単に述べるような理由で手紙を書こうとする中年男が単純なわけはないし、第一、ぼくが一分前に申しあげて、ぼくがみずから感動していたような仕組を考え出す作者が、どうして単純なことがあり得ましょうか。あとのことはもう止めます。いよいよ時間がなくなりつつありますから。

ぼくは、いま感動した、といいました。ふりかえると、『チャリング・クロス』を読みはじめたときも、ぼくは自分が感動していることを皆さんに告げました。あの場合は、いわゆる小説家としての企らみがないのに感動していたのに、こんどは、その企らみに感動した、とぼくはいうのです。ぼくという同じ人間が感動するのですから、共通点があるのでしょう。ここに秘密があるようですが、このことはあとに廻しましょう。自然にうまくぼくの頭が偶然のようにしてめぐり会ったときに、ぼくはそのうまみに身をまかせることにしましょう。

『貧しき人々』のこの中年の男が、娘を守ってやろうとしているのだ、とその第一信の中でいっていることが分ります。古書の注文といったビジネスのことで物をいっていたり、親切にしたり、仕事に忠実であることを示して、相手を安心させたり、一個の人間としての情と、そして自負心を満足させようとしているわけではないのであります。彼は、それでは、自分の役所の仕事である筆耕の仕事をもとにして彼女に何かしてやるというのでさえないみたいなのです。ロンドンの中年にさしかかった古書店のフランクが、イギリスの田舎をかけめぐって、といっても彼の家族はまだ車を手に入れる状態ではないのですが、注文の本を、すこしでも、まだ見ぬ——そして永遠に見ることのないアメリカ娘の意に添うような体裁のものをと、探しまわっていた。フランクは、通信が開始すると、すぐこの仕事に没頭するのです。それだけでも、ぼくは打たれるし、また彼の幸福に思いを馳せ、その身の上にあやかりたいとさえ思ったのでした。そしてこの彼の思いや行為は、一見ビジネスライクな手紙の文面によってでも、間然することなくアメリカ娘に伝わるし、また伝わることが彼に分っているのです。フランクとヘレーンとの間で、何か思いちがいがあったり、意志の疎通を欠いたりしたことが、一度でもあっただろうか。たとえ、多少の手違いがあったとしても、フランクを動揺させるようなことは、微塵でもあり得たでしょうか。ぼくは、ダニエル・デフォーがあわただしく書いて忽《たちま》ち大ベストセラーとなった『ロビンソン・クルーソー』の同名の主人公のことを思い出すのです。もっとも、皆さんもあの本の解説を読んだ人は知っているはずですが、第二部、第三部と乞われるままに書き、本屋の方は、大もうけにもうけ、新しい店を買いこみ、五万ポンドの遺産を残したそうですが、デフォーは五十ポンドと売れた部数の僅かばかりの歩合をもらったのみであった。ロビンソンのように実際家であった本人は負債を背負って死んだそうであります。ぼくはフランクはデフォーのように気の毒な最後を送ったとはいえないが、とにかくすくなくともロビンソンの系統ではあると思うのです。（ここで、ちょっと言っておきますが、ぼくはあなた方の先輩に、ロビンソンやガリヴァーの講義から始めたのでした。今思えば、あの頃はあの頃で楽しゅうありました）そして、たとえ、アメリカ娘とのあいだに、何かソゴを来たすようなことが起ったとしても、彼は冷静に処理をしたにちがいないし、ソゴを来たしたというのに、いくらかでも近いことは、一、二度しかなかったようです。注文したものの題名が同じであっても、内容が不十分であったとか、汚れがひどかったりしたことで、彼女から文句が出た程度で、そのときも彼女はそのことをハッキリいってのけるし、相手も直ちに諒承している、といったぐあいでした。またヘレーンには、あのドン・キホーテが騎士道物語を次々と読み、そのあげく、自分も騎士となって出発したというような気配はすこしも見られないのは当然です。彼女は頭から物語類は軽蔑している。ドン・キホーテはヘレーンがしりぞけたものだけを拾って読みあさっていたのでした。

ぼくは思わず道草をくいましたが『貧しき人々』においては、どんなに異った様相を呈するか、というと次のようです。デーヴシキンは、まずワルワーラの部屋の窓のカーテンがホウセン花の鉢植で端折《はしょ》れていることについていってやるのです。それは彼がプレゼントしたもので、カーテンの小さな変化は、自分にたいする礼の気持の表示だととろうとしています。またプレゼントをあげるとか、あなたは病みあがりだから自愛してすべてこの私に下駄をあずけるがいいとか、自分の部屋の様子はいずれ知らせるとか、非常に快適なくらしぶりだとかいっていたようでした。これに対して、ワルワーラの返事は、普通は翌日、早いときはその日、おそくとも二日めぐらいにきます。彼の方のもそんな間隔です。彼女の第一信は、たちまち彼の思いちがいを正すところから始まるのです。カーテンのことです。あれは、偶然にああなっただけのことだといいます。プレゼントの心配はいらない、ムダ遣いはしないでくれ、といっています。これはむしろ普通の手紙の内容に近いということが分ります。好意や気くばりばかりで、生活の問題もすべて心の問題に移しかえられているらしいことが分ります。用件というものが、実に落ち着きのなさを秘めているのです。ぼくたちは、早々に、彼が自分たちの手紙は何がしというアパートの女中を仲立ちにして運ばれるように決めていて、それをいい含めているようなことを知るのです。徐々に、しかし、早々にこのアパートへ連れてきたのは彼で、彼は彼女とは遠縁であることや、こんなに窓が見えるところにいながら、二人が会ったり、話をしたりしているところを人に見られることを非常におそれていて、それは他人の口がうるさいということなのですが、それより彼が、そういいくるめようとしているように受けとられます。『チャリング・クロス』のイギリス人とアメリカ人たちの間では、お互いもそうですが、ぼくらも不明瞭なものは何一つないのでした。すくなくとも手紙に書いていることに、ウソ、イツワリはまったくなかったのでした。あとになってからでも、彼女はロンドンに出かけて行くわ、というようなことも一度もいっていません。ロンドン塔のあたりはさだめしこんなふうであるはずだとか、まるで見たように眼にうかんでくるといっているだけのことです。そして、それはその通りで彼女の方にかくす部分は文面に関しては何一つなかったのでした。もちろん彼の方は尚更のことです。ところが、『貧しき人々』という小説においては、人の口はうるさいと、分別くさくいい続け、相手は、そんなことをいわないで、私どものところへお越しくださいといいます。私どもとぼくがいうのはたしか彼女は家政婦のような人といっしょに住んでいたからでした。ぼくの記憶ちがいでなければ、あのホウセン花の鉢植だって、彼が、じかに手渡してはいないはずです。彼は彼女に姿を見せないようにし、すべて手紙の中に書き入れて運んでもらい、自分もそうしてもらうことを強要しているらしいことが分るのです。

　こうしてみると、皆さんにお分りのように、彼は二人の間に、大西洋を持って来ようとし、けんめいに、その約束を破られまいと、汲々としている模様なのです。ぼくらはこんなこと、すべて往復書簡の中から汲みとっているので、その点ではもう一つの作品の場合と同じであります。この往復書簡は、『チャリング・クロス』のときと同様、印刷された日付をもった文面が、ほぼ交互に立ち姿を見せるのですが、何でもなく並べられたそれらは、ほんとうは大西洋が介在しているのであるし、こんどはアパートの内庭ですが、それも内庭ではなくて、彼の意志で、大西洋同然となっているのです。こんなぐあいにして、『貧しき人々』の往復書簡がぼくらの前にあるということの理由が、これから、ゆっくりと分りかけてくるので、ほとんどがデーヴシキンという人物のやむにやまれぬ仕組、見せかけ、のように見えてくるのです。やむにやまれぬ、というのは、金が欲しいとか、出世したいとか、あるいは、ハッキリと愛情がほしいとか、いうようなものではないのだから、始末が悪い。たしかに彼女の愛情を求めてはいます。それはそうでないとはいえまい。でも、そんなことをいえば、この男はいい返すでしょう。一個の人間としての自負心や、何かそれに似たものを求めているのかもしれない。しかしそうともいいきれない。いわんや彼本人は、まったく分らない。あとになって、私にとって誇りがある、と見得をきったりすることはありますが、それも手紙の中であって、しかも、相手は同じワルワーラなのですから、彼の言葉通り受けとるべきかどうか疑問であります。ぼくたちは、彼女の方もそうですが、そうその手紙の中で、相手に向ってそう書いていて、その返事がくることを期待している……といったことを、ただの一度も離れることはないのです。

　ぼくは『貧しき人々』のほんの入口のところで立ち止って、皆さんに語っているにすぎないのです。『チャリング・クロス』の方では、時間が経過するにつれて、移動、変化、成長が起りました。こちらの方は、ドストエフスキイではなくそもそも彼が往復書簡を仕組んだことから、時間が動き、日付に変化が生じ、半年の後に、娘の方が去って行くことになり、往復書簡は途絶え、彼の書いた最後の何通かは、彼女の机の抽出の中に、そのま、たぶん開封されないであり、彼が行かないでくれ、と叫びながら書いている手紙は、出されぬままぼくたちの前にある、というふうなのです。

『貧しき人々』が今年一年間やってきた『罪と罰』と、とても似ていることは、ほんの入口のところを語っただけでお分りだったでしょう。デーヴシキンが、独創的な企らみをもった人物であることは、ラスコリニコフと匹敵するくらいです。ぼくがふれた最後のところは、むしろ『チャリング・クロス』との関係で申しあげたのです。

Ⅶ

トークより

私の小説・評論・芝居

卒業のころ

大学を卒業したのは、ちょうど大東亜戦争が始まった昭和十六年でした。ぼくは、サッカレーを卒業論文にしたのですけれども、上手な小説で、ユーモアもあり、そういうものが好きだったわけです。そういう時期ですから、アメリカ文学はあまり知らなかった。イギリスのものもあまり古いものは興味がないし、新しいものもあまりなかった。それで結局ぼくらが接したのはロシアのものでしたね。小説なんか書こうということとのつながりとしては、やはりリアリズムのロシア文学ということじゃないですかね。

ジョイスなども伊藤整さんなんかによって紹介されていましたけれども、もう戦争が起る直前の状態だから、なにかちょっと違ってきましたね。ゆっくりそういうものを読むという風潮が薄くなってきて、早く戦争に対する覚悟をきめてというので、結局『万葉集』をあわてて読んだり、『歎異抄』や『葉隠』を読んでみたり、それから島木健作の『生活の探求』ですね、ぼくらはそんなものを読んだりしていた。当時は若い人が小説を書こうと思っても何を書いていいか、一番わからないときだったと思うんですね。いまとよく似ていると思うんですよ。積極的にものを考えるのに調子のいい思想がないんですよ。そういうので、ちょっとなにか行き詰ったような状態だった。なにかつかみどころがなくなっちゃってね。どうしていいか右往左往して、戦争が激しくなるころは自分の覚悟のほうが先になって、ゆっくり腰を据えて本を読むところまでいかなかった。

　戦後になって、アメリカの小説などもポケットブックなんかで入ってきて、サロイヤンなどを読むようになった。サロイヤンを最初に読んで、ものすごく新鮮な感じがした。ぼくはヘミングウェイの文章より先にサロイヤンでアメリカの新しい文体を知った。とにかく新鮮なもので、いま読んでも新鮮です。ただ最近のサロイヤンはだめになりましたね。やはりああいう作風の人は老人になったらだめなんですね。子供を中心にしたものの考え方でしょう。イノセントで徹底したもので、なにか詩人的に別に自分でものを考えないでさっと文章ができちゃうんだろうと思うんですね。だからそういう人は、老人になると、分別で書くわけじゃないから向かないんじゃないかと思う。とにかくサロイヤンはほんとうにびっくりした。だからぼくにもサロイヤンの文章というものは非常に影響があります。サロイヤンとかゴーゴリとか、まあなんということないですけれど、やっぱり気ままで新鮮な文体というのはあのころ好きでした。

文体について

「新潮日本文学」の解説で、たしかに、あなたがおっしゃるように篠田一士《はじめ》さんがぼくの文体を無重力言語という言葉で形容しています。いわゆるメリハリがないのはそのとおりで、しゃべっていてもメリハリがない。講演でも日常の会話でもそうだと思うのです。まあ篠田君は好意的にそこのところをうまく書いてくれたけれども、メリハリがないということはメリハリのつけ方が違うということで、いろんな文章と文章を見ていくうちに、そのつながりの中でメリハリがおのずから出てくるんで、一つ一つをきちんとメリハリをつけていかない。そういうのはきみがいう通り、おそらく最初からぼくの文体にあるんじゃないかと思うんですけれど。

たとえば芝居のような場合でも、会話と会話、一人の人がしゃべって、ほかの者がしゃべって、その会話のやりとりはいわゆるメリハリがない形で進ましちゃうと思うんですよ。だから非常にやりにくいかもしれないけれども、ぼくにしてみれば、そういうふうにしゃべっているうちにその人間が徐々に出てくるんで、はじめからAならAという人物はこういう性格ときめて出るんじゃなくて、AとBがしゃべっているうちに結論的にAはこういう人間かしらというのが出てくる。芝居ではぼくの場合はそうなるんですよ。そのことと小説の場合の文体とはなにか似ているんだなと、実は自分でも思い直したりしたことがあるんです。『抱擁家族』のような作品にもそれはあって、わかりにくいとすれば、そのわかりにくさもあると思うんです。その部分その部分では固定観念を持って見ては困るようにつくっちゃってあるものですから、その一行の会話だけでわかろうと思って見るととても苦痛になるんじゃないかと思うんですよ。それをかなり意識的にやっているわけですけれどね。普通はある人間がここにいて、その人間がこういうことを考え始めていると紹介して、そこにもう一人が登場して、その人も紹介しておいて、二人で芝居が始まる。こういうのが普通の小説、物語のわかりやすい方法なんですね。それをやりたくないというところがどうしてもあるんです。理屈ぬきですよ。

たとえばディッケンズなんかの小説はちゃんと順々に入っていくんですよ。ドストエフスキーでもきっとそうでしょう。ただフォークナーを読みましたら、引き合いにしてごめんなさいね。あの人はちょっとぼくのような書き方をするのですね。三人ぐらい一ぺんに出てきて、特に『サンクチュアリ』はそうですし、誰がしゃべっているのかわからないように始まる。それから、『野性の棕櫚』ですか、あれでも最初なにかごてごてと部屋の状況を詳しく書き過ぎるくらい書いちゃう。ですからやはりあの人もなにかちょっと取りつかれている考え方があるんじゃないかと思うのです。あのカメラ・アイみたいな書き方は、なにか意味があるような気がしますね。あのカメラを据えつけておいてただ映ってくるものを写すのだという態度の中には。なにか時間と空間をつかまえるのには、あの形だと彼の場合一番ぐあいがいいんじゃないかと思うんです。フォークナーの意識の書き方も、会話の書き方も、なにかぼくは非常に芝居の書き方を感ずるのですね。ということはどういうことかというと、彼の場合のなにか舞台風であるということは世界のとらまえ方じゃないかと思うんですけれどもね。アメリカの作家はわりあい劇風に小説を書くというのが特徴だということを、たしかサロートが書いていたと思うんです。それはなぜかというと結局ヨーロッパほど倫理的なものを外へ出さないで、じかに場面なりそのこと自体を伝えようとか、ある一つの荒々しい状況を伝えようとか、そういうことのせいじゃないかと思う。

私の『私の作家評伝』

八月に「新潮選書」の一冊として、『私の作家評伝』を出しますけれども、この本をどうして森田草平から始めたかといいますと、少し評伝的なものを書きつづけようと思った直前に森田草平の作品を偶然読んでいて、ある雑誌の求めに応じて書き出したのです。森田草平を書いているときに、ぼくはもともとものの考え方が、つまり土着性とかなんとかいう言葉を使えば使うことになるけれども、風土の問題がなんとなくいつも入ってくるものですから、そうすると一番身近な自分とつながりのある人が、無理があるかもしれないけれども一番突っ込んだことも言えるわけですね。それにいろいろの作家を扱って行くうちに漱石のことなんかわりあいにひんぱんに出てくるので、漱石と関係のある人をはじめに入れておいたほうがいい。どうしてかといいますと、漱石は東京の人ですし、草平はもちろんぼくの郷里岐阜の人ですし、結局、当時の東京育ちの人と地方から出てきた人たちとのものの考え方とか小説の書き方というものに違いがあるということです。藤村にしても、秋聲にしても、二葉亭にしても、いずれにしても東京と地方、地方の中心地と田舎とか、いろいろあるでしょう。二葉亭にしてみたら外国と日本との関係がある意味では東京と地方というようなぐあいにもなるが、そんな感じがぼくにもあるので、それで結局この本の最初に草平を収めた。田舎者に劣等感があるという意味では必ずしもない。そんな簡単なことではないのです。私がこういうことをいうと、若人の中には笑う人がいますが、私はそういうとき、きみのその物のいい方、顔つき、ナマリがないと思ってしゃべっている言葉、発声は、きみの地方のものですよ、といったりします。

　この本で扱ったどの作家もそれぞれ個性の強い人ですし、育ちも違うし、時代も違うのですが、有島武郎の場合のように志賀直哉みたいな強烈な個性の人が回りにいると有島が生きてくる。たとえば国木田独歩なんかやりにくいわけですね。若いときはいろいろと奇行的なものもあるから奇行によるおもしろさもわからぬでもないけれども、そのくらいのことではありふれていますからね。その点、「溺れる兄妹」の問題にしても、「オートミル」の問題にしても、志賀と有島の人間の違いに結びつけていままで考えられていないですね。志賀直哉の場合も、生馬との関係はもちろんあるけれども、有島と直接の関係はないものですから、あれはぼくのほうで比べて考えているだけだけれど、結果的にはかえっておもしろくなった。結局頭で理屈でどうだこうだと筋道を立てていくところはおもしろくない。年月を追いながらかっこうをつけていくところはおもしろくない。人物のほうでひとり歩きして、そしてこっちがそれをつづっていくというふうにならないといけない。

　ぼくは有島武郎には同情して書いている。志賀直哉の個性もりっぱなんだけれども、有島はわりが悪い性格だなと思って。やはり自分の気持を入れながら書くこともできますからね。有島という人は、武者小路や志賀直哉や里見弴《とん》や、あっちこっちから締められて全く都合の悪い形の人物ですからね。ある意味ではいろいろとあがめてよく言ってきているのだけれども、そのくせいま無視していますからね。一番無視されているでしょう。いま有島の全集が一番安いというくらいだから、読まれてもいないし、正直言っておもしろくない。

　漱石の場合は、あの人はときどきちょっと頭がおかしくなるということ以外はあまり変ったことのない人ですね、実生活上は変ったことのない人でしょう。ですからうまく書けると一番おもしろいんですけれどね。実はぼくはもう一回漱石を書こうと思っているんです。こんなことは別に珍しいことでもないんだけれども、漱石がなくなってからあとだいぶたってから、娘むこの松岡譲さんと鏡子夫人が伊勢へ旅行をされて、ほんとうは娘さんと旅行に行く予定が行けなくなったのですが、とにかく松岡譲さんと一緒に旅行して、それで伊勢の宿かどこかの宿で、松岡さんが風呂からあがってきたら同じ部屋にふとんが敷いてあった。それでびっくりして、「困りますよ、奥さん」と言ったら、にやにやと笑って、「そう」なんて言ってふざけた。鏡子という人はそういう人らしいですね（林原耕三氏の文章にある）。それはよくいわれている。ただぼくはちょっと思ったのだけれども、たとえば、『行人』の中の次郎と直子とか、それから『三四郎』の中の宿屋の場面とか、なくなってからあとそれに非常に似た近いことを言うというのは、鏡子夫人がもともとそういう性質を持っておられたのか、あるいはその小説のまねを何となくされたのか、そこのところはわからないが、いずれにしてもおもしろいことだと思うんですよ。これは半分はそういう性質があったと思うのです。そうなるとやはりモデルには奥さんが相当なっているということです。ところが漱石に関してだけはふしぎなことにそういう考え方をあまりしないんですね。これはおかしいと思うんだけれども、漱石はいつも奥さんはのけて、ただ頭で空想しながら書いたとか、あるいは外国文学を下敷きにして書いたとかいうことばかり言われますけれども、材料のない人が奥さんを材料にしないはずはないんですよ。ただそれの使い方が上手なだけであって、それは『こころ』だって何だって、ずいぶん入っていると思うのですね。そういう考え方をしないものだから、『道草』が出てくるとびっくりしちゃうんだけれども、ぼくはやはり、あとの鏡子夫人の行動は非常におもしろいと思うんですよ。

小説と芝居

ベケットに『ゴドーを待ちながら』という戯曲がありますが、ベケットの小説よりは印象が鮮明ですね。やはりベケットのようなタイプの作家はどうも芝居として書いてくれたほうが印象が強い。ベケットが、小説的なことの意識をしゃべったとしても、実際に人物が出てきてしゃべってくれたほうが、つまりこちらが寄りかかりがあるというのか、しかもそういうときには、たとえ文字で書かれたもの、ラジオ・ドラマのようなものを読む場合でも、こちらの頭のイメージの浮かべ方がラジオでほんとうに音を出しているんだと思うだけでもやはり違うと思うのです。もっと徹底して言うと、たとえ文字で読むだけにしても、ぼくはラジオ・ドラマやテレビや芝居のつもりで書かれたもののほうがやはり印象が強いんじゃないかと思うのです。ということは、もうそういう別な制約を意識に置いてから出していいんじゃないかと思うんですけどもね。何となくちょっと抽象的な作家でしょう。そういう人たちは、どうも芝居のほうが取っつきいいというか、クッキリするような気がしますね。

ぼくが芝居を書くというのは、芝居の切符が来て見せてもらっているうちについ義理ができまして、そのうち非常に説得力の強い制作者みたいな人が来て、それでなんとなくばくぜんと遠く期限を切って予約してくるでしょう。そうすると知らぬうちに期限が来ちゃうわけですよ。そういうのでずるずるべったりでやっているのであって、実際は自分がやるということよりも、そのこと自体がぼくの場合はおもしろいわけですよ。やはり小説のことを考えているのだけれども、どうしてこういうふうになるのかということがおもしろいんで、考えているうちに自縄自縛で自分がやるということになる。いまも劇団「雲」のために書き始めているんですけれども、全く海のものとも山のものともわからない。きみがベケットのことをきくから、いうが、ベケットの芝居はなんとなく小説風だ。まあ『ゴドーを待ちながら』なんかはそうではないが。一見モノローグ的であったり、意識のところが長かったり、おしゃべりがずっと続かないときは人物がみんな同じような人物であってみたり、一人の人物とも言っていいんで、それが分れてしゃべっているだけであってみたり、そういうふうにいわゆる普通の劇の場合の仕組と違うのだけれども、モノローグどころじゃない。小説だってそうだ。ベケットにしたってそのほか新しい劇作家（とくに小説も書く人）には感心するものがあるが、それはいわゆる芝居的ではないからでしょう。

ぼくは、芝居をやりたいといったって、当然自分の小説と同じようなところが多くなる。ただ、芝居の場合は何といっても思い切った構成をとらないといけないんです。舞台のために仕組まなければならぬ。その仕組み方がやはり思い切った仕組み方を、いままでだれもやったと思えないことをやらなければ気が済まないわけです。そんなことはありえない、不可能に近いことを考えているわけです。

復讐のない愛

イヨネスコの『雑記帳』というのをつい先だって読みました。これの中の文章はなかなか気がきいていて、一行一行が実に劇的というか、とても感心しました。その中でこういうことをいっているんです。愛について、フランス人の愛というのは、自己を主張してどこまでもわからせるというのが愛である、つまりフランス人の愛は自分勝手な考え方じゃないか、自分の考えている愛というのは、そうじゃなくて、向うの愛を無限というか、そっくり受け入れてしまうということ、たとえば女なら女の愛を受け入れてしまうことが自分の愛だといっている。もう戦おうなんて思わないという言い方をしているんですよ。これはちょっと東洋的というか、禅なんかの影響があるのか知れませんけれども、そういうふうなところが芝居にもでていますよ。

『優しい声』*の題名が、多少イヨネスコの話と似ている？　それはどうか分らない。日本人は日本人独特だから。つまり表向きあらわれる声はやさしくあらわれるんだけれども、いろいろな含みがあるわけですね。優しくするということによってしかつき合えないのだという意味での優しい声なんです。そういっても、あまり詳しい話をすると自分がまたかえってやりにくくなるからよしましょう。ただ最近読んだイヨネスコの愛についての考え方をぼくが前から考えている、人生や小説の考え方と較べたりすることがある。世の中がどういうふうに変っても、どういう状況が来ても、その中で自分が流されそうになるものの実態を、今度はそれを巻き返して自分のほうが吸収していく。そうすれば何とか書いていけるんじゃなかろうか、それは一つの心得じゃなかろうかということはあるんですね。最後に断わっておきますが、ここにあげた外人の作家は尊敬していますが、直接ぼくの書くものとは何の関係もありません。

＊一九七二年頃、著者が構想していた書き下ろし長篇。未刊。

我々と文学

（早稲田大学文学部文芸科にて　一九七二・七・一）

ただ今御紹介に預りました小島です。今日はまた特別暑くなりました。本当はプールへ行って泳いだ方が良いようで、プールに行きまして自然と人間と水のことなど考えて暮らした方が良いかもしれませんけれども、約束の日でございますから参りました。

私が今日ここへ来て、あなたがたと対面して初めてお会いしまして、勝手なことをしゃべって、皆様の意見もいろいろお伺いするわけですけれども、こういう関係は、私ひとりとあなたがた、ここに大勢何十人の方がいらっしゃるという姿ですけれども、もう少し中へ入ってみますと、私がなぜここへ来たか？　ということですね。編集部から電話があって、なんとなく断わるその機会を逸してしまった。それにはいろんなことが絡みついていて、私個人にしますとそれ相応の事情がある。ですから、私がここにいるってことだけにしましても、一つの小説の重要な場面となるわけです。いってみればね。あなたがたにしましても、ここに六十名の方がいらっしゃいますでしょう。ぼくからみれば、これはよく知っている人の顔を拝見しない限りは、あなたがたは、失礼ですが、皆一様に六十人という数になってますけど、ひとりひとりの事情を背負ってここに来ておられるわけですね。で、そういうふうに、人間というのはつきつめていけば、その全部が自分一個の私という問題に戻ってきてしまうわけですね。小説というのは、その私のなかに入りこんでいって書かれているわけですし、それをまた小説を通してたどっていくというふうな事に大体なる。これは、なんでもない簡単な事なのですけれども、やはり時々忘れることがあります。つい最近、私がある所で、ドストエフスキーの『悪霊』のことを学生諸君に話しました。なぜその話をしたかといいますと、そもそもその話をしかかるところに、あの浅間山荘の事件がありましてね。それからしばらく経って、また、ちょうど話している最中に、今度は、例のイスラエルの空港の射殺事件がありました。ところで『悪霊』の中に、ある小さい団体の革命運動での事件のことが書かれているのは皆さんもご承知でしょう。その事件をめぐって、今言ったように、ひとりひとりの中に入っていって、人間というのはそういう時、どういうふうに反応を呈するかが仔細に書かれているわけなのです。

その革命運動に参加して、やがて抜け出ようとするシャートフという人物が殺害されるんです。その一味にあたる五、六人が、その男をつれ出していって、沼の畔《ほと》りで殺害するに至る何日間、メンバーの者たちが、どういう動きをして、どういう気持でそういうことを行ない、その後どういうふうにするかがその人たちの身になって書かれる。最近のああいうような生々しい事件と比べて考えてみますと、小説とはどういうものかが分ると思う。ある意味では、表面的には同じような事件なんです。小説で扱うには激烈な事件ですが、その中にうごめいているひとりひとりの人間の中にどう入りこんで、また、どういう手つきで扱うのが、そういうものを扱った場合のいい文学と言われているのか、そして、残っているかを、ある所で話したんです。ところが、そんな話は暑苦しい。とても暑苦しい話で申し訳ないので、まあ、よしてもいいんですけれどもね。いかがですか。暑いですね。きいていますか。何人かの人はうなずいてくれていますね。ちょっと簡単にそこをもう少し話してみましょうか。私も現物の本がここに無いので詳しく話せませんし、『悪霊』には私がとりあげる部分以外の話がたくさんありますからまことに困るのですが、それはそれとして、『悪霊』という小説、読んだ方ありますでしょう。手を挙げてくださいませんか。ああそうですか。ありがとうございました。それで、その『悪霊』は大小説でありまして、今私が申しあげたことは、さっきも述べましたように一部分といえば一部分なんです。でも、あえて今日は、私は一部分だけを抜き出しておるわけなんです。ですから、あいつはその部分だけのことを言っておるけれども、あれはもっと、こういう問題があって、こういう点から捕えた方がいいんじゃないか、とおっしゃる方もあるし、当然だと思いますけれども、今はあえてそういう、政治に絡んだ激しい問題を、どういうふうに書かれているかを、非常に簡単に……。

その前にですね、皆さん、もういろいろ解説なんかで御承知でしょうけれども、ドストエフスキーという人は、それよりも十、二十年位前に、「ペトラシェフスキー事件」という、やっぱりそれに似た一種の革命のことを考えたりしているある団体に属しておりまして、それが発覚してシベリアに流されたわけですね。それからずっと後、また小さいある事件が起きた。それが『悪霊』の中の事件と同じように、ある一味があって、そのうちのひとりの大学生が殺される、つまり、裏切る可能性があるとして仲間から惨殺されるわけです。ドストエフスキーの奥さんの弟さんが、その一味の大学生たちの友だちなんかを知ってて、その話を直接奥さんから聞いたか、弟さんから聞いたりしたのですね。それと昔の、おそらく自分の体験などが入って、『悪霊』の中のそういう部分になっていったわけでしょう。その『悪霊』を書いた時、批評家の人がこういうことを言ったらしい。あんな事件は特別な人間たちの行なう事件で、あんなものを取り扱うことはどうのこうのとか。少し言葉が違うかもしれません。ドストエフスキーはその時、『作家の日記』か何かで、反論をしました。この「ネチャーエフ事件」、確かにあれはチャチな事件だ。なるほどそれはまちがいない。しかし、自分がその前に関係した「ペトラシェフスキー事件」にしても結局、押し進めていけば同じ様なものだ。ですから、そういうことが自分たちと関係ないつまらん事件だとは言えない、というんですね。自分たちがいつああいうことにならんとは限らない、つまり、同じようなことがあるんだ、ということを言っているのです。

さて、その『悪霊』の中の、殺人事件をめぐる人物は、かなりその俗と言うか、つまらない部分がえぐり出されるように書かれているわけです。それでは、俗とか、つまらぬこととは何か？　今申しましたように、ドストエフスキーにしますと、そのひとりひとりは皆自分であるという感じがあるわけですね。自分だってその立場になればそんなことをするかもしれないし、そういうふうにして人を殺すかもしれないし、或いは、そういう時に逃亡するかもしれない。だから、そのうちのいろんな人間が、五人も六人も七人もいますけれど、そのどの人間も自分の中に住んでいる人間だということがどうもあったらしいし、そういう気持で書かれているに違いないんですね。本当はもっと細かい話に入るわけですが、今言ったことをちょっと覚えておいて下さい。つまり、私が最初に言った、みんな自分の問題だということですね。そのことから話はここへ来ているわけです。

もう少し詳しく『悪霊』の話をします。その事件と関連した数日の話の部分ですが、その町に住んでいるある官吏の家で、一味の会合が催される。重要な人物が皆登場してくるわけですが、その時にピョートルという全体を動かしておる策士みたいな男が……その人は最近おこった日本の事件の中のどの人物にあたりますかね。とにかく、直接のリーダーになって動いている男が、シャートフが裏切るかもしれないぞと暗示にかけるのです。そこで問題は、その夜の会合で集まった人々がどういう話をするか、どういう順序でディスカッションしたりするかということです。皆さんお読みになった方、また家へ帰ってその部分をもう一回お読みになってもいいと思います。会合を催し、ある重要なこと――これが何であるか、ほんとうは分らない――について話をしようと思って集まった時、一体どういう話をするものでしょう。あなたがたがもし同人雑誌をやられて、会合をもたれたとしても、なかなか話というものはスムーズに進まない。それから、学校の先生がたの教授会でもそうである。まあ、人間があらゆる会合を持つときの話しぶりがそうであって、いかにへんなことを話し、そのへんな話から始まって、妙な結果になっていたりするか、ということがはっきり書かれている。しかも、その話のうちに、やがてシャートフが裏切り者だと皆が信じこむような気分になっちゃう。そういう成り行きがその短い会合の場面に出てきますから、またお読みになるといいと思いますが。退屈だったらやめます。いつでもやめます。ほかの話に移りますからね。いかがですか？　では続けましょう。

その会合を始めますと、そこには女子学生や男の学生や、高校生だとか、いろんな人がいまして、最初に一般の男女平等論だとかなんとかいって、口喧嘩が始まってしまう。そこへその女子学生に対して、おじさんに当るような人が文句をつけたりします。本当を言えば、その夜は運動に関する重要な話をすることになってるはずなんです。もっと激しい話がやがて出てくるのだと思っている。それは誰が持っているのだといえば、ピョートルでしょう。彼が会合をもつように指示しているのですから。なんか華々しいことが行なわれるような、そういうきっかけの話が今日あるんだということを皆期待しているんですけれども、実際は、そういうつまらない話が始まっている。そして、そのうちにいろんな人間が、自分自身の話にしびれをきらし、次々と話をしていくうちに、いかに人間が自分自身の話に囚われていくかがわかるように書いてある。そして、そのうちピョートルが立って、誘導していく。その時、幸か不幸か、裏切り者だといわれることになるシャートフが、ピョートルというリーダーの腹の中をある程度、八分くらい分っていますから、腹が立ってきてその場を立ったことによって、あいつは裏切り者だというふうに、話はもっていかれるのです。ちょっと簡単には話ができないのが残念です。自分でお読み下さい。やがてそのあと、シャートフが裏切り者だということになり、殺すことに話が決まるんですが、違うんだ、そうではないんだと思う人があります。そこで、それを皆に言い含めようとするんだけれども、どうしてもそういうふうにもっていくことができない。口を出すと、自分の方が裏切り者だと思われてしまうような、そういうところが非常にうまく書かれている。そして、あがきあげいたあげく殺人を行なってしまうわけです。

ところで話はとびますが、その殺人の場面で、シャートフを連れ出すのは誰でしょうか。一番若い、いわば少年なのですね。一番、ものが何にも分ってないのがシャートフを連れ出して、そして沼の所へ連れていく。現地へ行った時に、ピョートルも出てきていまして、一味の者がそろって来ているか、点検いたします。あいつは来てない、どうしたんだ、と言いますと、名ざしをされた男は木の陰からこうして、非常に威張ったかっこうで肩をいからして怒ったような顔で出てくる。そして、いますよ、さっきからいたんです、という。皆さん、お分りでしょう？　そんなことやりたくない、殺したくないんです。でも、殺さないでおくための言い訳がうまくできないのですね。ですから、その殺人が、非常に破廉恥な行為であることは、なかば以上思っているわけです。何とも言えない腹立たしい、人間の尊厳を傷つける行為だと自分に対してもそう思っている。だから、何となく肩をいからせながら木の陰からぬっと体を現わして、「いますよ」とこう言うわけです。どうか、このことを、小説好きの人も、そうでない人も、ドストエフスキーの好きな人も、そうでない人も、男の人も、女の人も記憶にとどめておいて下さい。本当は、もう私はこれで帰ってもいいくらいです。残念ながら、まだ十五分か二十分しかたっていません。約束は一時間で、そのあと質問まで受けねばなりません。

　その殺人現場に登場してくる順序もだが、その組合わせが問題です。なんともここで一緒にいるのが相応しいような二人が現われます。そういう場面において、人間はどれだけそういう風に……聴衆の一人が出て行きますね（笑）。出て行ってもいいですけどね。あっ、新しい人来ましたよ（笑）。ええ、そのように総数が変わらなければ、私の方は宜しいのです。私は自分の小説の中でこの場面を活用しましょう。出ていかれた人が恨めしいというのではなく、多少に惜しがる自分という人間のことをです。多分出て行った方は止むに止まれぬ個人的事情があったので、私とは無関係でしょう。私があの人の教師なら、学年末の成績を満点かゼロにします。何しろ今、お嬢さんがたには向かない話をしてましたからね。もうすぐこの話は止めます。まあ、そういう風にして……ええ、ちょっとこれ止しましょうか。あとはまあ読んでもいいし、読まなくてもいいんです。

要するに、とても簡単には五分や十分では言えませんけど、そういうことなんです。今言ったような、めったに起らないようなひどい事件なんで、どうも少しこっちの調子が狂ってきました（笑）。とにかく当時としてもひどい事件だったんでしょうね。一八六〇年代に起った事件がもとになっていますから、それからやがて三、四十年しますと革命も起きますけどね。

いずれにしましても、ほら、あの浅間山荘事件の時に、いろいろな人が来ましたでしょう。そして、その息子に呼びかけました。拡声器で、マイクで、ひとりひとりのお父さん、お母さんが息子に向って出て来いといいました。いろんな種類の言葉がありました。ああいうことは、今は皆、新聞やテレビ、週刊誌で見てしまっているわけですね。ですから、小説家は具合が悪いわけですよ。つまり、実際に起ったことは新聞社でもなんでもキャッチしますからね。もし小説に書こうとすると、お母さんがどういうことを喋って呼んだか。浅間山荘の中の人たちはどういう素振りをしたか。聞いておったでしょう。そういう微妙なつまらないことと結びつけないことですね。ああいうものは小説にならない。いや、まず小説にはならないでしょう。ドストエフスキーは『悪霊』の場合、いろんな、スケールの大きい人物がいっぱい出てきます。小さいことと結びつけて書かれているために、非常に生き生きしてくることも事実です。しかし問題はそこに、それが自分の問題であるという思いがこもっているかどうかということなのです。どのくらい思いをこめて生きたか。ドストエフスキーという人は様々な経験をした人ですし、極端なことには、自分がシベリアの三年間か四年間ですか、流刑生活の中でいろんな人を見て、いろんな経験をしたでしょう。そこで、この小説家はその人たちのいいぐさ、しぐさ一つ一つに対してひどく不思議がり、驚き、何より自分がどのように映っているかに驚いたと思います。そうして、獄につながれている人間としての自らの意味を考えたでしょう。そういう口惜しいつきあいの中で、彼は人々の中に自分を、自分の中に人々を見出したことは、想像にかたくありませんね。一口にいえば、彼の空想の土台はそこにあるのでしょうし、リアリティーの根本はそれでしょうね。

いずれにしましても、ああいう極端な事件に限らず、政治と結びつくようなものにしろ、革命的運動にしろ、それをもし描くとすれば、どういう人間の、どういう部分と一緒にして描くかですね。その中の人たちの考え方と同時に、その人たちがどういう仕種をしたか、どういうことを誰に対して喋ったかを、両方結びつけないとならない。これは、実際には容易なことじゃないんです。さっき申しましたように、我々自身はたいした経験もそうできません。そうして、新聞やテレビだのがぱっとキャッチしちゃう。浅間山荘に限って言えば、あの時はテレビもやりっぱなしでしょう。カメラ据え付けといてじっと見せてしまうでしょう。そういうふうに、昔なら見ることもできないようなものが記録として見られたりして、小説を書こうとする人には非常に具合の悪い状況であることはまちがいないですね。けれども、ある思想や考え方を持って行動しようとする人を、もし小説に書こうとするならば、大きい事件を扱えば扱うほど、それと裏腹の部分が出てこないと小説にならない。そして、これは大変なことだからくりかえし申しますが、その人物の中に自分自身が入っていなければ、どうしたってテレビや記録という無心のものに負けます。

どういう話に今度は入っていきましょうか。どういう話でもいいんですが。こういう話をしてくれっておっしゃってくださいよ。すぐその場でやりますから（笑）。ムリですか？サクラが入用だったかもしれませんね。あなたがたは将来何なさるか知りませんけれど、まあ、小説をお書きになる人もいるでしょうし、小説もいろんな小説がありますから、そう難しく考える必要はないのです。そのほか、小説家に何事かを書かせんものとシリを叩いたり、同時に軽蔑したりして、それを書かせる編集者になってもよろしいですし、それからいろんな職業に、たとえば文学ってことを——文学ってことを言えば怒られちゃう、まあ、小説でもいいですけど、いろんな職業につかれるだろうと思います。そこで具体的な話として、あなたがたの間でおそらく同じようなやり合いがあると思いますから、こういう話を……。

例えばですね。私が、去年だったかな、東北大学に出版社から講演を頼まれて行った時のことです。やっぱり比較的小さいグループ相手のものでした。その後座談会があり、それが終ったあと廊下で、「この頃の小説はわからない小説が多いんですけれども、あれはどうですか」と最後の最後のところで聞かれて、それからまた三十分ぐらい話をしなきゃならないことになりました。そういう、「難しすぎる」とか、「こんなのやだわ」とか、「こんなのはまやかしじゃないの」とか、そういう話、お互いにあるかもしれないですね。ありませんか、そういう話はもう。「いやそんなのは古い」とか「明るい」とか「暗い」とか、そういう話し方であなた方は会話もつことありますか。そういうことはもう卒業されたですか（笑）。あると思うんです。だいたい人間には二つタイプがあるんです。ものを難しく考えるのと、難しく考えたくないのと。それから、人間の血圧からしましても、血圧の高い人はものをおおらかに明るく考えるんだ。血圧の低い人はものを暗く考えたり、突っこんで考えたり、随分違うんです。ですから今日の僕に対する反応でもですね、渋い顔をしてる人は、一つは血圧が低いんですよ（笑）。どうでもいいやって顔しておられる人は、血圧が高いんですね。若い人でもそういうのはあるんです。人間の生理的な条件やいろんなもので、好き嫌いってのはありますからね。

例えば石川達三さんが、「この頃の芥川賞の小説は分からないのが多い」と言われたという話を、私は直接読んだことはないんですけど、若い人が言ってました。そうしますと、その時あなた方はこういうふうに理解すればいいんですよ。それは賛成と思ってもいい。違うと思ってもいい。しかしいずれにしても、基本は石川さんという人が言ったんだと思えばいいんです。石川さんの小説と比べていけばいい。石川さんがそうおっしゃるのはもっともなことで、そういう小説をずっと書いてこられた。ものが目に見えるように、音が聞こえるように、まあ音はどうか知りませんけど、とにかく、浮かび出るように、動くときはなるべくちゃんと動いた方がいい、行動はした方が宜しい、あんまり部屋に閉じ籠っている人間は余り書かない方がいい、外に現われてはっきりと分かるように分かる面をとらえて書こうと、こういうふうに思っておられるに決っているんです。そのほか、石川さん特有の物の判断の基準があります。ですから石川さんが、そうでない反対の小説にぶつかった時には、本当に心から「俺は分らんよ」と本気で言われると思うんです。そして逆に「こんなものがいいかな」と志賀直哉の小説とか、谷崎潤一郎とか、夏目漱石とか、二葉亭四迷とか、森鷗外とか芥川龍之介とか、まあ挙げればきりがない。そういういい作品だと言われているものは、今読んでも確かに分りいいものは多いでしょう。

じゃ、そういう作品がいいからと言って、自分がそういう作品を書こうとして、書くとしますね。本当に分かりよく書けるだろうか。つまり、昔の人はそれを分りよく書くだけの必然性があったかもしれないでしょう。少なくとも、そういう時代の人がそういうふうに書いたのですから。今そういうふうに書こうと思っても書けないかもしれませんね、第一。ですから分りやすいお手本を持ってきて、お手本通りに書くと言ったって、同じ分りやすさがあったって本質的に違うかもしれませんですね。ここでクレーやピカソやルノワールやセザンヌや、色々の画家のことを考えてみるといい、とあなたがたも思われるでしょう。ところが、石川さんにしても、そんなことは承知の上でいっておられるのかもしれない。そこに問題があるということにはなりませんか。分りにくさの中にはまやかしがある、ただの流行だ、という意見があるかもしれない。そこで、一足とびにこういいましょうか。……ところが、そういつも分るようにはいかないかもしれませんよ。その人もそのうちまた分らなくなっちゃうかもしれません。新しくて分る小説もやがて新しくなくなったり、やはりいろいろ変化するかもしれません。生きものですからね。

ところで、分りにくい難しい小説というのは、具体的にどういうものでしょうか。最近ありましたか？ 石川さんが例にあげられた小説は、どんなものかよくわかりませんが、私も八割がたは読んでいると思います。そこで手短かに分析すると、こうなりませんか。若い人たちは、新しい時代のものに敏感である。その実、若い人が新しいものとつながりをもたないで何につながりをもちましょうか。そうなるとフランスかドイツかアイルランド系のイギリスか。いずれにしても世界的に見て文化の先進国の作品でしょうね。アメリカは文化としては先進国とはいえないでしょう。日本や中国にはない文化をもっているから世界の先進国だとは、わたくしたち日本人は普通思っていない。それはあなた方の眼光一つみても分ることです。眼光だって文化と無関係ではありませんからね。世界の尖端のものにひかれる。物の考え方、世界の捉え方に何か目をさましてくれるようなものを感じるからなのか、そう教わったから自分もそうだと思うのか、とにかくひかれる。戦後は実存主義的なものからはじまり、今までの小説の見方、考え方が変るような傾向が続いてきましたね。これは本当は昔からあったことなのです。だからこそ、皆さんは外国の新しい見方をとり入れます。この頃のものがどういう傾向にあるか、私がいうまでもないでしょう。いろいろ新しい時代の外国の文学作品に似たものを若い人たちは、自分の生活経験の中で探りながら、次第にそれに染まり、その見方でなくては世の中が見られなくなり、それ以外のものは古臭くて無意味だと思います。酒を飲む人は酒でオール・オア・ナッシングという態度で議論し断定を下します。

またちょっと話を飛ばしまして、こういうふうに話を持っていきましょうか。よく懸賞の小説がある。あの応募原稿で、「これはああいうふうな作風だな」とすぐに分るのがあるんですね。数年前なら「これはいわゆるアンチロマンの真似だな」とか、「これはヌーヴォーロマンの真似だな」とか、「これは誰々のどういう傾向の作品の真似だな」とか、すぐ分る作品があるわけですね。候補に残っているくらいだから、相当、よく書けているんです。なかなかそんなに真似ができるもんじゃないですから、相当のもんでしょう。だけれども、そういうものはやっぱりパスしないんですよ。なぜでしょうかね、それは。そういうものは次々、次々と変わっていくんですよ、流行で。しかしいろんな流行が確かにありますけれども、例えば今、実存主義的小説が、「ああ、あんなものはつまらない」というふうに簡単に思うわけにはいかないと思うんです。早い話が。むしろ今こそ、実存主義小説の中にある本当の面白さをゆっくり考えてみると、かえって面白いかもしれない。それはいわゆるアンチロマンでもヌーヴォーロマンでもそうですね。なんでもそこにはそれ相当のわけがあり、面白さがある。

　私はくどくどと下手ないい方をして、あなた方を途方にくれさせているかもしれません。一口にいえば、どこかで世界の流行や尖端とつながっているかもしれないが、直接流行だと思わせないようなものが前面に出ている、ということが必要なのでしょう。そうするにはどうしたらいいか、となると、あまりにも当り前の根本的なことになってしまうので、もはや私が述べることもないかもしれません。ただ一ついえることは、形がハッキリと見えすぎるようなものは極力さけるべきでしょう。形式は内容から生じてくるものです。したがって内容が先にある。もとに内容があると見えるような書き方の方が望ましいことにもなる。ある新しい手法で、内容が稀薄だということが前提になっているとしたら、その稀薄さこそが内容だ、という意味で濃密でなければならんでしょうね。そうなると稀薄な無意味な内容というものは文学の場合、ないことになりますでしょう。違いますか？

息苦しくなりましたから、ここでちょっと脇道へそれましょう。最近、日本人の坊さんがフランスで、六万人の信者ができたという話、知りませんか。ちょっと流行遅れですね（笑）。それがいるんです。ちょっと今、名前忘れました。五十何歳になる人で、もともとは会社の重役なんです。それが今から五、六年前に、忽然と一人で、全然フランス語はできないんですが、パリに行きまして、そしてお坊さんの格好して、まあ通訳は付いたのでしょうけど、禅の話をしました。「禅とは何だ」と聞かれたから「禅とは坐ることだ」と言って、それは当り前の言葉ですが、こういう机の上で坐っちゃったらしいんですよ。そんなことをいろいろとやっているうちに信者が多くなっちゃって、今は六万人信者があるそうですよ。そしてサルトルなんかに帰依していた人のほとんどが来ちゃったというわけですよ。私は聞いてませんが、私の知っている小説書いている若い人が講演を聞きに行って、さかんにその話をするんですよ。それから本までぼくに見せてくれた。その本は非常につまらないんです。なぜかと言うと、どのくらい自分がはやったかが書いてあるわけです。実につまらない。その人物が面白いんです。逞しい体をした、九州の佐賀の人でね、ちょうど佐賀潜をもう少し大きくしたような人らしい。ですから勿論、人物として人気があるんですね。声がしゃがれ声で、それだけでもいい雰囲気があるんですね。その人が演説します。つまり今、ヨーロッパで非常に行き詰っていて、どう考えていいか分らない連中を「フランス国の合理主義の連中はものすごく興味があってよく分ってくれる」と言うわけですね。「日本人より余程よく分ってくれる、自分の話すことを」。そういうことが書いてある。その演説を最近、そごうの読売ホールとか、朝日講堂、朝日生命ホールの講堂でやったそうです。ここに一種のアイマイさがある。アイマイとは私たちは思わないが、アイマイといわれればアイマイだ。そういうアイマイさが、また外国のものを受け入れ消化する。しかし、こういう問題は手短にとらえない場合には、実に面白いことなのです。私自身にしてみると、もう年寄りになったせいか、狸になったせいか、尻をまくったせいか、汚い尻で申し分けないのですが、内容は自分の中にある、と思っています。そう思えないときもありますが、ようやくいくらかそう思えそうになりました。それ相応の形式は自然そこから出てくるはずだ、と、こう思っている。このあたりで私が最初から述べてきたことに結びついてくれるとありがたいのですが。どうも説得力がありませんかな。上手な表現ではないですね。あなた方をいいくるめてはいけない。私は若い時シェークスピア、シェークスピアといわれると腹がたったものですよ。またシェークスピアか、ってね。ところがぼくは最近、若い人に会うと、つい「ギリシア何とか」と言うわけですよ。「ギリシアの何とかって劇はいいなあ」とか、「シェークスピアはこの頃ゆっくり読んでみるとやっぱりいいなあ」とか言いますと、若い人はよく怒ります。もっともです。「われわれはシェークスピアなんてどうだっていいんです」と必ずこう言います。「古典なんてどうだっていいんです」「古典だってせいぜい今から二十年くらい前の古典ならいいけれど、それより古い古典のことなんか知ったこっちゃいない、関係ないんです」と言うんです。気持はよくわかる。くりかえしますが、私の方は年寄りだから、人間の根本のことはなるべく大文学から教わっておき、あとは自分の中から出させてしゃべる。そうすると、この新しさは世界で一番新しく、具体的であると同時に万国共通かもしれない。こう考えます。

例えば日本に徳田秋聲という小説家がいる。これはあなた方はほとんどお読みにならないと思うんです。これから文学全集が刊行されても、だんだん秋聲は脱落していくと言われているくらいですからね。この秋聲をよく読むと、出てくる風俗的な要素は売春婦とか芸者とか、あるいは古風な作家の奥さんとかですから、今とはだいぶ風俗が違います。ところが、そういうものを別にして考えてみますと、その書き方は、しごくふいに、なんて言うか、それこそアンチロマンなんかを思いだしてしまうんですね。秋聲はアンチロマンの真似したんじゃありませんよ、その前の人ですから。死んだのは昭和十八年、戦争中に七十二歳で死んだんです。自然主義と言われています。時間の扱い方や目に映るものの描き方、そういうものの扱い方。彼らは平面描写と言いました。

田山花袋のような人は、今になるとあんまり問題にしませんけど、よく読んでみますといろんなことを考えておったんですね。丁度今の若い人が、アンチロマンかなんか読んで、それからちょっとものを考えて、ああだこうだ理屈を言おうとするときと似たようなことを、花袋は自分であみだして言っています。まあ秋聲はあまり口に出して言わない人で、実行しているだけですけども、風俗的なものを取ってしまって考えてみると、全く日本人風にだが、似ているんですね。むしろ独特の面白さがそこにあって、ぼくは秋聲なんかのような書き方にもこれからむしろ、皆勉強すると、「ああこれは面白い表現方法だな」と思われるようなものはたくさんあると思うんですよ。秋聲は自分の人生、生き方、考え方、つまり、その内容からその方法をあみだしたのですね。それが分るということは、私が少しは老人になり、少しは成熟し、あるいは衰えたのかも分りません。だが私はいくらか、物が分かってきたのだとも思います。私は自分の力で古いもののよさを感じるのですから。私は狂人じみているかもしれないが、それだけ自分が新しく甦ったような気がするものです。しかし断わっておきますが、秋聲のようなものは書けもしませんし、そんなことあり得ないが、書いたとしたらそれは駄目ですよ。自分が新しい秋聲になる以外方法はないのですから。

　さて、ここで、混乱するかもしれないが、あなた方が高校か予備校かで英語の勉強のために読まれたロバート・リンドという人の「アーギュメント」という題のエッセイの話をしましょうか。この人はアイルランドの人です。それで初め国粋主義者だったんですかね、社会主義者から国粋主義者に変ったのかな、とにかく思想にいろいろと変化を起した。しかし、「自分は理屈でなったんじゃない」と言うんですよ。考え方の変化というのは、こういうふうになったんだからこうなる、という理屈ではなくして、突如として変ることだってあるんですね。たとえ本を読んで変ったにせよ、おそらくそれが本当の理由ではないことが多いでしょう。ですから例えば、私なら私が人に対して、どうしてぼくが変ったのか、といくら自分のことを言っても、人には通じないかもしれませんね。そして考え方の変化というのは振り返ってみると、もともと正反対の考えを持ってることもたくさんある。ですから、いかにそのアーギュメント〔議論、論証〕ってやつは当てにならないか、と言っている部分があります。要するに、ある人が今現在こういう考えを持っていると、いくら言おうと思っても、その反対の考えを持ってる人は、ほとんど説得できないってことですね。……しかし書くものは、なんとか一人でも多く説得した方がいいんです。いずれにしても、なかなか自分の文学観はこうだとか人に言っても、反対の人、言い負かしたいと思う人ほど、うんと言わない。これはもう、そういうふうにできてるということですね。

　さて、いろんな話しましたけど、うん、もっと混乱する話、しましょうか。それはですね、つまり、簡単にいかないってこと。今日はそういう題にしてくださってもいいんです。

　最近、カナダのある大学で、ずっと十五年間日本の文学を教えている、ある日本人が来まして、話をしておったら、その人の日本文学観を語ってくれました。例えばこんなことを言ってまして、語弊があれば後でカットしますけどね。今までいろんな日本の思想家に来てもらって、学生に話をしてもらった。そうしましたら「日本の思想家、評論家の理論的に話す人ほど、理論的じゃない」と言うんですね。つまり、日本で理論的だと思われている人ほど実は理論的じゃない。なにも評論家にかぎったことではなく私が言ったにしても同じことにはなるんですが、イギリス、カナダの人にはそう見えるって言うんですよ。つまりむこうの人の理論というのは違うんですね。体系の立て方から何から総てが違う。だから我々にとってはさっきの禅宗のお坊さんのようなところがあるんです。日本の評論家は外国の影響を受けていますから、理論的に言おうとして、それでかえって分らなくなってしまう。むこうの人は禅宗のお坊さんが「坐ることだよ」というと分るんですね。しかし日本人が西洋風な言い方でもって理屈をつけると、そのちゃんぽんになっている具合が、なんかひどく奇妙なものに見えて結局分らない。

それと、日本の会話のしかたは尻とり式だって言うんですね。ぼくが「AはBである」というようなことを言う。そうするとむこうの人は「AはCである」と言って議論が起こる。ところが、日本人は「Bは何とかである」と、ちょこちょこっとお尻の方の話をするわけですね。「皆、お尻を取って、お尻を取って話をするんで、堂々と向い合った話し方じゃない」と言うんですよ。「小説もなにもかも全部そうだ」と。ですから「日本人はそういう尻とり小説に徹したものの方が分りやすい。そうでない小説は面白くないし、日本人らしくないし、中途半端で何言ってるんだか分らない。というふうに私も思うし、どうもむこうの人もそう思う。そういうふうに書かれた小説の翻訳の方がずっと、時間をおくとむこうの人にはよく分るし、理解される」と。どうもそう言われると面白くなくなっちゃうし、しゃくにさわるところもあるんだけれど、まあそういうふうに言っていました。ええ、私はいろんな話を出しましたでしょう。そうしますと、私の言ったことがぶつかりあったり、変なふうになりますね。これも日本人的な、ぼくの誠に日本人的なぼくの考え方なんですよねえ。つまり、いろんなものがごちゃごちゃってあるのが好きなわけですね。あなた方は迷惑だろうけれど、これをどこかに結論づけますとなんだか嘘をついたみたいで誠に居心地悪いですよ。皆さんお疲れになりましたか。

それからもう一つ。これは私の身近な人の話で申し訳ないんですけどね。ぼくの友人で若い人——若いといったってあなた方の年の二倍くらい、もう四十くらいになる。言葉について非常に関心のある人で、いろんな研究をしてるんです。新しい文学の研究もしてるし、小説なんかも書こうとしてるし、芝居も書いたことのある人です。その人が最近小説を書きまして、ぼくに見てくれと言うんです。百枚くらい見せてもらいました。そりゃいろいろ勉強をした人だし、なかなか面白いものを持った、いかにも現代の書斎人のような特徴を持った人なんですね。そこに書かれているのは、言葉について考えている人たちが言葉について喋りあっているとか、あるいはそういう人たちの、そういう男の目に写っている視覚の世界、フランス文学に出てくるような世界が、いろいろ書かれているわけです。ところが、どうも読むと面白くない。何かどこかの理論をもとにおいて書いたみたいで、作品としては面白くない。ぼくはこういう言い方をした、酷だけどね。「こういうものを書くときは、見本を圧倒するくらいの、あるいは見本を忘れさせるくらいであれば結構だ」とね。それでは忘れさせる一つの道は何か？　こういうことを書いた人間を書けばいいんですね。つまりこういうふうに考えておる人間、ものを見て「ああこういうふうに写るぞ」だとか、「言葉のことはこうだぞ」とか。そうすると奥さんが「あなた何考えているの」と来るでしょう。「おれは言葉のことを考えているんだ」。すると奥さんは奥さんで、別なことを考えて喋っておる。全然くい違ってしまう。だからぼくは意地が悪いようですけど、「君の救われる道はそれ一本だ」というんです。君という人間を書くことなんですね。君という人間はひどく特徴がある。現代的なんです。「君はねえ、ぼくらが見ると良い一つの材料で、本当にもったいないような人物なんですよ」。それから彼はこういうことを言うんですよ。「街を歩いていてもデパートへ行っても、『あいつは教師だ』とすぐ分る自分が嫌でしょうがない。自分が教師だって見られているかと思うと背中がもう嫌でしょうがない」。だから私はこう言います。「君はね、そういう人間を書けばいい。だけども、君は自分の背中を見られるのがいやだという気持でいるから書けない」。そうでしょ。小説というのは背中を書かなきゃいかんわけですよ。そこに難しい問題がある。だから紙一重のところで切り替えれば人物化されるわけでしょ。ぼくはそう言うんです。

私、あなたが今日なら今日、生きているということだけは間違いない。これはまさに今風に生きて、生きてめしを食って、ああしてこうして生きてるわけですね。この生きてるところの存在の仕方ってものを、どう見るかということですよ。これは間違いなく現代なんです。ところがそれを見るときに、変な尺度を持って見るから、型にはまってしまうことになる。それを人物化する紙一重のところで、自分を見るどこかで、さっと切り離してしまうことができればいいが、そう簡単にできるはずはないし、しかも出来なければ小説家ではない。あるいはできないから、私はこういうことを彼に言うんですよ。その友だちにね。「君が今書いてきたでしょう。これは、君は作者として書いているんだ。それにここでちょっと言葉を入れると人物になる。だから君がおこがましくも作者と思って書いているのを人物化するには、ちょっと二、三行入れると変っちゃう。例えば、書斎の中で言葉についてものすごく考えている。例えば宇宙について考えている。それは作者がかなり良いことだと思って考えているわけです。それをそう考えている男として見れば、とたんに人物化ができるでしょう。つまり、背中から見ることとですよ」。

それは実は容易なことじゃないんですよ。ぼくがそういうことを言いますと、「ああそうか。複眼ってことか」「目を二つ持てば良いってことか」と簡単なことを言いますが、そんなことじゃない。もっと身を切るようなことですよ。そうやって自分が一番大事だと思っていることを切り離すんですから、難しいんですけれど、それをやればどんな状況からでも、文学の新しい材料というやつは、まさに自分というものが存在する以上、それを元に考えてゆけばあるかもしれないですね。難しいけれど、ぼくはそれこそ、禅の話じゃないけれど、紙一重だと思いますよ。しかしおそらく、これを読む文学青年や評論家は誤解するでしょうね。これはたぶん芝居の精神というものでしょうが、このことについて話しだしたら諸君はもっと混乱するでしょう。これで突如として終りにします。（拍手）

編集部　では質問に移りますけれどよろしいですか。

学生　あのう、『抱擁家族』を読んだんですが……。

小島　なるべくぼくの作品のことでない方がいいんですが……どうしてか言いますとね、自分のことだから説明を非常に上手にできることはあるんですよ。あるんだけど、あんまり面白くない。本当は別なことにしてくださいよ。いいや、ぼくは寛大だから宜しいですよ。まあ、たとえばどんなことか言ってごらんなさい。

学生　文庫本で『抱擁家族』を読んだんですけど、年譜をみると、実際あったことをお書きになっているようなんですが、ほんとうにそうなんでしょうか。

小島　さあ、そういうふうに思いますか（笑）。そういうところもありますね。ちがうところもありますね。いろいろあります。そうですね。まあ、同じであったり違っていたりする。そこのところに、いろいろな操作や肉化があります。どうか、ぼくの講演の最後の「人物化」のところを参考にして下さい。もっとくわしいことは喫茶店かどこかで話してあげましょうか。

学生　先程のお話の、外国の文学をとりいれることですが、現代のたとえば大江健三郎とか倉橋由美子とか、皆すぐ真近かに外国の文学をとりいれています。それで成功しています。その辺をどういうふうにお考えになっているか、まずお聞きしたいんです。もうちょっとかいつまんで言うと、たとえば大江健三郎がああいうふうに、倉橋もそうだけれども、それぞれ何を取りいれてるかというと、要するに外国の人の文体を日本で取りいれているような感じがするんですね。それがもし文壇にパスしないような状況ができ上っているとすると、日本の文学界における文体というのは、どういう概念なんでしょうか。その辺、どういうふうに考えていらっしゃいますか。

小島　そうですねえ。これは、今に始まったことじゃないですね。昔から、たとえば二葉亭が――いやもっと前、江戸時代からあります。中国との関係もありますしね。だけどまあ中国のことより明治から後の方が、いろいろと歴史的に正反対の生活をしてきたことで、いろんな問題がありますね。皆さん、一般的な問題だと思いますから、ゆっくりと時間をかけますと、たとえば夜、映画でもいいですけど、南北戦争の頃の西部劇を見ますね。そうすると、あの西部劇に描かれた時代は日本ですと明治よりちょっと前です。百十年か二十年前ですか。西部劇に描かれているものの考え方と、今のアメリカのものの考え方とは、あまり違わないですよ。思想からいっても違わないかもしれないけど、ものの考え方もあんまり違わない。ところが日本の場合の百何十年前の場合と、今あるいは明治の、とにかく今は随分変っていますね。そういう具合に日本の特殊事情というのは非常にあるわけです。そこを一生懸命になって取りいれてきて、相当な効果をあげた人はたくさんいる。二葉亭がそうなわけです。ところが、なかなか効果をあげきることはできなかったんです。その事情も詳しく説明すると面白いんですけど、まあそれはよしましてね。

それから藤村という人も、文体からいけばかなり取りいれていますね。大江さんが取りいれた、あの取りいれ方と根本的に非常に似ているところがあるんです。つまり、今の外国と日本語の文体の関係と、藤村の時代とその時代の外国の文学との関係と、非常に似ているわけです。それで独特の雰囲気も出てくる。鷗外とか漱石のような人も皆それを取りいれてきましたね。それから今度は翻訳の文章の面白さを文体として、井伏鱒二なんて人は、むこうの人の日本への紀行文、ゴンチャロフだとか、ペリー提督のなんとかの航海士だとか、そんなものの翻訳と非常に似た文体です。文体はとにかく取りいれられてきているんです。

だから大江さんや倉橋さんなんか、あれだけの実績をあげている人がいるということを、ええ、まあこれは一口にどう言ったらいいでしょう。さっきの話と矛盾しますがねえ。そういう方は何人くらいいらっしゃるかなあ。あとは大庭みな子さんがそうでしょう。詳しいことを言いますと、大江さんの場合は、まだ人間が非常に出てくるんですよ。人間の動きがね。初期の頃の作品でも、どういうものの影響をどう受けたか、彼は結局あの時代ですから、実存主義的作品から影響を受けていると思いますし、その後はアメリカの小説から大いに影響受けてますね。倉橋さんにもいろいろあります。時期によって違いますから、当り前のことです。大江さんの小説は、だいたい普通の小説風なんですよ。あなたがたが今勉強している小説とくらべると、普通の小説なんです。それからアメリカの小説、これは小説的な小説ですから。アメリカの小説は非常に小説ですからね。これはどうってことないんです。倉橋さんの小説も最初の頃は昔通の小説風のものですし、最近いろいろ工夫してやっているけれど、非常に寓話風にしてみたり、幻想風にしてみたり、いろいろやっていますね。だけどもあの人は才能がありますのでね。自分の話をある程度作って、組み合わせをしています。やっぱり自分の方で料理していますね。自分の非常に強い個性をもとにして小説を造っています。だから料理の仕方が、大庭さんでもそうだけれど、自分のかなり強烈な個性でやっておりますのでね。そういう、どこがどう外国のものを模倣しているからだめだ、というふうには言わせないところがありますでしょう。

学生　でも、ちょっとぼくが聞いたところでは大江健三郎の初期の文章は、ガスカールの翻訳の文章というのに……。

小島　そっくりですよ。ガスカールに似てますよ。しかし、まことに好都合なことに、書かれている素材や事件は、戦争直後の日本ふうのものです。それにまともな小説ふうの小説で、小説に描くべき世界を信じています。方法のために書いているわけではないのです。ガスカールがすっかり駄目になったのは何故か、ということも重要なことです。

学生　それから、庄司薫というのは、サリンジャーの『ライ麦畑でつかまえて』と全く内容から文体まで、全部そっくりなんですね。

小島　似てますねえ。あのくらいそっくりだということは、本物とは違うということでしょう。模造品でも上等なのがあります。本物よりとっつきやすいこともある。何しろ風俗が日本のものだから。だから、あれは庄司薫の才能でしょう。あなた方が庄司君ぐらいの才能があればそれでいいじゃありませんか。『ライ麦畑でつかまえて』、あれは書きやすい小説なんですよね、サリンジャーとしても。あれで非常に圧倒的な人気を得て、それから俄然変ってゆくわけですね。誰でもああいう小説は書ける。書きやすいんです。できの良い悪いは別としてね。高校生でしょ、主人公も。高校生を主人公にして、大人の世界を遍歴してなんとかかっていう小説は書きいいんですね。年齢《とし》相応が難しいんですよ。例えば三十五になった人が三十五の年齢のものを生き生き書くことが難しい。たいてい生き生きしなくなっちゃうんです。中年風になっちゃって。ですから、サリンジャーもあれは非常に小説ですよね。いわゆる小説。小説でしょ、あれ。小説として瑞々しいですよ、作品は。俗語が入ったり、非常に楽に書いて面白いですね。小説否定じゃないでしょう、あれは。

学生　大江健三郎や庄司薫の場合があんなふうだとすると、ぼくなんかの年代になるとやっぱり同じ尺度なんだろうけど、ヌーヴォーロマンのあたりにしちゃうような気がするんです。しかしそういうふうにぼくたちが小説の中に取りいれていくとしても、要するに、懸賞小説でぱっと落とされちゃうかなあと思っちゃうんですけど。

小島　そうねえ、されますねえ（笑）。サリンジャーの模倣であればどうしてもパロディ化になります。そういうのがやりやすいですし。そしてね、それならパスします。パスするどころか、もうちょっと程度が低くても、ちゃんと小説になります。小説ですから、元が。ところがヌーヴォーロマンのようなものになりますと、これは相当、元に小説的な素養があったうえでやる場合には、様々な変化がつけられるかもしれないし、小説構成の非常にうまい人が、逆にあれをやるとかいうんなら別としましてね……ええ、まあそれでも、いろいろやった方がいいですよ。私はさっき、そういうことは言いました。言いましたけど、なんて言うか、まあぼくらが、こちら側からエスタブリッシュメントを言っているだけですからね、あなたがたはやりたいものをやればいいんです。やればいいんですけどね、こういうことなんです。

　アメリカの小説というのは、まだ小説をあきらめていないんですよ。ですからひどくおおらかなんです。おおらかで、ヨーロッパの小説のある時期の応用をやってるわけです。アメリカって何でもそうですから。全部、ヨーロッパのものを持ってきて応用している。ところが、いかんせんアメリカというのは小説の材料がいっぱいあるわけですよ。その点、アメリカにおいては、ある種の小説は生き生きして書かれているわけですね。そういうものを取りいれて影響を受けて書くのには、わりあい、アメリカの小説はまだ具合がいいんじゃないですか。イギリスの小説は正直言って、アメリカの模倣ですからね、いまや。最近のイギリスの小説はたいしたことない。まあアイルランドの小説は別にしましてね。これは相当、行き着くところまで来てしまっていますから。むしろそういうものを取り入れようとしますと、自分の寿命を縮めるようなところがあります。

だけども、ここのところは難しいんですよね。いったい小説というのは、どういうものでありえるのか、ということは全部は分らないんですよ。その国によって分りませんしね。われわれが小説という場合には、日本人でありながら外国のことを考えていますしね。なんか混乱がありまして、分りませんけれど、まあ安全なことはアメリカの小説が安全ですよ。お手本になさるんなら。

学生　さっきから文体という言葉を使っていらっしゃるけれど、それはどういうことですか。たとえば散文というのは、西洋の文学においては、詩というものに対する歴史的な意味あいがあるんでしょうが、例えばむこうの作家の模倣ということにおいて、文体という言葉がどういった意味で使われているのか、漠然としているんです。

小島　それは漠然としていますよね。それをもしやれば文体論を一冊書かなきゃならない。だいたいこのくらいでわかるだろうということで言っているので、本当はまずいかもしれませんね。あなたが文体の基礎として詩のことなんか出されたので、具体的に申しますと、これはまたいよいよ複雑にするようなことを言いますけれど、我々の小説だと日本の中で、外国の影響を受けながらいろんなものがでてきた。たまたま井上靖さんがおととい講演なさいましたけれども、井上さんの場合には詩があります。井上さんの叙情詩と井上さんの小説とは非常に似たものがある。それからまた、野間さんみたいな詩を書いた人もあります。そういう具合に、その人の詩を読むと小説が分るくらいの関係がやっぱりあるわけなんです。そういう繋がりが非常にあるんですが、外国の人の詩と日本の人と詩とを比べてまず考えてみると、本当は面白いと思いますね。そこから文体を考えていくと、あなたのおっしゃったように恐らく違いがあるんです。

　それが根本の問題になっちゃうかもしれませんけれど、アメリカの話をしますと、これも幾色も幾色もあるんですけれども、例えば最近の作家でアップダイクという人がいますね。今年日本に来ました。この人はやっぱり詩を書いている人で、小説もいろんな比喩を使ったりレトリックが非常に面白くて、それで読んでいけるんですが、この人の詩と非常に似ているんですね。つまりこの人があることを言おうとするためにいろんな小道具を持っていて、その小道具をうまく使ったり、それをまた描写していったりする、その書き方がその人の詩の場合と似ているわけです。それで言葉の響かせ方や暗示の仕方なんかが、全部詩と同じなんですね。つまり詩を書く時になにかものを摑むその骨格ができていて、その骨格でできた文体を使って小説を書いている。そうしますと、非常にアップダイクという人は頭のいい人でですね、なにかこれなら小説をちゃんと書いていけるだろうな、という安定感が文体の中にもあるわけです。日本の人が日本式の、多少伝統のある文体を使ってやる場合にはまた、そうなるかもしれませんわね。まあそういうふうに比較できるかもしれません。さて、今あなたの言ったこと、どういうふうに説明しましょうかねえ。

学生　ぼくの言った意味というのは、文体とかそういう、どちらかと言えば……。

小島　ぼくは文体とは言いませんよ、ぼくの方からは。

学生　書くということは、それこそ身を切りさいなむような行為で、けっして生易しいことじゃないと思うんです。つまり、文体というのはあっちこっち変えられるような、そういった形で存在するものではなくて、言ってみれば書く人ごとに固有にそなわっている、その人だけの一種の可能性のごときものではないのか。それはただ自分の意志で、こだわりなしにあっちからもってきて用いるというようなものではないと思うんですが。

小島　ああそうですか。あなたのいう通りです。あまり暑いものだから取りちがえたらしい。文体は簡単に変えられたりしませんね。にもかかわらず、つきつめたとき、その文体が異なった意味に変化します。これは広い意味のドラマと関係があるわけですが、でもむつかしいことです。経験がないと分からない。しかし運動の選手はこのことを経験するのではないでしょうか。

学生　去年、授業でヌーヴォーロマンをちょっと数ページ読んだんですけれど、そこでやっぱり問題になるのは、時制とか人称とかそれらの関係の仕方の問題だと思うんです。だから日本語を例えばフランス語なり英語なりと比べた場合に、全く構造自体が違っていることがあるんです。日本語の場合なら例えば〈私〉と〈あなた〉という二つの人称代名詞をおいてそこに助詞を加えることによって、なんらかの関係性が浮び上ってくるというようなところがありますね。ところがフランス語だったら動詞のコンジュゲゾン〔活用〕によって出てくるというような、違った点があるわけです。文体ということで問題になっているのは、実はこういったところにあると思うんです。文体が基本的にあるんじゃなくて、考えたり書いたりする日本語の実践のあるところにしか、文体というものはないんじゃないですか。だからそういったところで誰々の文体の影響が強いとかなんとか言われても、ちょっとチンプンカンプンなところがある。その辺のところを明確にしていただきたいと思います。

小島　誰々の影響があるといったって、あなたのいう意味ではたしかにいいかげんのものでしょう。それを明確に、こんなところで短い時間で出来ませんね。明確にして何になるものでもありませんよ。あなたのいう通りです。実践の問題ですよ。大ざっぱにいって、あなたが教わったようなことは知っていたうえで、身のふり方を考えるぐらいの方が宜しいでしょう。私がいうのは平凡なことです。自分自身の必然から出てくるものが少いものは、つまらないということです。どうか、あなた方の前からもっている意見や、友人の意見をもとにしないで、私の今日の話の中から汲みとって質問して下さい。

学生　ちょっとその前に失礼ですけれども、あの、今の要するに外国文学の影響なんですが、今日本で書いている、例えば、〈わからない〉小説家、〈わからない〉小説の作者たちの中で、外国の新しい文学、特にヌーヴォーロマンなんかの影響が非常に濃いと思われる作家はどういう人がいるとお考えですか。

小島　いや僕は、むしろそれを専門にやっているあなたがたの方に聞きたいですよ（笑）。

学生　例えばですね、福永武彦さんの今度の小説は明らかにヌーヴォーロマンの影響があると思うわけです。

小島　うん、それはあるかもしれません。まだ今のところ読んでいないので分からないけれど、もし立派な作品だとしてもヌーヴォーロマンの影響の部分がいいかどうかは分かりませんでしょうね。誰でも普通の物語は書きにくくなっているという意味では共通点を見出せるでしょうが、それだけのことです。吉行さんの場合もあなたはいいたいのでしょう。しかしどうですか。吉行さんのあの景色を書く書き方は、もともとあの人ふうのものです。それに現代作家の多くは景色しか書けなくなりました。勿論広い意味での景色ですが。そしてそれは不思議なことに、もともと日本的でもあるのです。

学生　一応福永さんの場合に話をもどしますと、福永さんは小説家としての非常に長い経験と、それからさまざまな方法と形式の積み重ねでああいうところにいて、確かに立派なものを書かれたと思うのですけれども、それと同時に何と言うか、何もかも分かりきって書いていて、そしてうまく工夫して実によくできている。しかし、ぼくたちの世代がもしヌーヴォーロマンに影響されるとすると、そういう形ではなくて、今までの小説を読まないで、いきなりヌーヴォーロマンを読んで、これだ、と思うようなことが起こりうるんじゃないかと思うんですね。そういうときに、本当にそれがその人の世界観とマッチしたような場合だったら、またもっと新鮮なものが生まれてくる可能性がありはしないか。まあそういうふうに、多少さっきの人のような考え方になるわけですが。

小島　そうですねえ。私も、そう思いますよ。結果をみてみなければ分かりませんけどね、やっぱり何と言うのか、若い人には必然性が恐らくあると思うんですよ。本当に染み通るように入ってゆくとすれば。そういうものが生まれてきたいろいろな歴史的な条件は変っていても、いつでもそういう一種の違いの中から影響を受けてきたんですから。明治以来ね。それである程度の面白さは取り入れてきたわけですよ。だからぼくは相当の効果を発することもありうると思いますしね、そしてそれは能力によると思います。思いますけれどもね、なににしろ、そうですねえ……わたしはあまり期待しない。

学生　新しさを求めるための意匠として取り入れるのではいけないということですね。

小島　勿論そういうことです。そのことを申し上げつづけてきたわけです。一般にいって沢山のものを放棄した小説の書き方をする以上、放棄する必然性が小説を豊かにしなければならない。しかし僕は正攻法でいい過ぎました。別ないい方をしましょう。僕は意匠でいいと思うんですよ。つまり意匠から入るなと言ったって、それは魅力の非常に大きな部分だと思うんです。結果はやっぱり才能の問題だと思う。どれだけのものが付くかは、それは結果の問題であってですね、それ以上のことはわたしがしゃべり続けたことから察して下さい。

学生　先生の『抱擁家族』を読んだんですが……。

小島　うん、ぼくのことは（笑）。どうしてかと言いますと、ぼくの小説についてのことは、小説を読んであなたが考えればいいんで、まあ、いろんな人が批評してますしね、僕も自分で書いていますから……。

学生　そうじゃなくて、島尾敏雄の、特に『死の棘』とか『帰巣者の憂鬱』とか、家を統制している要素が無くなっちゃって、そういうことで家の崩壊が来るところに共通した点があると思うのですが、島尾については、どう評価していますか。

小島　ええと、どう評価すると言っても、あれですねえ。ぼくは『死の棘』とか『帰巣者の憂鬱』とかが出たときに、感心もしました。ただ、ぼくはああいうふうには書かないと思いました。ぼくはもっと世界を造ります。で、世界を造るのが小説家としての自分の仕事というか、好みだと思っているのです。自分自身の意味あいの世界を展開する方向にしたいと思いますね。世界を造り損なうことは多いけれども、造り損うかどうかは別のことです。そういうつもりでいるから、ぼくは今ここでこういう話ができるんです。

いいですか。あなたたちにはぼくがさっきから多少曖昧な話をするように見えても、いろんな話を出して、「こういうふうにも見られますよ」「ああいうふうにも見られますよ」「こういう見方もできますよ」と言っているのは、ぼくは、世界はこれだけいろんなものから成り立っている、世界は一人だけのものじゃない、ってことなんですよ。世界は二人以上から成り立っている。そういう考え方が元になって喋っているし、そういう考え方でもいるわけですね。才能とか作品のよしあしの問題とは別のことです。ですから、才能が非常にあってもですね、ぼくとは違う考え方の人はたくさんいるでしょう。自分が歩いてゆくときは、世界は自分一人だと思って歩いてゆく。ぼくはそういう仕方はしないんですよ。そういう人も、そこでぶつかるわけです。そのぶつかる世界を書くだけでも世界はできるんですよ。大ざっぱにいってのことですし、島尾さんの作品のことをいっているわけでもないのですが。むこう側に立ってみたり、ああしてみたり、さっきぼくはこうやって見てたでしょう。そういうふうに、いろんな面からものを見るってことを小説でもやるのです。ですからぼくが相手のことを書かないように見えても、相手の目から書いてるんです。ただぼくはそう見せないようにやってますから。

編集部　この辺で討論を終ります。どうもありがとうございました。（拍手）

カフカをめぐって

（国分寺市恋ヶ窪公民館にて　一九八三・一・十一〜十二）

暗い小説？

ひょっとしたらカフカという人については、読んだことがないというのならいいですが、拒絶反応を持っている方もあって当然だと思うんです。それでじつは、いろいろと気が引けるところも私にはありました。

私は十年ぐらい前にもカフカの『変身』の話をしたことがあります。それは二回か三回に分けてやった。そのあとで感想の文章を書いてもらったら、ああいう暗いものは嫌だというふうに書いてきた女子学生がいました。この前、その講義の感想を見返してみましたら、たしかに暗いと言う人は何人かいました。まあ、ある意味では非常に暗いといえば暗いですが、彼の小説はじつは暗くないように書かれているんです。小説ですから、暗いものをそのまま暗く書くということはないですよね。

カフカという人は小説を明るく書いている人なんです。ですから恐ろしいという感じを抱くとすれば、その明るく書かれている点。そういう特徴を持った人ですから、決して幸福な世界を書いているわけではないけれども、あたかも非常に幸福であるかのごとく、浮かれたような調子さえ感じられるような、そういう書き方をする人なんですね。ですから、いわゆる暗い小説ではないんです。先に内容だけ見てしまうと大変なことが書かれているものですから、そういうことはあんまり聞きたくない、見たくないという人もいて当然だと思うんです。特に若い女の人、女子学生ですから。

そういうことを言いましても、カフカのことをよく知っておる方は、そんな話ではなくてもっとちゃんと話しなさいと言われるかもしれませんが、まあそんなことからちょっと入っていこうと思います。

ただし、今言ったような話と関連したことを言いますと、この世の中は暗くないこともないんですね。いろんなことが起こるし、最終的にはわれわれは死んでいくわけですから。否応なしにいろんな問題があって、もうどうにもいかないということがたくさんあるので、この瞬間にもわれわれは、世の中にはさまざまなことがあるんだなあと思う出来事がいっぱいあるわけですね。カフカの小説では、そういうことを全部踏まえて一つもはずさないで、どんなことが起こっても耐えうるようなことが書いてあるわけです。それはまあ、どの小説でもそういう側面はあるわけですが、かならず、どういうことが起こってもいいことが全部書いてあるわけです。そういうことを書く人ですから、書き方としては非常に明るく書くんですね。簡単に言えばそういうような書き方なんです。といっても、暗いからではなくて、この書き方についていけないと思う場合はかなりあるかもしれませんね。

夢のような

カフカという人はチェコの作家ですが、文章はドイツ語を使って書くわけです。日本での翻訳は戦後、昭和二十年代からずっとありまして、最近はまたいろんな人が翻訳をして、今度はあらためて新潮社から全集が出ているわけですね。その間にも、まだ翻訳されていなかったものが翻訳されたりして、最近ではもうずいぶんそろってしまった。ですから皆さんお読みになった方もいらっしゃると思いますけれども、お読みになっていない人ちょっと手を挙げてください。……そうですよね。名前も聞いたことのない方いらっしゃいますか？　……名前は聞いたことある。おもしろい名前ですからね。

カフカは自分でも日記に書いていますが、「カフカ」というのはチェコ語でカラスという意味らしいですね。ヤヌホという若い青年との対話（『カフカとの対話』）によれば、カラスといっても木に止まったり屋根に止まったりするようなカラスではなくて、部屋の中や自分の頭の周りをヒュッヒュッと飛び回っているカラスだという。カフカの小説にはKという名前で彼みたいな人物が出てきますが、そんな自分と同じの名前の鳥が、頭の周りをぐるぐる巻くんだ、カラスとはそういう鳥なんだよ、というふうに言っている。これは何を言っているのか、わからんと言えばわからないんですけど。日本との関係で言いますと、僕たちがカフカの作品を読むようになったのは昭和二十年代の後半、最初の翻訳が出たころからだと思うんですが、実際は日本でも戦争前から読まれたことがあったらしいですね。限られた人がおそらくドイツ語で読んだのではないかと思いますけども。実際、カフカが世界的にブームになったのは第二次戦争のあとなんですね。その理由はいろいろあるでしょうが、非常に端的に言うと、カフカが夢のような感じで書いた文章なり小説が現実に起こったという、そういうふうに受け止めるようになったらしいんです。それでブームになって、いろんな思想家がいろんな言葉を使って褒めたり意味を解読したりした。そういうものが全部日本に流れこんできたわけですが、当時の僕らがはじめて見たときの、その時代にふさわしいようないろんな解釈で解説がしてあったわけですね。

　われわれは特にそういうものとしてではなく、自分の勘でおもしろいなあというところもあって、とても読みにくいと思いながらも、これは非常に新鮮なものがあるなと思ったんですね。昭和二十七、八年のころ、僕はまだ三十代後半。「朝日新聞」の文化欄のコラムに一枚半か二枚の原稿を頼まれたとき、この人の小説は夢のようだということを短い原稿で書いたんですね。ここで夢というのは悪夢というような意味なんですけれども。ところが当時は、夢のようだといった言葉でカフカの作品に言及すると非常に具合が悪かったんですね。あなたはカフカという作家をまったく理解していない、これは実存主義的な小説である、とそういうふうな投書が僕のところに来ました。そういう時代だったんですね。これを悪夢のような小説だという程度に評価してはいけない風潮があった。いつの時代でもそうですが、何かそういう言い方でもって強面《こわもて》で来て、そして強いるというような、そういう言い方をする傾向があるんですね。

ヤヌホとの対話の中ではカフカ自身、自分の小説が悪夢に近いということを認めているんですね。ヤヌホもそういうことを言っている。それからカフカの日記を読むと、この中に出てくる短い文章の中で、ゆうべ夢を見たという。その夢は、やはり作品と非常に似ている世界なんですね。カフカはよく夢を見た人らしいんです。父親がこうしたああしたという夢を見たり、自分が本当に殺される夢を見たりした。小説に書かれているのとかなり似たような世界です。日記では夢の話の他にも、いろんな角度からいろんなふうに、年月を経ていくうちに出てくるさまざまなものをあつかっているんですね。

戦争と日常

ですから、非常に大雑把なようだけれども、僕がそのとき端的にああいった感想を書いたということは間違ってはいなかったわけなんですね。それ以外の言葉で言おうと思っても、つかまえどころがなかったということもあるんですが。それでいながらなぜそういうものをおもしろいと思ったかというと、それは私だけではなくてかなり多くの人が思ったんです。私の場合は思っただけでなくて、何か自分の創作の参考にしようとしたんですね。つまり、自分もこんな世界を書けないかと思って書こうとした一人で、結局それは長続きしなかったわけです。書こうと思った理由と長続きしない理由を、これから経験として話そうと思います。

私だけではなくて、そういう人が当時は何人もいたわけですが、ほとんどの人はカフカ的な小説を書くのをやめてしまった。これは日本だけの話ではないんですね。世界中で、もう非常に、ちょっと見ただけでカフカだというような雰囲気のある、要するに「カフカ的」という小説が氾濫したんです。

なぜそういうことを皆が考えたかというと、われわれは戦争というものを経験した年齢なものですから。戦争に行く前は、普通の日常生活にしか関係を持たない僕たちが本来するような生活の仕方しかなかったんです。ところが、そういう人間が中国へ行って違うところを見たり、自分のやっていることが何か大掛かりなものと直接的につながっているという、この変な感じ。それでいて、周りはまったく見えないわけですね。もどかしいような、それでいて全体と組織の中の一人としていたということ。そして結局は、わけのわからんうちにああいうことになっていく。戦争の開始だという。そういうことの中で、見通しがきかない状況、個人と周りのものとの関係、あるいは全体の大きさに目が回って、それがつかめないなりに、何かそういうもの全体を使わないと、つまり書き甲斐がないと書いてもだめじゃないかという、そういう感じがなんとなくしておったんです。ともあれ、最初は書くことの材料があったわけなんですよね、曲がりなりにも。

　ところが、戦争が終わって、あっという間に日常生活だけになってしまった。そのとき社会的なことに強いつながりを持っていたのは社会主義の関係の人などですね。彼らはその中にすでにいますから、みんなして考えて、少なくともある組織の中にいたわけですね。だから観念的にはそういう世界にいた。社会主義的な見方で世の中の仕組みを考える。一方でわれわれが最初、素朴に戦争というものの中に入って行って感じたのは、個人生活の、自分の家族や、何かもっとこう、みみっちいものであったり、それから、こうしなきゃならないああしなきゃならないというようなことではなくて、見ようとしても見えないような、そういうところであったわけですね。その感じで僕らは書いたわけです。

　ところが、戦後というものはもう一つの方向性を持って、あの戦争はいけなかった、こうである、ああである、というふうになる。戦争はよかったなんてことを思う人は誰もいやしませんが、いけなかった理由を非常に簡単に考えて、ある個人がいけなかったかのごとく考えるような、短絡的にものを考える時代だったんですね。ですからそういう小説は全部消えてしまいました。ところがそうでない小説は、戦争に関するものでもほんのわずか残っています。まあ、僕の書いたものは浮き上がったような三つ四つの作品が残っていますけれども。その小説さえも、そういう考え方は持っていたんですが、それがやがて書けなくなってしまうわけですね。世の中の仕組みに、非常に上っ面ともいうようなところがある。こういうこと言ってはなんだけども、戦争の持っているあの闇のような世界、神秘的な世界を感じさせるような側面というものは、もうつかめなくなってしまうわけですね。たぶん僕はそうだったと思うんです。

それで、私は自分の家族のことや自分の周辺のことなんかも、自分の周りの生活でありながら意味がよくわからないということのわからなさを考えようとして、小説にこれを書きました。ところが、いざ書いてしまうと、特にジャーナリズムの中に発表してしまうと、わけがわからないと思って書いたことが、そこで解かれてしまうわけですね。今度はそういうふうに書いたことが邪魔をするわけなんですね。そういうわけで、それも稀薄になっていって、持続するわけのわからない問題がないんですよ。小説の広い世界ならばなおさらのこと、つかみどころがないといっても、前の「おもしろきかな世界」としての、そういう世界がなくなっちゃったわけなんですね。

カフカ作品の衝撃

そう思っているときに、このカフカという人の小説を読んだんです。僕はこんなことを言っていますが、僕のように思わないで、ちゃんとしたことを書いている人もいたことはいたんですよ。

今私は二つの例をあげました。自分の身近な中での小さい世界だけれども、そこに何か混沌としたこと、何かわからないけれども人間の秘密がある、と思った。人間の秘密を書けば、広い世界の問題も同時にある程度は書ける、そうやって広げていこう——こういうふうに思っていたんです。もう一つは、自分の経験した範囲の中での、もっと広い世界のことですね。いずれにしても、小さいものと、もっと広く大きなものとの間に何か脈絡があって、それを書いたときに自分の今生きている感じがつかめた、とこういうふうに思っておったのに、日常の空間が戻ってきた途端、それがどうも希薄になっていってしまうんですね。

そうやって困っているときに、カフカの全集が出はじめたんですね。それで、読むとわけのわからぬものもあるし、よくわかるものもある。わかるといっても、内容がすぐにわかるようなものもありますが、大多数の作品では言われていることが「こうだ」というふうにはわからないんですね。わからないんだけれども何かしら、これはいろんなことが書かれている、われわれが感じているものにほぼ手がかかっている。手をかけながら、それ以上のことも何かあるらしいが、とにかくいわゆる普通の言葉で言う明晰とはぜんぜん違うんですね。だけれども、書かれたことはものすごく、もう動かしがたいくらいの具体性を持っている。かと思うと、いわゆる明晰な言葉でもって人に説明しようと「こういうものですよ」と言おうと思っても、話そのものをもう一回繰り返さないといけないようなところもあるわけです。それは長いものは違いますよ。たとえば『変身』ぐらい長くなれば筋を話すことはできますが、もっと短いものはカタマリみたいなものなんですね。筋を話すことができないんです。非常に複雑ですぐ忘れてしまいますから。だからもう一回読むよりしようがない、読み直すよりしようがないというふうに書いてあるんですね。

小さなものでも何か知らんけども広いものとつながっている感じが、どんな小さなものでもするんですね。それで、僕が今までやりたいと思ってうまくできなかったことをこの人はやってるなあ、とこういうふうに思ったんです。当時は昭和二十年代で、情報的にも、いろいろのことがまだ入ってきていなかったんですね。ものの考え方が単純ではあったんですが。

たとえば、カフカという人がユダヤ人であるということ。チェコの人で、文章は特別なドイツ語で書いていた。しかしそれはいわゆるドイツ語ではなくて、いろんなものが混じったドイツ語であった、とかですね。こういうことは本の解説には多少ありましたが、それをあまり考えることもなく、しかも翻訳で読んで、何かしらこれは手ごたえがあると思ったんですね。これは手ごたえがあると思ったら、他のすべての小説がおもしろくなくなっちゃう。

これはちょっと不思議なことですが、一つ重大なことだから言いますし、これがあとでつまずきのもとになるときもあるから言います。結局、カフカの小説はわかる、わかった、と思うと、他の小説がすべておもしろくなくなってしまう。それはなぜかと言えば、短いなら短いなりに、全世界が入っているという気がするんです。そういうことに気がつき惚れこんでしまう小説なんですね。すると、自分もそういうものが書きたいと思いはじめるわけです。さっき言ったように戦後、私は小説を書きはじめたものですから。だからこういうものに惹かれるのは当然なんです。

当時の作家たちがカフカの何に惹かれたのか知らないけれども、周りを見回すと、僕のようなのとはちょっと違うんです。今言ったように、僕はもともと、自分の周りの世界の小さいところに関心がある人間で、次いで自分自身の問題に関心のある人間ですが、そうでなくて、もっと鮮やかにそういうものを受け入れる姿勢を持った優秀な作家もいました。たとえば安部公房さんだったり、それから他にも何人かいます。そういう人たちの中には、急に「あ、カフカの影響があるな」と思わせる作品がたくさんあって、そういうのは文芸雑誌にも載ったものなんです。

長谷川四郎さんはカフカの翻訳もありますが、かなりカフカ的な作品を後年まで書かれていますね。『シベリヤ物語』など、戦争の経験、シベリアでの経験を書かれたものですが、これがカフカをお読みになったあとかどうか知らないけれども、まったくカフカ的な世界なんですよね。ですから、戦争とか非情な世界といったものを書くと、なんとなくカフカ的な世界になるんですね。恐ろしいものを背後に秘めた世界で、人間はただ一つの個人となって振り回されてしまう。どうなるかわからない。そういう系譜の作品はずいぶんある。

安部公房はたしか満州におられて、満州に関係したことをお書きになった小説がたくさんありますが、これは普通の小説形式をとっています。安部公房という人は非常に優れた人ですし、頭も非常にこう、……まあ理科的な人で、われわれとはぜんぜん違うんですけれども。いろんなものの影響——アポリネールみたいなのもあったと思いますし、ある傾向のカフカも入るし、たとえば他にもブランショや何か、いろんな人のある種の型の小説の影響をずっと受けてきた人ですが、とにかくある時期にはカフカの影響を受けたと思うんです。これを当時は「抽象的小説」というふうによく言い、僕もそういう言葉を使ったことがあるし、さっそく自分でも書きました。結局、そのことはよくないんですけれども。

安部さんにはいろいろな芝居がありますが、初期の芝居には、ああカフカだなと思う作品がありまして、カフカの小説に出てくる言葉のやりとりがぱっとすぐに浮かぶようなものなんですね。安部さんの場合も、個人を取り巻く周りの世界、個人と周りの世界との関係を描いた。個人を脅かし知らないうちに巻きこんでしまう世界というものに焦点を当てられたわけです。

いずれにしましても、みんなそれぞれ自分流にカフカを受け止めた結果として——まあ影響というのは全部そういうものですから仕方がないわけですが——何かが消えてしまうんですね。何かが損なわれるというのか、そういう感じになるわけですね。僕なんかもちょっとやりかかって、すぐそういうふうになっちゃう。

長篇小説『島』

僕はそういうふうに一応似たことをやって、すぐにそれから逃げ出したんですが、その作品は『島』という題の小説でした。

僕は昭和二十九年度の芥川賞の候補になって、そのあとで「村」という小説を書こうと思ったんですね。九州へ旅行に行ったときに、村の道の話を聞いたんです。今はもう忘れましたが、道をめぐって、いろんなことが行われていくような話なんですが、それを書こうと思った。まあうまく言ったって詳細はおぼえていないからだめなんですが、結局そのとき何を考えていたかといえば、カフカのことを頭に置いているんですね。そうして、ちょっと聞いた話、見た話をもとに考えていくわけです。

こういうことを言うとおわかりだと思いますが、それは外の仕組みの話ですね。村の道の仕組みの話ですね。ここに人間を出してくるにしたところで、もとは仕組みのことを言っているわけです。カフカの小説にもそういう要素がありますから、そういう目で見て、ああ、これをもとにこういうふうにやれば、道に関係するものとか、個人と周りの世界の関係性は書ける、というふうに考えたはずです。あくまで聞いた話の中から、カフカが書いたような感じにつかめるもののにおいを嗅いで、というふうに思っておったんですが、こういうものが小説として力が弱いということはすぐにおわかりになると思うんです。これはあくまで外の問題なんですね。そういうことはまんざら知らんわけではないけれども、あのときの僕はなんとか小説を仕組もう仕組もうということで一生懸命で、それ以上考える余裕がなかったんですね。

そうしておるうちに結局、「村」という小説はよしてしまった。そこで、南の方の……何度線ですかね、とにかく薩南諸島のなんとかっていう島がありますけれどね、……ツルシマっていったかな、よくおぼえていませんが。岩波の写真文庫にその島の写真が出ている巻があるんですが、それを見ると、その場所は地理的に非常に重要なところなんですね。そのために米軍の方でも大事にしているところなんです。琉球はそういう運命をたどるんですが、当時はその島そのものがそういうふうだったんです。まあ僕はうろおぼえだから、真実はわかりませんが。それが頭にあったのか、あるいはそれ以前にあった村の話や道の話から考えていったのか、もうおぼえていないんですが、島々でも国でも何でもいいですけれど、「位置だけが重要であるところ」ということをもとに小説を書けないかと、こういうふうに思った。

しかしまあ、こんなことぐらいで書けるはずはないんです。ところが締切も決まって、位置のために重要である島という、その程度のことで小説を書きはじめたんですね。それ以上考えますと、考えるめどが何もないわけなんですよ。つまり、これが普通の人間関係を書く小説ですと、ある人間に好意を持つとか、気に食わないとか、あるいはこの関係がこうであるとかいった人間関係の中で起こる自分の感情をもとに小説を仕組んでいくといったように、いろいろなことをやっていくのですが。しかし、外側の仕組みだけをもとにして小説を書こうということになると、もう一方の人間関係の仕組みは完全にゼロになるわけですね。それで小説を書けるはずはないんです。書けるはずはないんだけれども、そのときは書いてみようと思ったんですね。そうして、もう締切が近づいてきたせいもあって、考えているうちに第一回がはじまったわけです。

　そのはじまり方が、ある島で何かしら変なことが起こりはじめたというものですね。その前に僕は「音」という短篇小説を書いていて、そういうものの影響があったかは知りませんけれども、とにかく、ある島で何かしら変なことが起こりつつある。これはほとんどわからないんですね。今まで周りとまったく絶縁状態で暮らしてきた島ということになっているわけですから。経験のないことがたくさんあるわけです。そのうちまず、何かしら起こってくる。今まで知らなかった臭《にお》いが襲ってきていたんだ、ということにだんだん気がついていくわけです。ただ臭いだけの問題ではなく、臭いが来たということは遠くに何か原因があるはずで、その何かのことについて、村の人々はいろいろ憶測をするわけですね。そういうところから、村で右往左往しはじめるというふうに書きはじめた。なぜそんなことを書いたかというと私はわかりませんが、そういうことを自然に考え出すような奇怪なことがあったかもしらんですね。これはもともとあったことばかりではなくて、たまたまほとんど思いつきのようにして書きはじめたんですね。書きはじめた以上はそれを書き続けていかなければならないわけですから、結局四百枚書いたわけです。

ところが、そういう簡単なものをもとにして書いていくうちに、やはり何かしら自分の中に巣食っているものが出てきたかもしれませんが、小説が先へ先へ行くにしたがって深まっていくところまでは行かなかったわけですね。ある状況を書いていただけかもしれないです。状況のところはおもしろいんですけれども、それが深まっていくようには、なぜかしらならないわけですよ。それで後半は、別におもしろくはなくなっちゃったんですけれども。

横着な方法

とにかくそういうものを書いたんですが、そのとき、なぜそんな無茶苦茶なことをしたかというと、とにかく普通の小説と違う書き方をしなければと思った。僕が好んでいた、好んでいると思っていた――もうこれはほとんど中毒みたいなものですからわかりません――カフカのように書くには、普通の見えるものの世界を書いてもだめなわけなんですね。

普通の見えるものの世界を書いても、カフカのような世界は作れないと思ったんですね。そうしますと、普通の小説と同じように、目の前や周囲にある、自分の経験したことからはじめるわけにはいかないんですよ。それで今お話ししたような方法をとったんです。まあ、あれこれと説明を押しつけてもだめかもしれませんけれども。とにかく、こんな馬鹿げた方法でもとらなければ、カフカのような小説には近づけなかった。

たとえば、そうでない利口な人だと、カフカにもっと似たような状況を書くわけです。『島』なら『島』に似た小説といいますと、……何があるかわかりませんが『城』だとか、何かいろいろと、もっと短いものがあるかもしれないけれども、そういうものを下敷きに置いて書きますと、すぐカフカになってしまうということがわかっているわけです。ですから僕は何もないところでやろうとしたわけなんですね。何もないところで、カフカにもないことをやろうとしたわけです。そのためには、はじめから経験的にやることができないわけでしょう。だから、自分の中に出てくるものはあるものは出てくるかもしらんというような、あなたまかせの、ある意味で横着な方法をとったわけなんです。この横着な方法は僕は今でもときどきやるものですから。というより毎回やっているかもしれませんが。このときはカフカを頭に置いてやった横着な方法なんですね。カフカのごとくやるような作品を書きたいと思いながら、カフカになるまいと思ったんです。

ところが、ずいぶん言ってきましたが、ほとんどの人はカフカ的にやろうとした。そこが私と違うところですね。私の方法はいいとは言わないけれども、私はカフカの世界を書きたいけれども自分風にやろうとした。日本人風にやろうという気持ちさえもあったかもしれません。ですから、出来は悪いけれども今でも読めるところがあるわけですね。当時の人はほとんどはカフカの真似をしたんです。僕は世界としてはそういうものを書きたいと思ったけれども、真似はしたくないと思ったから、もう苦しまぎれの方法をとったんです。こんな苦しまぎれの方法をとらなきゃならないのがカフカの特徴なんですね。これは世界中でそうなんですよ。

「カフカ的」との苦闘

僕はそれで一応、カフカから離れるところに行ったんです。そしてもう一回普通の小説に戻ろうと思ったら、もう二度と戻れないんですね。さっきも言いましたように、一度カフカを読んでしまうと、それまでおもしろいと思っていた他の人の小説が全部おもしろくなくなったという経験です。カフカの毒を食らってしまった以上、なかなかもとへは戻れないんですね。そして七転八倒して、何年もかけて忘れていったわけなんです。カフカとの恋愛関係をどうにかこうにか整理していって、ようやく忘れることができたというわけなんですね。

そうしておるうちに、それでもときどき現れるんですね。ときどき現れると、どんなわずかなことで現れても、「カフカの真似をしている」とこう言われるくらい、カフカというのは困るんですね。そういう言い方をする時代が来ちゃったわけですね。というのは、流行が去ったということなのかもしれない。

たとえば、Kと出てくるだけでも「カフカだ、カフカの真似をしている」となる。唐突な会話が一つ出てきて、そこで別な世界がぱっとひらめく様子にも、「ああ、カフカだ」ということなわけですね。そのこと自体は悪くないんですが、何かしらそう言わせるものがあるんですね。他の作家にはない特徴があって、それが作品の中で水と油のようにくっきり現れれば現れるほど、そういうふうにみんなが思うんですね。芝居の中でも、ある台詞が出てくると、「あ、あれはカフカだ」。もうすぐにそういう印象になっちゃうんですね。「カフカ的」ということの言葉ははじめのうちは必ずしも否定的なものではなかったけれども、やがて十年もしたら、まったくの否定的な言葉としてみんなが使うようになった。それと同時にカフカそのもののことは忘れられてしまう。

結局、カフカの持っている問題というものはわれわれが真似することはできないし、文学の中でもとりわけ際立っている。それでいて、カフカの持っているよさというものは、われわれに考えさせるところをいまだに非常に強く持っている。もう絶大に持っていると言っていいぐらい持っているんですね。

今の普通の人間の日常生活にしても、――今ここにいらっしゃる方が小説を書こうとお思いになるとすれば、そう変わったことはお書きにならないと思いますが——われわれの生活で変わったことがあったとしても、あくまでこれは普通の人の生活の中での変わったことにすぎないんですね。そう突拍子もないことなんかあるはずがないんです。われわれはそういう世界で生きているんです。そういう世界を書きながら、その中でも奥行きのある、普通なら気がつかない奥の問題まで入っていく。僕らは自分の中に、あるいは自分の経験したありきたりの問題の中に詰まっているものがよくわからない。ある範囲からもっと奥にあって、自分の力ではわからないことを描こうとして、だんだんそれをやろうとし続けているとき、カフカのつかもうとしていたものが小説のどこかにふっと知らないうちに出てくる。知らないうちに、自分でもわからないところから出てくるときは、それはもうカフカを離れているわけですね。逆に「あ、自分のことがカフカの中にあったな」と思うときはちょっと、やっぱりこれは一片でも、くさいぞということですね。

　それにしても、なんでもない生活の中にあるわけのわからないことやそこにある問題を書こう、そういうことに興味を持ったり、それを自分の力で書いて解明しようと思うとき、もしカフカを読んでいなかったらそこまで考えて書かなかったかもしれない。そういう意味でのカフカからの影響が出てきたこともあるかもしれませんね。

いろいろな意味にとれること

これからあとは私のことを少し離れて、カフカそのものの、普通の小説家との違いだとか、読みにくいと同時に魅力があるとすればどこにあるかということを話して、そしてそれは今のわれわれにも関係があるとか、非常に重大であるとか、そんなふうに話を持っていきたいと思います。

どういうところから入ってもいいんですが、カフカの日記をお読みになった方はいろんなことを考えられると思うんです。この日記は長い期間にわたっていろいろな角度から書かれていて、しかし結局は同じ一つのことを言っているだけだと思うんですね。驚くほど一つのことしか言っていない。これはまあ、どういう人でも偉大な作家というのは案外そういうふうなんですが、しかしまた、カフカの場合はちょっと特徴があるんですね。結果から言いますと、はじめからそうはいかんかもしれないけれども、なるべく日記をお読みになった方がいいんじゃないかなと思うところもあるんです。これはまだ一篇の小説として書かれていないために、いろんな面から書かれているわけです。

彼の作品は、たとえば『変身』なら『変身』で、書いてあること自体はよくわかるわけですね。『変身』という作品は特によくわかる。けれども他は作品によって、たとえば『審判』とか『城』になりますと、いったい何を書こうとしたんだろうかなあと思いはじめると、誰かの解説がほしくなってくるわけですね。それはこういうことを書いたんですよ、そういうことを書いたんですよ、これもあるんですよ、四つか五つ出てくるんですよ、とこういうふうになるんですね。そんなふうに「どういうことが書いてあるんだ？」ということは『変身』に対しても思いますが、他の作品ではもっとそう思うときがある。短くてもそういう作品があるわけですね。

　そうなると、いろんなふうにとれることこそが、この人の作品になってくるんですね。もちろん日記にもそういう傾向がありますが、小説となるとなおさらそうなんです。いろんな意味にとれることがこの人の特徴なんです。普通は解釈が一通りになるように書くんですよ。それが小説の明晰さということなんですが、カフカの場合は一通りではないように書いているという特徴があるんですね。といっても日記でさえも、わかったと思った瞬間にまたすうっとわからなくなる。説明してくれるかと思うと、説明がまた別な世界に入っていって、それが物語になっちゃう。説明じゃなくなっちゃうんですね。そういう奇異な書き方をしている人なんです。

『変身』について

『変身』というのは中篇小説ですが、枚数にすると百枚か百二十枚か、あるいは八十枚くらいですか。お読みになったことのない人もいらっしゃるでしょうか。簡単に紹介しますね。

ある朝、主人公であるグレゴール・ザムザという青年が目をさますと、どうも体の具合が変なんですね。起き上がれないんです。セールスマンですから、本来なら起き上がって食事をして、会社へ出かけて行かなきゃならんのに、起きれないんですね。起きようと思ってもどうしても体が動かない。もう時間が来た、時間が来たともがいているうちに、あおりを食って下にドスンと落ちるんですね。それでそのとき彼は、虫になっていたということに気がつく。

この、「何々になる」という話は昔からたくさんあるんですが、最初から何々に変わってしまったというところからはじまる小説は必ずしも多くないんですよ。だんだんあとになると変わっていくという小説はありますが、最初から虫になってしまうとか、なってしまうというところからずっと最後まで虫である小説というのは多くないんですね。この方が難しいわけなんです。

そうしますと、ちょっと僕も細かいことは忘れましたけれども、家の者が起こしに来たんですがグレゴールはなかなか起きてこないものですから、今日は休みにするのじゃないかしらんと思っているわけですね。でも、本人は一生懸命になって、洋服に着替えて行こう行こうと思っている。まだ家族の者は彼が虫になっていることを知らないんですね。そのうち支配人が脅しにやって来る。たしか支配人は部屋を覗かなかったんですね。ちょっと忘れましたけど。まあ、一番おもしろい箇所なんですが。時間に遅れて、支配人が来たというだけでも彼はクビになったと同然かもしれませんが、とにかくそういうところからはじまるんですね。そして彼が虫になったということが、家族の者にもだんだんわかるようになっていくわけです。

それからどういうふうになっていくかというと――。彼は自分が家を支えていると思っている男なんですね。妹がヴァイオリンを練習していて、彼も音楽が好きですから妹に音楽をさせてやりたいと思ったり、いろいろ家族のことを思っている、一家の大黒柱だと思っている男が虫になってしまったんですね。そうしますと、彼の焦りもあれば、それから周りの者の見る目もある。親兄弟はどういう対応をするか。本当ならグレゴールというのが彼の名前ですね。この名前で呼んだとすれば、本当にグレゴールが虫になったことになってしまうために、家の者はそういう名前で呼ばないようにしているんです。そうしておるうちに、名前がだんだん変わっていくんですね。やがてしまいにグレゴールと呼ぶようになる。だんだん彼は厄介者あつかいをされていって……、というふうに運んでいくわけなんです。

こういう小説なんですが、結局彼は怪我をする。というのも、彼が虫になっちゃって働かなくなったから、お父さんが働くようになったんですね。さらに家に下宿人を置くと、彼らにとっては虫がおるというのは非常に迷惑なんですね。そういうことがあって、お父さんが投げたリンゴがグレゴールの背中に当たりまして、死ぬようになっていくんです。その彼を置いて、一家は別な家へ引っ越していく。このときは非常に明るい感じで家族が違う家へ越していくという、まあこういう小説なんです。カフカ自身はこの小説の、少なくとも結末が気に入らないと言っているわけです。結末がなぜ気に入らないか。それならどういう結末だったらいいのかと思うんですが、とにかく彼はそう言っている。そういうことは日記に書いてありますね。

カフカと家族

この小説は突然虫になっているところからはじまるわけですね。なぜ虫になったかというのではなく、突然虫になっている。もっとも、こういうものは突然であるのが普通かもしれないですね。イギリスの小説家で、『狐になった奥様』という小説を書いたガーネットという人がいますが、この小説では旦那さんが家へ帰ってみると、自分の奥さんが狐になっているんですね。これをはじめは奥さんと思ってあつかっているんですが、やがて女狐の本性を出してきて、どうにもこうにも動物なんですね。そのために、いよいよ動物としてあつかうより仕方がなくなっていく、その過程がずっと書いてあるんですね。それもほとんど、小説がはじまるとすぐに狐になっている。これは旦那さんの方から書いてある。そうこうするうちに、とうとう狐は雄の狐を求めて森の中へ去ってしまうんですね。それを追いかけて行って、どうなるのかは忘れましたけれども。

今の『変身』の中では、セールスマンのグレゴールが、一家の大黒柱として生活を支えているということですね。もう一回ヤヌホという人との対談を見てみますが、この『変身』のことが話題になるんですね。グレゴールのあの姿は、まあ言ってみれば、一家の恥部なんですね。そんなもの本当は人に見せたくないわけです。ああいう小説の形で書いているけれども、すぐわかりますからね。つまり、カフカ自身の家族の中にある何かが出てきているということはすぐにわかります。本当は彼はそのことを話したくないから小説に書くんですが、自分の家族の生活経験から出てきたものだということだけは言えるんですね。そして言うんですが、今のような結論のことは言わないけれども、日記が軸なんです。

それで、『変身』の中でのグレゴールはセールスマンで大黒柱であるということで、家庭生活をする家ではもちろん彼が自分で働こうと思っていますが、一方でカフカ自身の場合、彼が大黒柱になって家の中のことを全部やってやらにゃならんということは必ずしもないんですね。ですが、小説ではそういうふうになっている。

これを置き換えてみますと、ひょっとしたら、カフカは生活の面でない何か別の面で、自分は一家の人たちの全部を支えていると思っていたのかもしれないともとれるわけですね。家のことは全部考えていると。そんなことはわかっているわけなんですね。彼自身だって微々たる文学志望者で、芸術家になろうと思っていて、しかしこんなことは誰一人認めないかもしれない。誰一人認めないかもしれないということは絶えず思っているんですが、とはいいながらカフカという人は、妹さんにも自分で朗読して聞かせますし、両親にも「田舎医者」とか「寡婦」という小説は読んで朗読して聞かせているんです。それで、これは両親がおもしろくないと言った、失敗だった、ということを言うんですから。お父さんのことは、彼は非常におびえているんですね。それでいて両親に自分の書いた小説を――お父さんは小説家なんか望まない人なんですよ――どういうわけか朗読して聞かせたりするような、そういうところもあるわけなんですね。

　ですがカフカは、ヤヌホとの対話や日記などを見ますと、敢然として自分は文学者になろうと思っている。彼にとっての文学というのは、ヤヌホとの対話の中で「文芸」と「文学」と二つ出てきます。文学というのは詩にも通ずるもので、まったく白紙に還ってしまってものを考え直すことである、そういう恐ろしいものだ、とこういうふうに言い、日記にも何かそれに似たことを書いている。それから文芸の方は、そういう言葉では言っていませんが、これも非常に的確なことを言っている。これは言葉としておもしろいんです。文芸の方をおとしめているわけではないんですよ。ただ、文学というものはそういうものだと言っているんです。

　ところが彼は、明けても暮れても私にとって関心のあるのは文学だけなんだと言っている。それで、許嫁《いいなずけ》がいても、思想なき結婚はしないわけですね。そして悩むわけです。結婚しそうで結婚しないことを悩むわけですが、そういう人なんですね。しかも自分の書いているものは、今までいろんな人たちがやってきたこととくらべて、絶対的に意味があると思っているわけですね。そしてその考えていることは、われわれが今にしてこう思うぐらいですから、相当な層にわたって、いろんなことを全部ふくむことを書いているんです。彼はとにかく、ある意味では非常に自信があるわけです。自信があるけれども、その自信は通用するかというと通用しないかもしらんということも、考えているわけですね。そういう矛盾を持っている人なんですね。ですから今お話しした、自分は一家を支えている、一家の大黒柱であるというのは、食わせる方のことではなくて、自分が考えていることは一家のこと、さらに家族に限らず人間全体のことを全部背負っているんだ、という考えでもあった可能性があるわけです。そういう考えというものは、もどかしいぐらいそう思っておったというのですね。

完結させない

とはいえ、金銭的なことでもいいんですが、自分は大黒柱として家を支えているんだ、家のことを一番考えているんだと思っていても、突然虫になったということは、グレゴールははじめから虫だったかもしれないんですね。虫になった、突然虫になったということは、そもそも虫だったのかもしれないということがどこかにあるわけです。自分がどれだけこう思っても、しかも虫であるかもしらんというのは、家族にとって虫であるだけではなくて、もっと違う面から——どこの面かわからないけれども——見ると、これはただの虫かもしれない。これは家族においても、自分が一番上のことをしてやっていると思っているだけであって、本当は厄介者であるかもしれない、特に汚れてきたないものであるかもしれないという。そんなことどうして、余計なことを考えるんだ、と言うんですけれども。

　もし自分の弱気な、——弱気といっても、人間というのは、弱気と強気なんていうものはどっちがどうかわからないんですね。何が弱気か、何が強気か。だから、今言ったのは『変身』の話なんですけれども、たとえばカフカの場合、自分が文学をやるために簡単に結婚もできないと思うことは、これは誰でもやることで、何でもないことなんですが、そういうことを思うこともあるわけです。ところが、それだけで済まないわけですね。やっぱり結婚したいという気持ちもあるわけですね。そうしてそれを繰り返すうちに結婚しないで終わるとしたら、今度は自分のやろうと思ったこの文学作品は、いったいそれに値するものであるかどうか。値するものかどうか知らないけれども、彼は自分の作品を完結させないんですね。つまり、たくさんの作品が完結しないで、このまま小説にされているわけです。しかもそれを出版しないわけですね。これは自分の作品に自信がないためだけではないんですね。よくわからないんですけれども。要するに、書かれた世界が、現実の世界を本当に表わせるだろうかというふうに、まだ足りない、まだ足りない、とこう思うわけですね。いろんな意味でいろんなものとくらべて、まだ足りないまだ足りないと思う要素が彼の中であるわけですね。

一口で言いますと、書き手の中で考えていることと感じていることが非常に複雑だということを今言いました。たとえば『変身』には家族のことが書いてありますが、カフカの場合は一番近いところに自分と家族の問題があるわけですね。それはわれわれと同じことなんです。それから、お父さんは肉屋さんですね。体の大きな人。家には給仕もいますが、カフカはずっと勤めているわけですね。ちょっとした公務員のような仕事をやっている。そこでの上役の問題があるわけですね。それから友人との間では友情の問題。これはみんなわれわれと同じことなんですね。また、彼は勤めから帰ってくると、せっせと日記をつけたり、文学作品を書こうとしてノートをとっているわけですが、そういう生活がある。日記で自分と対話しているわけですね。外に向かってしゃべるのではなくて、そこにいつでも自分がいて、自分との対話を書き続けている。そして彼は肺病でもあるわけですね。肺病はすごくひどかったのではないけれども、晩年は深刻になる。そういう体の弱さというものはもちろんある人なので、病気の問題もあるわけですね。病気の自分を克服するという問題があるわけです。

他にも、これはわれわれには縁がないようですが、彼はユダヤ人ですからやはり旧約聖書の世界があって、一種の戒律のようなものがどうしてもあるわけですね。ユダヤの神はいろんなことをしてくれると同時に絶大な力を持っている。すべてがいっぺんにゼロになってしまうかもしれないくらい絶大な力を持った人が、別にまたいるということですね。カフカはそれに対抗して、そういうこともふくめた作品を書いたにしても、なおかつそれを、その人がまたまとめているのかもしれないですね。

　そういういろんなものが全部、一つの世界に書けないかということなんです。そうしないと彼の世界は……。しかも彼は揺れているわけでしょう。そういう世界を一つにして書けないかと考えただろうと思うんですね。

　作品がうまく、作品として完結したということは、もしかしたらこれはだめなことじゃないかとこう言います。われわれの生きていく、いろんなものが一つの人間の中でひしめいている今この世界にくらべると、作品がいくらうまく書かれていても、これは片手落ちの世界じゃないかとこう言います。一方で、われわれは呑気に考えて、作家というものは作品の中で全部表現して、それが終わると、一つ作品を書いたというので、よく眠ってですね、また次の作品を書きましょうと、こういうふうにして普通生きているわけですが、はたして作品が今書き終わったということは、ここに書かれたことは、それはそう思っていいことなのか。そんなふうに思う必要はないじゃないか、とこういうふうに思うかもしれませんけれども、それが彼の不思議な業《ごう》のようなものです。

とにかく、自分の力で一つ作品世界を書いて、その中に神のような問題もなんとなく入っていると言いながら、自分の世界として書いたということには大きな罰が下るのではないか、ということですね。大きな罰が下るのではないかと、こういうふうに言ってしまうわけですね。とても特別なことのように見えるし、まあ実際に特別かもしれませんけれども、こういうような問題もあるわけですね。

たとえば、さっきの『変身』の結末についてカフカがよくないと言っているのは、虫を放っておいて、家族の者が新しい生活へ出発していった、ということですね。掃除婦か何かがほうきで掃いて、ごみ捨て場へ死骸を捨てる。この結末は気に入らない、絶対にだめだ、とこう言うんですね。なぜだめかというと僕にはわからないけれども、何か片手落ちだと思っているんじゃないか。それは自分の生活から言っても片手落ちだ。家族と自分の関係から言っても片手落ちだ。それから、人間世界を超えたもっと別な角度から見ると、片手落ちだ。そういうふうに思ったのかもしれないですね。

それからもう一つ、これは私が最近読んだある本で、こういうことを言っているんですね。小説や文学の中で父が厳然として存在しなくなってから物語はなくなった。これはオイディプスのことを書いているんですね。オイディプスには父がいた。ところがある時期からあとは息子だけになってしまう。息子だけだということは娘でもいいんですが。要するに息子の側からしか書かなくなってしまったんですね。息子の側だけでは、僕の言葉で言うと、小説の締まりようがないんです。上から厳然と押しつける父的な存在がいないとだめなんです。われわれの場合は自分の父親以上の父というのはしっかりはないですが、これはキリスト教の世界、あるいはユダヤ教の世界には強くあるんです。オイディプスの場合にも父がいるわけですよね。父がいて、そしてそういう道を作ってしまったとも言えるわけです。

カフカの場合にもどこかに父親的な者がいて、そしてもう一つ目を光らせているというふうになっていて、これが小説をまとめさせるかと思うと、また小説を壊してしまう。だから、物語としてまとまるときもあるけれど、彼の場合はそれを壊してしまう役もするような、そういうふうにもとれるものがあるんですね。

自分の中での対話

それで今、そんな話に入っちゃったらよけいわかりにくくなりましたけれども、何の話をしたらもっとわかりいいかな。

結局、今の時代の一般の小説との関係でカフカを考えるということもあるんですね。それを言わなきゃならん。それはこういうことなんですね。

さっき言いましたが、日記をこれだけ繰り返し書き続けた。彼の場合は日記と言いながら、自分のしたこと——朝どうした、何々をした、何々を考えた——ではなくて、ほとんど自分が夢で見た話を書くのと同じように書くんですね。自分のしたこと、出来事を一つの夢のようにして書く。夢というのは、不思議なわけのわからん話になっていますからね。そういう書きようのものがずっとつながっているわけです。それが物語風になっているんですが、そのときの中心は、自分に跳ね返ってくることを書いているんです。ですから、自分の中で自分との対話をしながら書くことによって、話が物語的になっているんですね。もちろんそういうことのためには、いろんな目がここに光っていると思ったり、一つの考え方をしたときに、また別な考え方を自分で自分に突きつけているわけですね。

　このことを言おうと思ったんですね。これはいいことだ。

　たとえば、Ａということを考えますね。これはもちろん自分が考えて、ある結論まで達することになるんですが、このとき不意にＢの問いが聞こえてくるわけです。そしてまた考えて、このＡとＢがまとまりそうになると、そこでさらにＣの問いが聞こえてくる。これが横にずっと並ぶかというと、そういうわけではないんです。次元が違うからなんですよ。これは例をあげないとまったくわからないんですが、これだけ短い話の中にも、もう世界ができるんですね。次元が違うものを横に並べていくだけではだめですよ。横に並べるだけでは、百万あっても百になるだけですから。この中に次元が違うものがあって、続いていかなきゃならない。あるいは奥へ奥へいかなきゃならない。何かそういう、次元が違うということが問題になるわけです。それはみんな自分がここへ呼び寄せるわけですから、全部自分がもとになっているんです。こういうふうにした人なんですね。だから、彼が考えていることは、決してたやすくないわけなんです。今言ったように、何か頭でいろんなことを、つまりすべてを自分の習得したことからやっているわけです。だから彼のすべての小説は、わかりにくかったり幻想的な小説であっても、全部これは彼個人と結びついているんです。

そしてこれはあたりまえですが、普遍的な感じもするんですね。ただ、これは言葉になっちゃって、普遍的、普遍的と言うと、ああ普遍的だ、とわかったような気がしますが、そういうことは誰でも言っている。たとえば漱石なんかでも「特殊をもとにして普遍化する」といった言い方を日記の中で書いているわけです。

カフカは日記を人に見せるつもりではなかった。この日記は友達にわたしちゃったし、小説もノートもみんなわたしてしまっている。もちろん出版する気持ちはぜんぜんなかったんです。出版の話を拒否したわけですから。焼いてくれと言った人なんです。この、焼いてくれと言いながら書いていることは、それなら何のために書いているのか、ということですね。そういうような人だから、いろんな次元の声が聞こえてくるわけなんですね。まあ、夏目漱石はジャーナリストでもあり評論家でもあり、小説家として実際に発表した人ですから、日記は発表しようとはしなかったと思いますが、少なくとも小説や評論は絶えず発表した人ですね。それで食っていこうと思った人ですから。カフカは別に職業を持っていて、それで食べていた人ですから、書いたもので食おうという気持ちはなかったんですね。

いずれにしても、日記から小説まで、焼くことを前提に書いているというのはいったいどういうことなのか。焼くことを前提にするのならば、少なくとも自分に非常に密接なことでなかったら書く必要はないわけですね。外のことだけだったら書く必要はないわけです。だからやはり、自分のために、自分の生きる証のように書いているから、こういうことにもなりうるのだと、そういう関係があると僕は思うんですね。普通そういうふうに言いませんが、たぶんそういうことではないかと思うんですね。

自分との深い関わりの中で、自分の中からいろんな次元の声が聞こえてくるわけです。そのようなことがあるので、彼が一つの作品を書き、それがまとまろうとしたとき、これを終わらせずにもっと考え直しているうちに、小説が終わらなくなってしまうんですね。それくらい自分に忠実にやろうとして書いている小説を、われわれのように、ちょっと魅力があるからこんなことやってみようとしてやるというのではですね、ぜんぜん違うということなんですね。そういうことに僕もなんとなく気がついたんです。

遠いところから影響を受ける

世界中がしかし、カフカを真似したんですね。アメリカでもたくさんの人がこれを読んで衝撃を受けたんです。アップダイクという人もそうですし、いろんな人が衝撃を受けたんですが、表向きはカフカのような小説を書くまいと思ったんですね。普通の小説を土台にしておいて、そして、カフカからなんとなく学んだものを、遠いところから影響を受けよう。これは僕なんかもそうで、遠いところから影響を受けようとした。まあ実際に、カフカのしゃべったことや小説の文章を引用した人はいませんね。危険ですからね。たしか僕の感じではないと思う。ですから遠いところから影響を受ける。そうすると、大なり小なり次元の違う感覚を自分の中でいろいろ感ずるというやり方は、やはり受け入れているわけですね。

　それと、これはこの場で言っちゃうとあれかもしれないけれども、みなさんは今の小説を読んで何かつまらないというふうに思われると思うんですね。この複雑な世の中の持っているものとくらべると、ここに書いてあるのは一部分にすぎないとか、何か手ごたえがないとか、きっと不満な方が多いと思うんです。これは男の人と女の人とで感じ方がだいぶ違うと思うんですが。なぜ違うかというと、ちょっとまあしゃべりにくいんですけれども。

　とにかく、カフカの場合は非常に極端ですが、Aのことをすごく考えているときに、まったく違うBの声も、あるいはBの考え方もありうるとか、Bの問いも聞こえてくると本当は一番いいんです。そういうものが、「いや、ここだけ足りないよ、これにくらべたら足りないよ」とか、「まったく違う考え方の人がいますよ」とか、「この考え方をしたら白紙になってしまいますよ」とか言ってくれるわけですね。それに耐えうるようなことを一行一行の中に読んでいるかもしれないけれども、文学というのは踏まれながら運んでいくことをしないと、脆弱になっていくんですね。そんなことできるわけないじゃないかと言ったって、われわれは実生活である程度それに近いことをやっているんです。小説になると、小説に仕組むためにちょっと自分の好みにしてしまうんですが、われわれは好みが一挙に破られるということをいつも体験しているわけなんです。しかし、そういう重層した感じを作品の中の手ごたえとして整えながらやっていくという小説はほとんどないんですよ。

ある意味では遠いところで、もう楽しんでいかなきゃいけないんですけどね。なんとかしようと思ったら、これはまた足を取られちゃいますけど。そういう感じをつかむためには、カフカはいい勉強になるんじゃないかなと僕は思うんですね。そのためには、小説そのものより日記の方が僕はいいんじゃないかと思う。日記それ自体って、いろいろわれわれの生活に仕組まれるところがありますけれども。

戦いの小説

かなりしんどいことを最後に言ったんですが、もう一つおもしろいことは、カフカは初期の作品で、ものを観察したことを書いているだけという姿勢に見える、「ある戦いの記」という題をつけているんですね。

彼は晩年は、第一次戦争の渦中だったわけですね。戦争に行こうかなと思ったこともあるんです。自分はもう勤めも小説を書くのもやめて、兵隊に行こうかなとかいろいろ思った。体が弱いから実際はできなかったんですけれども。いろんなことを考えたんですが、結局彼は一九二四年に死んでますから、戦争が終わったあとまで、病気だったとはいえ生き延びたわけです。彼が実際に戦争に行っていたらどんなふうになるかわかりませんが、こういった戦争のことについても日記に積極的に書いているんですね。それからヤヌホとの対話でもいろいろ言っているし、政治の問題も彼なりに意見は言っているんです。これは小説より非常におもしろいと思う。彼がどんな冷めた目で政治とか戦争を考えているかということがですね。

しかし彼は、そういうことともう一つ、その背後で、日常生活においてさえも、すべてを戦いだと思っているわけです。先ほど、A、B、Cという三つの要素をあげましたが、次元の違うものとして聞こえてくる声、違う次元から自分を襲ってくる声たちの中で自分をどう生きるか、どうやってそれを按配するかということを戦いだと言っている。

彼の場合は、全部が戦いの小説につながらんとも限らないんですね。そういう気持ちで生きることは、普通の戦争のときと次元が違うわけです。もちろん普通の戦争ということも彼の戦いの中に、やはり先の次元の中に入ってくる問題かもしらんけれども、彼には日常のすべての——友人との問題、親との問題、それから勤め先の問題、結婚の問題もあるし、自分そのものの問題もある——いろんなものから矛盾が起こってくるわけです。この矛盾を自分がどう引き受けるか。自分の中で自分に集中して、受け入れながら按配したりなんかしているうちに世界が出てきますね。その出てくるプロセスを、彼は戦いだとこう思っているのじゃないかと僕は思うんです。こういう考え方がずっとあるんですね。表面を見るとこんな弱々しい感じの人が、ずっと戦いという考えとつながっているわけですね。だからわれわれもですね、——まあ、われわれといっても、こんなのはお書きにならない方がいいんですが、もし自分でお書きにならなくて人のを読んでも、読みごたえがあるということは結局、見えないところでそういう戦いをやっているということなんですね。

他者の声

それからよく、他者という言葉を使いますね。これは僕もあまり好きじゃない言葉なんですが、他者ということを考えなきゃいけない、などと僕も言います。

他者というのは実際は、都合よく固定した何かがあるわけではないんですね。たとえば、自分が他者を見て、他者のことを考えていると思った途端に、他者は自分の中に入っちゃうんですね。こういうふうにわれわれは生きているわけです。

ところが、突然まったく気がつかない声として他者が現れるときは、お告げみたいなものがパァッと聞こえてくるわけですね。突然、突如として、お告げというか、まあ声って比喩的でもあるけれど、われわれの実感としてそういう感じがすることがあると思う。突如として忘れていた声が聞こえてくる。

　われわれは忘れて暮らしているわけですね。忘れて暮らしているときには、小説を書くということも本当は忘れているのかもしれない。ところが、小説の中で書いているうちに、日常の中で忘れていたことにはっと気がつくこともあるわけですよ。小説にその声が立ち現れるんですね。これは非常に流動的というのか、いつ来るかわからない存在としての他者です。これをキャッチすることで小説ができているんですね。あれも書いた、これも書いた、あのことも脚色を使って書いたからよろしいでしょう、というような生易しいものだと、他者ということはどうでもいいんですけれども、それでは緊張感がない。生きた他者の声が聞こえてきたとき、われわれはさあっと体が締まって、真っ青になるんですね。ここに本当の、われわれの生きていることのポイントがあるわけです。

　なぜ自分が書いたものは人が喜んでくれないのか。それはこの声が欠けているからなんですよ。一生懸命に書いたと思って、それでいい気分になってしまっているのかもしれないですね。その声が聞こえてきたことを感じるか感じないかということは、非常に難しくて、これは天性のものかもしれないですね。これに鈍感な人もいるわけですから。まあ鈍感であっても、別な声というものが聞こえてくる可能性が充分ありますね。他者でなくても、もっといろんな種類の声というものがあって、これはこれでいいんですが、少なくとも他者ということを言うとすれば、こういうことの方が他者だということですね。

呼び方の問題

十年前、私が『変身』を筋を追って話したとき、ちょうどそのしばらく前に、三島由紀夫さんの事件が起こったんですね。そのことを学生に話しているんですね。それから、僕自身はそのときに『どちらでも』という芝居をやっていまして、それでもうあと三日で千《せん》穐楽《しゅうらく》というときでした。それでいろんなことを思い出したんです。

なぜ三島さんの話をしたかと言いますと、『変身』の中で名前が変わっていくわけなんですね。さっきも言ったように、はじめは呼ばなかったんですよ。「虫！　この虫め！」とも言ったかもしれないけれども、少なくとも虫と言ったけれども、「グレゴール！」とは言わない。「虫」と言ったときはもうグレゴールと関係のない虫だというふうに思おうとしている気持ちがあったから、はじめは「虫！」と言っていたんですね。ところがしまいに、「グレゴール！」と息子の名前を呼びだしたんです。これはたいへんな飛躍で、変化が起こったんですね。こういうふうにして進んでいく、これはものすごくグロテスクであり、恐ろしいことなんですね。何でもなく小説は進んでいくわけなんですが。どんなに変なふうになっても、なおかつまだこの虫は、ヴァイオリンの練習はどうなってるのかなと思って、妹のことを心配して部屋から出てくるという場面があるんですが、そのへんのところで名前の変わっていく、その変わり方ですね。

そういうことと、三島さんの事件とがつながったんです。今はまあ、田中角栄ですね。「三島由紀夫」とか「作家・三島由紀夫」とかいうのは敬称なんですね。夏目漱石も、「夏目漱石さん」と言うよりは「夏目漱石」と言った方が、ちゃんとした人だったというわけですね。普遍的存在としてあつかっているわけです。だから「三島由紀夫」と言ったときは、これは作家としての三島由紀夫に対する、一種の敬称に近い方法だったんです。そのうち今度は、「××犯・三島由紀夫」「犯人・三島由紀夫」というふうになってしまった。まったく呼び方が違ってしまったわけです。これは今も、新聞でもアナウンサーでもそういう特殊な変化をつけて呼ぶ。同じ人間がたちまち、一瞬において呼称が変わるわけですね。

そういうことは他愛もないことなんですね。表面上のことで他愛もないことですが、そういう驚くようなことは『変身』の中にはいろいろ出てくるんですね。出てくるんですけれどもね、そういう話をしますとね……、ああそうかと言って考えることはおもしろいですよ。おもしろいけれども、しかし、表面的につかまえていく感じになるんですね。

今日は、僕は繰り返しわかりにくいことを言いましたが、それがいかに表面的につかんでもだめだっていうことですね。この人と同じようでなければこの小説は書けないということ。あたりまえのことなんですが、結局彼自身が自分に即したことでやってきたという、これがそういう小説になったんだということですね。しかもこれを下手に模倣すると……。まあどの小説でも下手にいろいろしたらろくなことはないんですけれども。影響を受けたいと思いながら受けると困る、という話なんですね。ですから、ある意味では魅力がありますから、表面的につかもうと思わなくてもつい表面的につかんでしまうという、一つにはこういうことがあるんだということを今日は紹介しました。

寓話について

僕もカフカのことをここまで考えたのははじめてなんです。二、三日前は、今日のためになんとなく本を読み直したり考えたりしてたんですが、日記というのはバラバラですからね。筋がないですから。非常におもしろかったけれどお話ししにくいものです。ヤヌホとの対話もおもしろいんですが、今日は本を忘れてきちゃったんですね。そこもおもしろいところがあるんですね。

この『カフカとの対話』という本でカフカは、ヤヌホという若い青年の訪問を受けてはいろいろ——つまりゲーテとエッカーマンの対話のようだと言われているんですが、そんな対話をするんですね。

ヤヌホという人は、この序文に出てますけれども、第二次戦争のあとまで生きた人なんです。ユダヤ人ですからいろいろ苦労した。そして第二次戦争が終わってから——カフカは第一次戦争のちょっとあと、一九二四年に死んだんですね——ヤヌホは、カフカが書いた夢物語のような小説の世界が現実になったということを書いていますね。自分がそういうものを全部つぶさに見てきたと書いています。

たとえばこういうことを言うんですね。ユダヤ人はあることを聞かれて、その話に答えるときに、いつも物語で話すというんですね。……寓話でしたかね。まあ、物語よりも寓話に近いから、寓話という言葉の方がいいですね。説明してくれと言われて説明するにもそれは寓話じゃないとだめで、それが一番、言ってみればたしかっていうんですかね。人生のあり方に一番近いわけです。これは僕もやりたいと思ってもできないですね。これはユダヤ人全部の傾向だと言っていて、カフカがそういう作風であることは間違いがないんですけれども、ユダヤ人すべての話し方がこういうふうだということですね。そう言われるほど、こうやって寓話的な語り口ができないわれわれは絶望的になっちゃうんですが、これはたしかにおもしろいですからね。

寓話で話しているのは話ですからまとまっていますが、田舎でも僕らの地方でも、なんとなく一人がすぐにたとえ話で話をしますね。簡単なたとえから比喩までいろいろありますが、すぐに読解のできるものと読解のできにくいものがある。読解ができにくくなると寓話に近くなるんですね。われわれも振り返ってみますと、いろんな話を聞いておったものですね。時代とともにだんだん少なくなっちゃうんですが、でも都会なら都会で、そういうものがあるわけです。それを説明的に話すと、非常にわかりいいように見えて、そこからは肝心なものが抜けちゃうんですね。だからなるべく遠くから近づく方がいい。一般に、遠くから近づく癖がついた方が、小説的世界に近くなるんですね。小説的雰囲気に近くなるんです。

たとえば、僕もこういうのはあまり好きじゃないし、寓話的な小説ということと違いますが、ちょっと似た感じの話があるんですね。昔、伊藤整さんが梶井基次郎と東京へ出てきて、詩人仲間でいろいろ話をする。梶井という人は伊藤整よりも年が上ですね。あるときずっと歩いてきまして、電信柱のそばに、女の子の小さい下駄が二つこう置いてあるんですね。そこで梶井は、

「伊藤くん、これは何を表していると思う？　君はこれで何を想像するかね？」

「さあ、急に言われても……」

と伊藤は考えとったらしいんです。実際にその現場を見たわけではないんですが、そこで梶井はこう話すんですね。女の子がお母さんに呼ばれたか何かで、とにかく泣きながら帰っていったときに下駄だけ残ったんだ。……本当はもっとおもしろい話なんですよ。要するに今はちょっとおぼえていないんですけれど。それは空想なんですが、でも話になっ

ているわけですね。Aさん知ってますか？

聴衆A　電信柱のそばに下駄だけが残っていたんです。梶井基次郎によると、子供がここで泣いていて、そこに母親が来て抱っこしてそのまま帰ったので、それで子供の下駄だけが残った。

小島　そうそう、そういう話なんですよ（笑）。Aさんはね、梶井基次郎の本を書いたんですよ。僕が戦後すぐ、昔の女学校の教師をやってるときの生徒さんだった人なんです。たまたま今日いらしてて、そういうことを思い出して訊いたんですけれどね。

とにかく、梶井という人はこういう想像をすることが非常に上手い人なんですね。まあ、僕なんかはどちらかというと、なんかこう好きになれないところがあるんですが。余裕がいるんですね。余裕が必要で、楽しむところがいるわけです。そのことは非常にいいんですが、この寓話とちょっと違うんですが、まったく違うわけでもないですね。話として説明的にしないんですね。

だからカフカの日記を読んでいくと、説明しているかと思うと、途中になると話になっていくんですね。具体的な話になって、カタマリになっていくんですね。そういうところは小説でなくても非常に魅力的でおもしろいと思うんですよ。そのおもしろさを感ずると、それは何かのためにはなると思うんですね。これは一つの具体的な世界ですからね。そういうやり方をしていますから、それは今のわれわれにとっても非常に魅力的ですよ。説明というのはそういうものと違うんです。たどるような顔をしながら世界を作っていくわけです。

カフカをどう読むか

聴衆B　カフカの読者はたくさんいますが、今の若い世代の人たちが読んでもおもしろいものでしょうか？

小島　どうですかね。一時期読まれたという——読まれたといってもそのころもわずかなものでしたが——それと違った意味で、表立たない意味で意見が割れているのではないですか。

　ですが、われわれものを書く人はなるべく自分なりの読み方をしますよ。解説とかそういうものに頼らないようにしますよね。自分の力で読み取ろうとすると、やっぱりかなり才能がいるんですね。自分でいろんなことをやってきた上で読むわけですから。

　僕は、本当のことを言うと、このカフカのことを自分なりにいろいろ考えることが一番おもしろいんですね。そうすると、カフカについて考えることが僕自身の小説のようになってくるんです。なぞって考えることは、しかし能力がいるんです——こういうことを言っちゃなんですけど。ですが、そういう読みようをしようとする人にとっては無限の興味があるんですね。やっぱり作品に読まれてしまう人は、これは毒でもあると同時に、まあ続かないかもしれませんね。今は、一時みたいに流行《はやり》になっているわけですが、これから先やっぱり読み方が違う人が出てくると思うんですね。

今の時代は、新しく出てくる人はみんな、ものを軽く軽くつかもうとするという、似たような人が多くなりましたね。これも才能であって、従来の詩人とか小説家とはちょっと違いますね。そういう人は広くいろんな関心を持ってはいるんですが、あまりカフカは読んでいないかもしれませんね。昔われわれはこれを重く読んでいたんですが、今の若い人たちが読むと、また読み方が違うかもしらんです。カフカの小説は、もともと非常に軽やかなタッチでもあるんですから。また読み方が違って、逆にわれわれが教えられることもあるかもしれないですね。今の方が僕は受け入れられやすいと思いますね。小説そのものを、いろんな人が重層的に感じながらつかむ以外に手がないということは、今の人の方が知っていますよ。

戦後は一つに決めようとしたわけです。恐ろしいものならば恐ろしい。読めば世の中がわかる、とかですね。サルトルが流行った直後にまたこういうのが流行したんです。そのときにはフランスあたりでも女流作家なんかがずいぶん影響を受けて、カフカのことをいろいろとやっている人がいましたが、そういう人はもうほとんど書かなくなってしまいました。そのころよりは今の方が素直に入っていける時代かもしれないですね。昔みたいに決めつけて、世の中の見方をここから一挙に教わってしまおうと思うとあれですが、やっぱり自分の世の中の今のつかみ方をなんとなく探って、それとこう、ふわっと交差するようにして読むということでしょうか。

昔みんながやったように大真面目になって読もうとしなければ、ここからはいろんな声が聞こえてくると思いますよ。好みの感じの作品もあれば、一時代を築く作品、子供時代に聞いてきたような作品もいろいろありますが、こんなに短いものの中にいろいろな問題が入っています。答えがないですからね。「ここだ！　このことを言おうとしているんだ！」というところももちろんあります。だけれども、全体で何か、うさんくさいような世の中の実体感というようなものが感じられるんですね。そういうところがあると思うんです。

利口な読み方をしない

ここで読書会をなさった方がいらっしゃるようですね。私は間接的にうかがっています。そのときの記録のノートを見せてもらったこともあるんですが、本の解説に書いてあるような利口なことは、なるべくあまり言うようにならない方がいいんじゃないかと思います。勉強すればするほどそういうふうになっていく可能性があるんです。本そのものを自分のスタイルで読んで、言葉に置き換えていろいろ言うということはもちろんいいことで、そうしなきゃならないんですけれども。ですが、解説者に近づいていきますと、だんだん利口になってしまいますね。要するに、いろんな人が解説してきたようなことに便乗するような頭にできてしまいますと、あまりいいことがないと思うんです。まあ、本の解説というのはなければ困る場合があって、それは当然いいことなんですけれども。

最近『カフカの解読』という題の本が出ています。――本の宣伝をするわけじゃないですよ。反対のことを言うかもしれませんし、買わなくてもいいんですけれども。そういう本の宣伝文をちょっと見てみますと、カフカのことをいろんな面から解読してはあるんですが、ナントカ的、ナントカ的、ナントカ的……というふうに、「ナントカ的」という言葉を使ってある。そういう角度からこれは解読されているなあということなんですけれどもね。小説を小難しく考えていくと、だんだんそういう言葉を使うようになる可能性があるんですね。

そういうふうにならないでやるということはとても難しいんです。でもこの日記とか、カフカとヤヌホの対話を読みますと、ナントカ的という言葉が一つもないんですよ。それでいて彼のことですから、相当なことを話しているんですね。自分でこういうことをやるのは難しいかもしれませんが、寓話とか物語としてつかむということですね。解読して「こうだ」と断定的に言うのではなくて、こんなことが書いてあるんだ、と一つのまとまった話にするとか、多少本文と違うにしても自分なりの話にして人に伝えるとか。「ナントカ的には……」と分析的に解読する方法でない方が僕はいいと思うんですね。

そのためには、いわゆる利口になると困るんですね。あれもこれもナントカ的という言葉でもってやると全部言い尽くせるんだ、とこう思うとだめなんです。たとえ言い尽くせなくても、ある一つの角度から入ったにしても全体のことをつかむつかみ方ができるんですね。外からつかんで全体を分析的にとらえるのではなくて、自分の好みから入ったとしても、全部に関わることができるんですね。これは難しいことではあるんですが、もし目標とするのならそういう目標に迫った方が読書会のノートも楽しいし、それが一つの読む者としての楽しみにもなるし、自分も豊かになっていくんですね。

分析して解読してしまうと、その解読ということは非常に頭に入るんです。解読したプロセスはおもしろいにしても、解読してしまうと、その人にとっては「はい、これで終わり」となるんですね。「解けたから終わり」とこうなるんです。読んだものも「はい、解けたから終わり」。これがちょうど推理小説のように、探索して、推理して、犯人が決まったから終わり、というふうになりますと、これはもっとも小説や作品それ自体とはかけ離れたものになってしまうんですね。解けたというふうでないのが作品の持っている力ですからね。前にプロセスの話も出ましたが、プロセスというのはいろんな意味あいがあるにしても、読み終わって筋が終わったとか、ここには結局こういうことが書いてあるなとわかって終わったとか、そういうふうに終わるはずのものならば、三百枚なら三百枚の小説などいらないわけですね。別な方法があるかもしれないですから。なるべく分析的にして——まあ分析ということは何かの形でしなければならないんだけれども——分析という言葉を使って分析するということは、できればしない方が、小説が豊かになるんですね。読書会のノートを拝見したとき、ちょっとそういうことを思いました。だんだん立派になっていく。そうするともう、ちゃんとした学生や研究者や評論家の言うような言葉に近づいていくんですね。一見すると豊かになったように見えますが、これはただの知識なんですね。知識としてやらない方がいいんですね。文学というのは、知識があるからこれを整理して書いたって何もならないんです。何もならないということを肌でおぼえると、これは読書をすることが、創作をするのとほとんど同じになってくるわけですね。なるべく批評も創作に近づいた方がいいですね。

これは非常に根本的なことですが、カフカから習うことで、唯一の問題点は僕はそこだと思うんです。たとえば『審判』なら『審判』に書いてあることは、いろんなことが書かれていて不思議な作品であるには違いないけれども、しかし彼のやり方というのはあくまで物語としてああいう話にしてしまっていることなんですね。ああいう物語にしているという、その仕方ですね。この物語にしているという感じは、ある大きい作品ではあたりまえのことのようにも見えますが、やっぱり読みにくい小説で、いろいろ書いてあるだけのようにも見えます。

対話の中での話し方とか日記なんかを見ますと、彼がどんなに小さなことを答えるにも分析的ではなくて物語にしていることがわかるんですね。そういう意味では具体的ですからね。グスタフ・ヤヌホならヤヌホという若い人に対して――これはカフカの晩年の、いよいよ病院に行ってもう帰ってこられないというときまでの四、五年の間の青年との対話なわけですね――それに対して答える答え方が、分析的な話ではないんですね。とても難しいことですが、分析的でないと、終わりという感じがしないんですよ。はいこれで終わりました、わかりました、というんじゃなくて、もっとわからないことの中に入って行く感じなんですね。それで豊かになるんです。だからやみくもにそういうところに入って行くのではなくて、豊かになるということは、真実をうまくつかまえられているということなんですね。難解に見える部分もあるかもしれないけれども、はっとこう膝を叩きたくなるようなところもありますからね。そういう意味で、この場合は直接的に相手に話していくものであって、一人自分だけが運んでいくものではないですから、どちらかといえばわかりやすいんですね。

夢小説

今、手に入れやすい『カフカとの対話』の本は、……筑摩叢書ですか。絶版になってはいないんですが、こういう本はそんなに絶版にしてしまうわけがないですから。私の持っているのは昔の河出文庫で、これはもう絶版ですよね。昭和二十九年。これとくらべますと、こちらの筑摩叢書の方がたくさん入っているんです。

この河出文庫の『カフカとの対話』で落ちているものがあるんですね。筑摩叢書のものを今日ちょっと見せてもらっていましたら――こういうことがまたおもしろいんですけれども――はじめの方で、はっと驚くことが出ているんですね。そういう読み方をするのもおもしろいんですよ、読むときは。自分の発見で、どんなことでもいろいろ秘密を見つけて楽しむんですね。

この本のはじめの、二十二頁のところですね。……僕はほとんど読んでいないんですよ。彼が読んで、他にこういう話があっておもしろいと言うから見てみると、「あれ？」と。僕は見たことないんですよね。しらべてみたら、ちょうどこれ一つだけ抜けているわけなんです。まあ他にも抜けているのがあるかもしらんけれど。

そこのところで、このヤヌホという青年がやって来て、ゆうべ夢を見たと言うんです。その夢が、一言で言うと……。『審判』の最後で、男たちにナイフで自分を殺させるという有名な場面があるんですね。「犬のようだ！」と言ったり、「恥辱だけが残った」とか何かそういうのですね。その場面にあるようなことを、ヤヌホが夢で見たというんですね。それがもっとくわしく書いてあるんですよ。自分が百貨店へ行くんですね。百貨店へ行ってどうのこうの、そこでいろいろな人に会って、それが非常に自分を狙ってきて、そういうことが三頁にわたってなかなかくわしく書いてある。

だけどそれは、どうして……。カフカはそれを聞いて、「あれ？」と思ったはずなんですよ。自分の『審判』と似たようなことが夢に出てきている。カフカも日記にそういうことは書いているらしいですね。『審判』のようなことはずいぶん日記に出てきていました。だから『審判』をお読みになるときにこの日記をお読みになると、『審判』に使われているようなことがもっと単純な形で出てくるんですよ。年月をくらべながら読んでいくと、そちらの方がわかりやすいですからね。日記をもとにしながら読んでいくと、また別なおもしろみがあると思うんです。おそらくカフカは、自分を日記に書いたり小説に書いたりしたんですが、もう『審判』は出ていますから、あれ？　と思った。それは『審判』をヤヌホが読んだからそういう夢を見たのか、変だなあと思いながら、とても浮かぬ顔で返事をしているところがあるんですよ。それはまあそうなんですけれども。

　百貨店の中で起こる変なことなんですが、私もちょっと、これを見て、あれ？　と思ったんです。まあ、今の話とこういうふうにつながっていくと、これは非常にインチキくさいですけれども。まあ僕自身の話ですけどね。

　僕は『抱擁家族』という小説の中で、やっぱり夢を見るところがある。百貨店へ買い物に行って、知らないうちに何か、裁判の宣告をしているような声でアナウンスが聞こえてくるんですね。百貨店の中のアナウンスで主人公の名前を呼ぶところがありまして、子供に対してだったか、ある刑の宣告をする声に聞こえてくるんですね。それは僕は実際に夢を見たから書いたんですけれども。『抱擁家族』に近いようなことは僕の生活の中でいろいろあったんですが、その中である夢を見たんですね。

僕なんか夢はすぐ忘れてしまうんです。まあ実際は夢の方がおもしろかったんですが、あとは記憶がなかったものですから、ある程度それを脚色して書いたんですが、もとは夢なんですね。そのせいか、違うかわからないけれど、だいたいこういうようなアナウンスをしている、自分の名前を大勢の前のアナウンスで、とかですね、響くような声で、何なんだ、誰が、とこういう感じで。これが、しかもちょっと怖いようなほどで言われるときには、カフカに似てきていますね。なんとなくカフカになっている。変なところから自分を咎める声が聞こえてくるというようなのが自分の性格らしいんですね。それは僕が思うに、自分の家庭に対していろいろ負い目があって、それが子供に対する宣告として跳ね返りが出てきた。子供を死刑にするという。その怯えたような感じが夢の中であったと思う。それを使ったんです。なぜかここにも百貨店が出てくるんですよね。そのとき僕はもちろん、『カフカとの対話』のこの部分は読んでいなかったんですが。

そうしたら、僕の『抱擁家族』は、あれはカフカだ、と咎める意見があった。佐伯彰一さんというよくご存知の評論家が「これはカフカだ」と言った。「カフカだ」という言葉はそのころ非常に咎める言葉だったんですね。批評家はどうして「カフカだ、カフカだ」と言うのかなあ、そこに出てくる医者の名前をKとしたからなのかなあ、と当時の私は考えていました。しかし、私が書いたのはカフカの主人公のKとはまったく違いますからね。K博士というただの医者ですから。どうしてこういうこと言ったのかなあと今になって考えてみますと、この百貨店の夢の部分が、ヤヌホとの対話に出てきたものと似ているんですね。ああ、それでそういうふうに言ったのかな、と今日になって思いました。……そうでないかもしれませんよ。佐伯さんはそのへん読んでいなかったかもしれません。それでも、ある夢の中の場面で、何か暗いことを想像している、しかも僕の場合、別なところで自分の負い目が子供に反映されてしまっているという、これはちょっと理不尽なことだけれども、こういうふうに書いた書き方の中に何かカフカの気配を感じたんじゃないかと思うんですね。僕はそれは、自分の持つ夢だとこう思って、それを使ったんですが、当時それは効果的だというふうにはあまり思わなかった。

今思うと、それくらいカフカという人は、どういうことを書くときにも、すぐに「ああカフカだ」と言われちゃうようなところがあるんですね。まあそれはカフカの偉大なところなんです。ということは、カフカのつかんだつかみ方はちょっと前例がないんですね。際立ったものなんですね。そういうことを考えていきますと、二十世紀に入ってから偉大だと言われている作家が数人いますが、カフカは間違いなくそのうちの一人ですね。それからジョイスやプルーストなどもいますが、それに匹敵するような存在です。早く死んでしまったし、短いものを書いたりなんかしていたけれども、その考え方、小説を形にする仕方、そういうものは匹敵するんじゃないかなと思いますね。

中からつかまえる

　ヤヌホという人は若い人なものですから、いろんな質問を見つけては訪ねてくる。カフカはそれにちゃんと答えています。決して曖昧なことを言ってはいないんですが、それがもし曖昧と見えるのなら、彼が曖昧だからではないんですよ。特殊なものを書く人ですから、小説家としては曖昧に見えるだけで、彼自身が曖昧というわけではないんです。ちゃんと答えてますよね。

　これ（『カフカとの対話』）は本当にお読みになるといいですよ。今度読書会をやるときにこれも一応読んでおかれると、話の進め方が非常におもしろくなると思いますよ。本だけだと、どうしても解説に頼りますからね。

聴衆C　でも、カフカという人の人物がよくわかっていなければ、やっぱり読んでも……。

小島　それもあります。ありますけどね、人物というものを、どこかに人物だけ抜き出してあるような感じで読まない方がいいんです。たとえば対話を読むと、この対話を通して人物がわかります。つまり人物だけ抜き出して、カフカはこれこれの人である、ということをやらない方がいいんですね。これはやりがちなんです。そうではなくて、対話の中に出てくる人物としてカフカをつかまえる。ヤヌホがこう言ったときにこう答えた人だ、とつかまえる。ヤヌホのこの問いに対して、カフカはこの答え方をした、こういう人である、とまとめておくんです。それがコツなんですよ。そうでないと抽象化してしまって、カフカはこうだと言った途端に、もう解説者と同じになり、本来の広がりを狭くしてしまって、窮屈にして「はい、終わり」となってしまう。カフカにしろ誰にしろ、そんな短い言葉で抜き出して言えるはずのものではないわけでしょう。

一昨年私がここでやったときは、ヘレーン・ハンフさんという人の『チャリング・クロス街84番地』という本を使いました。ヘレーン・ハンフさんというアメリカ人の女の人と、それからフランクさんというイギリスの本屋さんとの、本をめぐっての二十年間ぐらいの往復書簡だけの本の翻訳なんですが、それをここでお話ししたことがあるんですね。そのハンフさんという女の人は好みがあって、本を注文するんですが、その本は、人が目の前でしゃべった話を書いたもの——つまり、誰々が何月何日会ったときこうしゃべった、こう仕草をした、ということを書いた本なんですね。まあ一種の伝記ですが、自分が誰かについて見聞きしたこと、経験したことにもとづく伝記なんです。それでないと信用しないと、本屋さんに言っているんですよ。そういう本じゃないと読まない、小説は一切私は嫌いだ、と。そう言って手紙を出しているんですね。

まあその話は別としましても、こういうふうに、ある人が目の前にいる誰々に向かってしゃべった、ということが大事なんですね。聞いている方としゃべっている方の二人です。

『カフカとの対話』の場合で言うと、そうするとヤヌホという人もよくわかるんですね。ヤヌホという人がいて、彼がカフカに訊いて、カフカがその質問に答えて、こういうことをしゃべった、という情報として、とこういうことですね。まあ、本当のことを言うと、そのころカフカは何歳ぐらいということを読者は知っていますし、それから時代はどうかということもわかりますが、本当はそういう情報さえもいらないんですよ。そんなことを知らなくても、対話を読んでいると時代がわかってくるんです。だってロシア革命のことを訊いているわけですから。なるべく外からつかまないで、そのものの中から近づいていくということですね。それはもう僕は絶対承知していることだと思うんです。

フォークナーの答え

聴衆D　話はちょっと違うんですが、フォークナーが、何を言ってもいいけれども、これだけは言っちゃいけないんだ、ということを言っているのをどこかで読んだんです。雑談しているときやちょっとものを書いたりする場合に、こういうことは言っちゃいけないんだ、と一言言っていた気がするんです。それは結局、真実というのは裏から見えてくるものというか。

小島　それは書くときに関して言う場合と日常的に話してる場合と違うでしょう。

聴衆D　もちろん違うんですが。言っちゃいけないと言っている以上は書くことではなかったかと。それは秘密ということとも関係してくると思うんです。実際、秘密ということは何もかもなくなってきているというか、最近は何もかも平板になっちゃっている気がします。

小島　それはおもしろい問題です。今たまたま話に出たからお話ししますが、まあこれは僕が昔書いたことも一回ぐらいあるから、似たような話になるかもしれませんけれど。ソール・ベローという人がいますね。これは数年前にノーベル賞になったアメリカの人で、日本にも来ました。ある雑誌が、世界のいろんな作家にこういう問いを発した。「文学は生き続けられるか」。今から十何年前にそういう問いを発して、いろいろな作家に答えさせたんですね。

その雑誌にはサロートとかいろんな人が答えているんですが、ベローはだいぶ長く書いています。アメリカをあちこち回って歩いていると、どこへ行ってもみんながみんな同じようなことを考えているというんですね。いったい秘密があるだろうかと。あるいは、みんながそれぞれ自分で疑問に思っているようなことがあるのだろうかと思うくらい、どこで誰と話していても同じようなことばかり言っているんですね。ところがある町の図書館に行ったとき、『アンナ・カレーニナ』の本の貸出カードを見た。カードを見せてもらったのか、誰かが本を借りに来たところでふっとカードを見てみたのか、そうしたら、それにもうたくさんの人の名前が書いてある。それを見てベローは、誰に会ったって、私は

『アンナ・カレーニナ』を読んでいますという人なんて一人もいやしない。にもかかわらず、図書館から『アンナ・カレーニナ』を借りていく人がこんなにたくさんおるということは、やっぱり密かに『アンナ・カレーニナ』のようなものを読みたいと思う秘密を持っている人があるんだと思った、とこういう言い方をしているんです。

ちょっと違いますかそれは？（笑）でも、おもしろい話でしょう。そう言ってから、いろんな文学論を書いていく。とはいえその人は、『アンナ・カレーニナ』のようなものはもう書けないというところからはじまるんですけどね。その書けない理由をいろいろ言っているんです。

聴衆D　フォークナーはそのあと、また自分で答えているわけですね。生まれてから死ぬまでの間にいろんなことがあるけれども、それは結局、死ぬまでの間のことにすぎないんだ、というようなことを言っているんです。

小島　結局は生きている間だけの問題なんですか。それはそうでしょう。でもそもそも前段として、ある発言があってそれを言ったと思うんですが。誰かがあることを言ったのに対してフォークナーがそういう意味あいのことを言ったんですよ。そしてそれはそのとおりだけれども、人間が生きているということは、一方においては死んだ先のことも考えながら生きているわけです。あの世へ行ってどうなるかは別としてですね。死ぬということはあの世へ行きながら生きているわけで、たしかにこれは、なんのかんの言っても結局終わっちゃうわけなんだけれども、生きているということは、ただ毎日毎日生きているだけじゃなくて、何か先のものを追いかけていることは事実ですね。

それは何かに対してそう言ったんでしょう？　今さらそんなこと言ってみてもしようがないわけですから。今のことはそのとおりと言えばそのとおりだけれども、そのとおりと思わない状況の中で言ったんですよ。だから、そういうことを言わなきゃならん状況、普通はそういうふうにならない状況があったから、それをぱっと出したんです。前の方がおもしろいんです。その前との関連でそういうことが出てきたんですね。死ぬまでの間のことにすぎないという、それだけならばあたりまえのことでしょう。そのとおりですよね。そんなあたりまえのことをなぜ言わなきゃならんのかというと、その前があるからなんですよ。カフカの場合もそうですね。次々と言っていることは、それ自体だけではなくてその前とのかねあいが問題なんですよ。

その対談の中で、前に出た質問との関係でフォークナーがそういうことを言って、相手を我に返らせたわけです。ですから、ある問いに対してあることを答えたという、その答えの言葉だけでは成立しないんです。そういうやりとりの中から出てきたものとしてつかまえるよりしようがないんです。唯一本当の大事なことはその影に隠れているんです。だから、こういうことだと思いますよ、あなたの言うのはね。

対話の形で書く

言葉だけで全部が尽くされたわけではなくて、やりとりの中に、背後に意味があるわけですね。そう考えたほうがいい。言葉だけで全部が言い尽くせるものではない。

だからカフカのことにしても、対話のやりとりは何回もあるわけですが、経験や何かによってそのつど違っていくわけです。このときはまだまだ若いんですが、だいたい四十ぐらいで死んでいるでしょう。まだ若いときから胸を悪くしていろいろ苦労もしてきたし、それに天才的な人ですから、われわれなどとはぜんぜん違うわけです。とにかく、やりとりとしておぼえておけばいい。言葉だけでおぼえると取り違えることがあるんですよ。やりとりとしておぼえておけば、またあとになって見直して、「ああ、今のはよくわかった」というふうになることがあると思う。それはこの人に限らないけれども。

それから、一人の人がつぶやくように言ったときでも、同じ効果を持つ言葉があります。対話する感じでしゃべっている人です。対話する感じでしゃべっている言葉は、対話の相手がいなくても、対話しているのと同じような効果になる。逆に、ただ一人でつぶやいているつもりだけで書いているものは、これは本当に、あとになって読むと自分にもわからない話になるんですね。対話の形で書いたものはあとで自分で読んでもわかるけれども、一人で自分だけの感じで書いたものは、あとになるともう何が書いてあるのかわからない。

またついでに今しゃべりますと、正宗白鳥の日記にこんな話があります。「私の日記」とか、なんとかの日記というのですね。そこで言うには、日記というのも「私」は若いときにつけていたわけです。しかしあとになって読み返してみますと、日々の流れの中で書いているし、そのときに考えたことを書いているんだけれども、どういう気分で書いたか、なぜこんなことを言ったかぜんぜんわからない。だから馬鹿らしくなってもうよした。こういう言い方をしているんですね。それは一つは、日記は対話の形はとらないでしょう。つい自分の思いをそのまま書いてしまう。だからそういう傾向にあるのではないでしょうか。やはり日記でも、あるとき誰々の言ったことに対して自分がこう答えたという、そういう形で書いておけば、あとになってつかみやすいのではないですか。だから、対話ということは非常に大事なことだと僕は思うんですね。

ラフカディオ・ハーンの言葉

三年前ここでやったとき、小泉八雲、ラフカディオ・ハーンの話をしたんです。東大で昔、ラフカディオ・ハーンが「異常なる散文の研究」という講義をした。明治三十三年ごろですか。それは翻訳が出ています。そのとき彼が学生にどういうことを言ったかというと、「あなた方、とにかく外国のものを翻訳しなさい」と。自分の今の状態や日本の古来からのことを知るためには、外国のものをまず翻訳して、それを知るということが非常に有効だと言うんですね。結局あの人は日本のことにあこがれていて、日本のいいところを外国に紹介した人ですが、あなた方は外国のものを通さなければ自分たちのことはわからない、と言うんですね。そのときにいろんな違和感も当然あるだろうけれども、それを通さないと伸びないと言うんです。小さくなってしまう。

今のは私の言葉ですが、そういう感じのことを言っています。しかしそれと同時に、自分の言う外国のことが、日本人にとっていかにわかりにくいかということも考えていたわけですね。その講義の第一回が、西洋の文学に現れた女性に関する話だったんですね。女性に対する考え方がいかに違うか、という内容です。そのためにはどうしてもこれだけは言っておかなければいけないということを話しはじめた。

彼は熊本の高等学校で教えていたときでも、いろんな本をあつかって教えていると、たちまちのうちに反論が起こってくるんですね。授業に出てくる小説の筋が、こんなもの許せない、こんなこと考えられない、言ってみればリアリティーがないとか、そういうふうにして熊本の学生たちが抗議するわけです。そんなもの教えてくれるな！　とこう言うんですね。そういう違和感の中に彼はいたんですが、いろいろ悩んだ挙句、東大に行ってからの講義の第一回として、まず女性の描かれ方が西洋と日本とでいかに違うかということを、日本人の学生のために講義した。

それから話をしていったんです。彼はなぜか、学生たちがみんな小説家になるかしらと思ったらしいんですね。だから彼は講義の中で、あなた方は真剣に、どんなにわずかでもいいから、とにかく毎日書けと言うんです。日本人はみんな忙しいから、あなた方も忙しいのだろう。――当時から日本人は忙しかったらしいですね（笑）。日本ほど忙しいところはないんですね。私も忙しい、と言う。それでもう、あなた方はどうせ勤めが忙しくて本当にわずかな時間しかないのだから、毎日毎日少しずつやるよりしようがない。あとは日曜にやるしかやりようがないんだ。そういう国なんだ。彼はイギリス人ですが、イギリスでは働かなくてもいい余裕のある人が小説を書いている。日本のような貧しい国ではそんなこと許されないから、ちゃんとした長いものが書けるはずがない。私もそうやっているわけで、あなた方も短いものでもいいから書き続けなさい。そのときにまず翻訳からはじめろということを言っているんですね。

翻訳からはじめるといろんな障害がありますね。内容だけではなくて、文章、言葉の壁ももちろんあるので、小説がすぐにはわからない。そういう試行錯誤をするということは、たとえば外人とわれわれがつきあう場合と同じだと思うんです。たとえば、たぶんこうだと思ったことに、じつは思い違いがあるかもしれないですね。そういうやり方より方法がないわけですね。そうかといって、自分の好きでないもの、嫌いなものは嫌い、好きなものは好きであるけれども、思い違いがあるかもしれない。取り違いがあるかもしらんですね。そういう試行錯誤が本当の試行錯誤かどうかわからないけれども、多少の試行錯誤というものは経なければ、やっぱりしようがないところもあると、じつは思うんです。

いろいろな向きあい方

だけれども、それだけでは済まされないさまざまな問題が、カフカとの関係では特にあると思うんです。それで、今までこういう話を長々としてきたわけなんですけれども。しかし、その戦いというのか、自分の中に巣食ってしまったそういうものをどうやって屈服させようか、ということは実際にあります。特に僕なんかは文壇に入ってからそういうことをやった。これはもう本当にね、困っちゃうんです。準備期間にやったわけじゃないんですよね。走り出してしまってからの戦いですから、非常に困ったんですね。絶えずそういうことはあるわけですよ。人間とのつきあいにおいても、何もかもうまいこと行くわけはないので、「はっ、この人と自分はわかりあえるんだ」と思ったところが、実際はそうじゃなかったと裏切られる。このことが心の傷になって残ることもあるんですね。

だけれどもカフカの場合は、ちょっと激しいところがあるんですよね。それについては大雑把に話しました。ですから、小説を自分で書くための勉強の中で、それを何か、こういう新しい小説だからこんな感じのものを書く、というふうにあまり簡単に思わない方がいいと思います。そして、あくまで味読したり楽しんだりというようなことを大切にする。楽しむことができないものはその分を省くとかですね。たとえば『審判』だって全部がおもしろいというわけにはいかないと思います。これはいかにも閉口だなあと思うところもありますしね。ですが、そういうものでも、またあらためて五年後に読み直すとか、見方が変わることもありうると思うんですね。それからさわりのところだけ読むとか、終わりのああいうところとか。それから「掟の門」と呼ばれているものがありますね。ああいうところはあれだけでもおもしろいけれども。とにかく、いろんなやり方、向きあい方があると思うんですね。

それはあるけれども、まとまった小説作品よりも、日記や対話といったようなものを読まれることも一つの手だと思いますね。これは他の作家にも言えることです。そういうものの方がわれわれに馴染める部分があって、割合に応用的でもあると思うんです。小説そのものはそれだけで完結した小世界ですから。これはあまりにも、普遍として出ている。そうではなくて、日記とか対談とかいったものには、作品のもとになるエキスがいろいろ入っている。われわれにも馴染める可能性があります。

それでよろしいですか？　じゃあ、あんまり充分に答えられていないけれども。まあ自分の腹を割って、カフカというものをいかに克服したか、どうなったかということはまあいいでしょう。それはもう済んだことですから（笑）。二年ぐらい苦労しましたね、やっぱり。

いかに宇野浩二が語ったかを私が語る

宇野浩二は何を書いても小説になる、そのことを僕に語れ、ということですね。何を書いても小説になるというわけにはいかないけど、宇野浩二にはそういうところがあるということと、僕にも多少そういうことがあるというので、表現の自由というくらいの意味で、なんか意義があるんじゃないかということなんだけども。そこから始めてもいいんです。それをいうためにいろんなことが出てくるかもしれないから。

僕は「道草」ということ、つまり横道へそれるということだけど、しょっちゅう横道へそれるんですよ。それでまたもとへ戻ってくる。そういう書き方をわりあいするんですね。そういうことと、語り口と関係があるんで、それも含めて話します。それからかれは引用をたくさんするんですね。引用もとくにあとになってくるとクドくなってくるんだけども。そういう書き方をするということを含めて語り方の問題を重点的に始めのうちやった方がいいと思うんですね。それからあとは内容的な問題で、ヒステリーということ、それをもう少しひろげて人間関係の問題にまでもっていく。彼は非常に親切だった人ですからね。とくに晩年はとても友人に親切だった。どういうふうに親切であるかということと、その親切はヒステリーと関係があると思って、僕はそのことを書いたことがあるんです。つまり親切さが相手にヒステリーを起こさせるんですよね。ある部分、自分勝手なところがあるんですよ。で、とりあえず語り方の問題を話そうかと思うんです。僕のきょうの話し方も、宇野浩二の語りの、そのやり方に便乗してやるわけです。結局ね、宇野浩二の話をしながら。

僕は前に作家評伝を書いたときに、大阪落語の語り口に似てるということを書きましたけどね。大阪落語をどこまで僕が知ってるかということは、ちょっとこれは怪しいもんでね、ただ大阪の人の語り方というものがあるわけね。回りにいる人をとにかくみんな愉しませるという語り方、これはちょっと他の地方にはあまりないと思う。徹底してそういうことやりますから。大阪の人間じゃない者がその場にいたら、相当手のこんだことをやるわけですよ。だから、手のこんだやり方という点では宇野浩二も手のこんだ語り方をしているわけですね。だけども、大阪の人たちがみんな宇野浩二みたいな小説書いたわけじゃないからね。そこに問題があるんです。大阪出身で小説書いてる人はずいぶん多いと思うけども、わりあいに、普通の意味で真面目な小説書くんですよ。田辺聖子さんみたいな書き方もあるし、ユーモア小説的なもの、あれはあれでひじょうに大阪的なんですけども。浩二のはもっと手がこんでいるんですね。その手のこみ方ということでは、たとえば織田作の小説も庶民の生活を書いたりして、とてもいい小説があるんですけども、やっぱり、ちゃんとした普通の物語なんです。大阪人を描く物語とか、そういうものでしょう。今、大阪出身の女流作家で、河野多恵子さんでも富岡多恵子さんでも、手のこんだことはやらないんですね。大阪人は語りもうまいし、人間もこなれているし、下情《かじょう》に通じていて、大阪弁を使わせて小説を書かせたら、それだけですぐ読めるものを書けるんですよ。田辺聖子さんだって大阪弁で書くというところに独得なものがあるわけね。ですから大阪の人たちは大阪の味を出したりするんですけども、なんというのか、気の配り方ですね、大阪の人の気の配り方、他の人は何を考えているのか、どういう偏った夢を持っているかとか、みんな人間てのは夢を持ってますから、それをよく大阪人はわかっている。そういう理解はだれでも大阪の人にはあるかもしれん。ですけども理解を示すことが小説の方法みたいになっている作家はあまりないんですよ。方法になってくると、とたんにややこしい小説になるし、ややこしいといっても読みにくいというのじゃないですけども。そういう要素は大阪の人の中にあるんだろうと思うけども、そこまでは普通いかないわけですね。

今朝、ある人から宇野浩二は口語風ですよっていうことをいわれて、僕もそう思った。

みんな自然主義の作家は口語文で書いとったわけです。たとえばその頃、正宗白鳥でも藤村でも葛西善蔵でも、葛西の弟子の嘉《か》村《むら》礒《いそ》多《た》でもみんな口語文で書いているんだけども、やっぱり文語風なところがあるんですよね。佐藤春夫でさえもそういうところがあるし、志賀さんだっていわゆる口語風のくずしたところはないんです。それが浩二は口語文で書いていても、ラクな感じで、何を喋ってもいいような感じ。どんなふうに横にそれていってもいい……。普通にしゃべるとき人間はいろいろやるでしょう。落語なんかたしかにそうやってやるんですね。それでいくことを苦にしないやり方ね、横道に入っていくことも芸のうちだという考え方が徹底しているわけですね。だからそれが気に喰わんという人もいるわけです。もっとキチンとしたものを書けとか、横道なんかそれるもんじゃないとかね。そういう真面目な考え方の人がいるわけですね。それから比べると最初から違うんですよ。真面目じゃないところに面白味があるわけで、それは今でも問題として残っていることだと思うんです。なんだかんだいっても大真面目じゃないと許さないところがあるんですね、世間は。ところが浩二はそうじゃない。

彼の作品の中にもいろいろあるんですけど、ある時期、昭和八年頃の文芸時評で川端康成さんが、横光さんの小説、「花花」だったかな、それと宇野浩二の小説を批評しているんですね。それで横光さんのはモダンバレエだといってる。こういうのは私は好きじゃないといってますね。それから、浩二の方もね、落語とはいわないけどいいことはいわれてない。要するにケナされている。しかも最後に徳田秋聲の「町の踊り場」という短編、一種の心境小説ですが、これを絶賛してますね。徳田秋聲はこの作品で甦ったんですね。それ以前は山田順子なんかの問題があったりして、駄目になって、通俗小説をたくさん書いて、やたら話を長くしていた。大正の終わりに奥さんに死なれてから、山田順子という女弟子と深い関係になって、そのことを甘い小説に書いたりするんで正宗白鳥も本気になって怒ったりしたことがあるんです。それから何年も経って昭和八年に「町の踊り場」で甦ってきたんですよ。それがなかったら徳田秋聲は認められなかった。『仮装人物』を書くのはそれからですからね。とにかく昭和八年に宇野浩二は横光利一といっしょにメタメタにやられるんですよ、川端さんに。ところがあとになるとまた宇野浩二が誉められる時がくるんですね、それが「子の来歴」で、それが絶賛されるでしょ。その前に「枯木のある風景」を書いてますよね。要するにこんな小説は落語と同じだとか、普通の小説よりレベルが下だというふうにいわれる。

不真面目というか、ちょっとレベルの下の語り方、なんでも書くけども大したことじゃないという……。何でも書ける、そこに意味があるという考え方もあるわけね。みんなが選んで選んで書いて、結局何を書いたかというと、なるほど「町の踊り場」もたしかに傑作かも知れんけども、しかしいくら傑作でもそれで書かれるものは、やはり限られているともいえるわけでしょ。つまりタカが知れてる。当時あまり誉められなかった宇野浩二は、その書き方のためにいろんなものを書いてきた可能性があるわけですよ。宇野浩二の場合は戯作調といってもいいけども、石川淳という人がやるのとちょっとまた違うんですね。石川さんのは筋が全く一貫してて、真面目っていえば真面目なんですよ。戯作調ということでいえば真面目じゃないともいえるけども、書き方は真面目ですね。宇野浩二のはちょっと破目をはずした書き方なんですね。なぜ破目をはずすかっていうと、破目をはずさないといえないことがあるからだと思うんです。どこかにあったと思う。

僕は前に作家評伝を書いたときに「蔵の中」という処女作について書いたけれども、その「蔵の中」の序文が——本にするとき序文をつけるんですが、その序文は近松秋江を扱っている。小説の内容は近松秋江がモデルになってるようだけども、ある意味ではほとんど作者の宇野浩二の分身ともいえるんですね。着物に対する執着の仕方なんかは近松秋江がモデルでしょうけども、ほとんど浩二自身なんですね。自分と同じなんだけどもどうも自分のことにしてはもっと距離をおいて書いてる。それはいいとして、本文は非常に有名になった例の語り口で、なんていったらいいのか喜劇的だというんですか。諧謔性の強いものだし、とにかく読まされていってしまうんですね、彼の文章は。次々と面白いことが書かれてるわけです。面白いことっていうのは、やっぱり妙なことに一途になっている男のことが書かれているんですね。宇野浩二は着物のことにそれほど愛着持ってるか持ってないか知らないけど、だけど少なくとも小説書くという意味じゃみんな同じように愛着を持っている。これは世間の人が見たらおかしなことに一所懸命になってる、一途になってると思いますからね。ですから要約すれば、みんな仲間なんですね、文壇の人は。同じことに志を持って、夢中になって、世間からはわけのわからない人間と思われているわけでしょう。今の人と違うから、わけのわからない人と思われている。そんなふうだったから、文士は結婚しても、奥さんなんか、旦那がなにを一所懸命やっているかわからないわけですよ。そういうのが今よりははっきりしていたと思う。

「蔵の中」の序文で、近松秋江論というのをやるんだけども、それがものすごく手がこんでるわけです。秋江をモデルにする、しかもその近松秋江論を載っけるときに、どういうことを書いたらいいか。差しさわりがあるし、友だちでもあるし。その時の近松秋江の文壇の位置なんかも、ちょっとからかって、あんまりたいしたことはない、楽屋裏ではそうとうにもてはやされているけれども、まァ、外にいけばたいしたことはない、今の新人作家がそんなに偉くなるはずがないということもいってるわけですね。そうしてみると、近松秋江は実は相当なものだっていうことをいってるんですけども、その後にヘンな女郎さんの口調で、要するに通ってくる人を恋しがっているいい方があって、それを出しているんですね。それは近松秋江が夢中になっている女でもある。と同時にそれは文学に対する一途な気持ちも託しているような文章で、いろんなものが序文の中に入っている。ですからあっちからこっちから、短い序文の中に文壇のことから、近松自身のことから——近松もある程度宣伝しなければならない、自分は近松を全面的に人間として、大変な人間だと思ってる。変わった一途な人間でヘンな興味をもってる。だけど小説家としては、そうバカにならない恐ろしいところもあるかもしれないぞという、そういう全部を込めたことを序文に書いているわけですね。だから非常に手がこんでいるわけですよ。そういう序文で、しかも本文の方は近松秋江らしい人をモデルにした「蔵の中」というおかしな、おもしろい小説なんですね。いずれにしてもそうしてできたのが一冊の『蔵の中』という本だとすると、そんな手のこんだことをした人は一人もいないんですよ、序文と本文の関係で。それだけでも彼は、われわれの今の気持ちからいうと、先達というか、現代に近いところがあるといえないこともない。配慮の仕方のこみ入ったところね。これは威張ってたら、こんなふうに書く必要ないんですよ。あまり威張らないために起こる現象なんですね。

それで僕は思いだしたんだけども、『ドン・キホーテ』の第二部を書いたときに、セルバンテスが序文をつけるわけですね。それで一年くらいして死ぬんですよ、彼は。だから恐らく本が出たときは生きていたと思うけども、すぐ死ぬんです。その序文が、ちょっと長くなるかもしれないけども、これは非常に大事なことなんで、このことを喋りたいんだけど、この序文はヘンな序文なんですね。これは知ってる人は第二部に出てるから読んで知っていると思うけども、ナポリの太守のレーモス伯爵という人に献げられている文章なんです。この人はパトロンなんです、パトロンだけども生活費はあまりもらってなかったかもしれないですね。ちょっと読んでみます。訳はちょっと古い訳になっています。こういう訳の方が面白いですけどね。これは序文ですよ。

真実の『ドン・キホーテ』を得たいという最も激しい欲望を示したものは、支那の皇帝でございました。一と月ほど前、支那の皇帝は、私のところへわざわざ特使に持参させた支那語の手紙を寄こしまして、朕はカスティーリャ語を教える学校を創設したいと思っている、そしてその学校では、『ドン・キホーテ物語』を読本としたい意向だから、どうかそれを送って貰いたいということを頼んだ、と申すよりも懇願して参りました、更にそれには、私をその学校の校長に招聘《しょうへい》したいということが書きそえてございました。私は、その使者に、支那の皇帝から、私の旅費として幾らかのものを託されているかどうか、と尋ねました。すると相手はそんなことはおよそ考えもしなかった、と答えました。それでは、と私はその使者に答えたのでございます、貴下は明日いや明日とは言わず今日、直ぐにでも、あなたのお好きなときにお国の支那へお帰りになってかまわない。何故なら私の健康は、そんな長途《ちょうと》の旅行に堪えるほど好くはないからです。おまけに、病気だということを別にしても、私はひどくお金に困っているので、皇帝対皇帝、君主対君主ということになれば、私には、ナーポリに、レーモス大伯爵という方がいらっしゃる、この方は別に、学校の幹部とか大学総長だとかいう結構な肩書のことこそ何ひとつ申されないが、私に生活費を支給せられ、あまつさえ自分ではちょいと要求できないほどの数々の恩恵を下し給わるのです。

どういうつもりでこういう序文を書いているのか。支那のことはまさかなかったと思うんですけども、『ドン・キホーテ』がいかに読まれているかということをここで宣伝しているわけですよ。支那にまで伝わってると。しかも自分を呼んで、スペインのある地方の言葉、カスティーリア語を教える学校を創設したいとか。旅費をよこさないなら、じゃあ帰ってくれとか。これだけの文章の中にさまざまなことをいっているわけです。外に向かってもいってるし、色々な相手に向かっていってる。ですから一つのことをいうときにどのくらい広い範囲のことを含めてものをいうかということ、それが現代の特徴だと思うんです。

宇野浩二は単純な人のことも書いています。しかし彼自身はひじょうに手のこんだ書き方をするわけです。書き方は滑らかな書き方で、むしろ自由な書き方でわかりやすく、僕らとちょっと違いますけども。わかりやすくしか書かないというところに彼の、大阪人のいいところがある。僕らはやっぱり泥臭いからそうはいかないんですけども、宇野浩二は最小限度わかりやすく書かなければ駄目だという考え方なんですね。しかし手はこんでいるんです。手がこんでいるということはいろんな意味での配慮、世俗的な配慮を含めての配慮があるわけです。だからシンプルな人間であるけれども、書き手としての彼はシンプルでない、どころかひじょうに手がこんでいる。しかも読みやすいということですね。だからどうしても口語文になってくる。口語であることがいいということになってくる。新しい感じがするんです。このやり口がね。この手練手管がおもしろいと思うんです。

しかもちょっと見てましたら、セルバンテスは、自分の『模範小説集』というのを書いたとき、その序文で、こういう仮定をしているんですよ。この小説集の序文において、友の一人がこの書物の巻頭に置くために、自分の肖像を彫らせようとしたという仮定をして、実際にはない自分の肖像について、次のような叙述をしているんです。六十六歳、一六一三年、死ぬ二年前ですけど。自分で自分の肖像はこんなふうだと、自分自身のことを書いているわけですね。

> ここに御覧になる、面長の、栗色の髪をした、額の滑かで広い、両眼の生々した、なかなか恰好はいいが、やや曲った鼻、銀のような髭……

こういうふうに、なかなか手のこんだことをするわけですよ。こういう手のこんだことをするっていうことが『ドン・キホーテ』という作品の面白さと関係があると思うんですけれども、これはやっぱり喜劇性ですよね、こういう手のこんだことをやらないと、なにかが充分にいえないからこんなことをやってるんです。なにかっていうことは簡単に一口でいえないけども、だから現代の複雑な状況に生きているときにはこの方法を使う人がたぶんいると思うし、これは有効な方法なんですけども、これには才能が要るんです。つまり配慮する広がりが要るんです、人間の広がりが。それと人間に対する理解への興味、人間として一人一人がどのくらい夢を持ってそれをギクシャク揉み合って生きてるかっていうこと。その基本は自分もそうだっていうことですね。それで結局、小説の中ではたびたび横道にそれるんですよ。評論なんかもそうですね。昔は閑話休題、さて、というやつですけど、元へ戻ってくるわけですね。これは普通のちょっとした文章ならいいけども、浩二の場合、さっきもいったように、ひじょうに肩の力を抜いて書いているときも、さて、というのを使うわけですよ。横道にそれる。

ところが最近僕は二、三、ハムレット論とか、その他いろいろな本を読んでましたら、どうも構造主義の系統の人も、同じようなことをいってるんですよ。今頃そんなことに気づいても遅いとかいわれそうだけど、みんなが知ってることを今気がついたっていうことはむしろ僕は喜ばしいことだと思って、面白がっているんですけど。ロラン・バルトという人なんかは、まさに道草を喰わなきゃ駄目だっていうことを講演でさかんに喋るんですよ。私はまた道草を喰いますからよろしくお願いしますというようなことをいうんですね。つまり大真面目になると人は危い、人を説得しようとするから。説得しようとしたとたんに、関係がまずくなる。押さえつけようってことになるわけだから。だからあんまり簡単にわからせることはまずいと考えたわけですね。『ハムレット』というのはわかりにくいものになっています、昔から。なぜわかりにくいかということを論じてる、L・ヴィゴツキーというロシアの、やはりこれも構造主義の関係らしいね、フォルマリストの関係かもしらん、似たようなところもあるもんだから。それで、訳が出てる。『寓話・小説・ドラマ』っていうんですね。寓話も小説もドラマも本当の面白さっていうのは、ある方向に趣旨が、つまりテーマが一本筋に向かってずっと行くという方向があるわけ、それがまっすぐに進むというふうにいかなくて途中から横道する、紆余曲折をね、その二つがもつれて、結局はその終わりで一つになるけども、最初に狙ったのとは違うところを通って一応は同じところにきてるようにみえる。それはみえるだけで実際はもう違うんですね。紆余曲折をしてから、ヒョッと同じところへ寄ってくるという……。『ハムレット』もそうだったんです。ハムレットは復讐をしなきゃならんし、でも復讐をすることができない、この二つがもつれ合って、できない方がしょっちゅうこう入ってくるわけですよ。できないことが入ってくることによって複雑になり、普通の考えからいうと、わかりにくくなる。未だに作品が残っているのはそのわかりにくさと関係がある。そのことをうまくいってるんですよ。『寓話・小説・ドラマ』には一直線にある方向に行かないで横道をするのはなぜするかということが書いてあるわけですよ。それをひじょうに上手に書いてあって、要するに芸術性ということの中に、横道にそれることをむすびつけていってるんですね。芸術性に近いことばをいってる。それをもっと上手にいってるわけです。

ですけどもそれと関係なくロラン・バルトなんかは横道ということ、要するに横へそれていくことが大事だというんですね。一直線にいったり、あることをいいそうになったらパッと身をよけなきゃいけないと、これは関係があるかもしれないですよ、ないかもしれんですけどね。もとはあると思うんですよ。これは昔から実際実行してると思うんですね。論としてそれを論述しているのは最近のここ何十年間でしょうけども、感じとしてはみんな把《つか》んでやってきたと思うんです。『ドン・キホーテ』という小説だってこんな序文をつけてるっていうことは、本文でもやってるにきまってるんです。序文が道草なんですね、いってみればね。ですからさっきの宇野浩二の『蔵の中』だって、秋江論をつけるのは、やっぱり普通の常識からいえば余計なことをやってるわけよ。しかし、彼の余計なことやるっていうことの中には、ちょっと気違いじみたある世界があるんですね。それがやっぱり今のわれわれに魅力を感じさせたり、不思議な感を抱かせたり、ちょっとミスティクな感じをもたせたりする。何かと対応するためには、そういう手練手管がいるんだという。

それは何との対応か、と簡単にいえないですね、人間の生活の世界かもしれないし、もっと大昔だったら、古代だったら、ギリシアの時代だったら、そこに運命をつかさどっている眼に見えない神さまとコロスとの関係とかね。コロスは祈ったり踊ったりしますけど、普通の筋からいえば横道にそれるんだ、コロスがやる部分てのはね。そういうふうにそのなにか、なにかのためにそういう本質を得るっていうこと、ロラン・バルトのいってる横道っていうのも、社会に対応するためです。世の中のぬえみたいな存在とか人間のなんとかに対応する個人との関係でそういうことをした方がまァ、いいか悪いか、言葉ではうまくいかないんだけども、こういうふうに考えると面白いなというだけで、それ以上意味づけを僕はする気はないんですよ。宇野浩二から学んで自分のことやってるわけでもないし、僕は自然発生的にやってて、振り返ってみると僕が今しゃべったようなことは、今朝、思いついたんですよ。そんなこと書いてないよ、僕の作家評伝にもね。その序文にしろ、セルバンテスの序文にしろ、今朝思いついたんです。僕が前に作家評伝に書いた時期には今のような言葉で考えてはいなかったんです。しかしこの道草を喰うっていうことは本当にないんですよ。正宗白鳥なんかの随筆は、やたらにどんどんはずれていくんですけど、こんなふうに肩の力を抜き、さて、とかこんな自由自在のいい回しの語り方じゃないんです。だからやっぱり浩二のは大阪風の語り方なんですね。ものすごくぶてぶてしいような、それで柔らかいような、ほんとに口語文なんですよ。

それでまだ語りのことは充分にいえてないんですけども、宇野浩二はある時期から、病気が回復した頃かどうか、はっきりわからないけども、たとえばゴーゴリ論書いたのは元気になってからだったかな、とにかくあれなんかでも引用がたくさんあるわけですね。引用しては自分で解釈する、つまりいろいろ解説するんですね、小説においても。もともとそういうやり方をするんです。それもまた今の人がやりたがっていることなんです。つまり人の意見をいろいろもってきて私はこう思うとかね、やりくちが小説も評論もみんな同じようなところがあるのね。それがさっきの横道への道草とひじょうに関係があると思うんですけども、さっと引用してどんどん話を進めてゆくというだけじゃないんですね。だんだんあとになると、芥川賞ができてから宇野浩二は選考委員になって、候補作を読んで批評するわけですけども、その選評もそうだけども、どんな文章を書いても、クドクドと説明したり、いろいろとくっつけるわけですよ。これも関係あると思うんです。さっきの大きく横道にそれていくこととね。ちょっとわずらわしくなりますよ、晩年はね。どんな簡単な人のことを小説に書いても、彼の筆つきはカッコに入れたり、ひじょうにすっきりしない書き方をするんですけれども、それもひとつの彼の特質ですね。それはわずらわしいようですけど、その気違いじみた粘りぐあいの執着の仕方は、ちょっとこれは病的ですよ。また病気に戻ってきたんじゃないかとみんな思ったくらい。そういうことが好ましくうまくいってることとは別にね。普通の研究者なら丹念に正確を期してやるのと似てるけれども、研究者じゃないんですよね。エッセイでも小説でも、ある女主人公がこういうとき、こうして行ったということを書くとすると、もっとくわしく言い直してみたり、それはそうしないと作者の気がすまなかっただろうと思うし、病気とも関係があったと思うんですが、しかし最初からそういう傾向があるんですね。近松秋江のことを書いて序文としてつけるようなやり方も、どこか似てて、そこに一貫したものがある。晩年のそういうものは必ずしもみんな面白いと思わなかったかもしれないけど、僕はそのやり方の中に秘密があると思う。

ゴーゴリの文章なんていうのはやっぱり普通の人がみると奇怪な文章なんですね。ひとつのことをいっぺんいっといて、またくりかえしたりね。また足していったり。それはゴーゴリもやるけどもドストエフスキイもやるわけですね。やるたびに別な角度が入ってくるわけですよ。またいうっていうことはくり返してるわけじゃないんです。くりかえしているようだけども、別なものが働いているんですね。ただくり返しているんじゃなくてそのたびに世界が拡がったり、恐怖感が広まっていくような形になってるんですね。これはちゃんと誰かが書けばいいし、僕もキチンと書いたこともあるし、ナボコフなんかもたしか書いてると思うんだけども、読めばすぐわかります。それに気が付かなかったんですね、ゴーゴリの文体に、ある時期までは。おそらくドストエフスキイの文体もあまりよく意識されなかったような気がする。

だからそのゴーゴリの文体と、宇野浩二の文体と同じっていうわけじゃないですけども、そのあとに足してカッコに入れてやるというのは何かを恐れてやっているんですよ、ゴーゴリは。その恐れているものは何を示しているのかわからないけど、そこになにか僕は秘密があると思う。これをもっと横にズラして考えると、こういうことをいったときに、あ、これはこんな声がきこえてくるとか、こんなことをいうのがいるかなとか、それに対応してまた足していくとかね。宇野さんがそういうことをやっているというんじゃないですけど、それはわかりませんけども、しょっちゅう言葉を出すために対話をしてるということなんですね。だれかと対話を。その対話の声がたくさん聞こえれば聞こえるほど、世の中に匹敵してくる。世の中に対応してるわけだから。世の中にいろんな声があるわけだから。だから、くり返したり、ちょっと違うことばを入れたり、カッコに入れたりするということを考えると、それが昂じると病気ですよ、それは。恐怖感をそういう方法で入れて、それはグロテスクでもあるけども、徹底すれば気は狂いますよ。でもそういうふうじゃないと世の中に対応できないわけですね。世の中に対応するために、たくさんのことを書いて対応する、それはいくら書いたってキリがないわけですから。対応するっていうのはその対応する態度の中にしかないんです。だからその態度は、ちょっと宇野さんにいえるし、性質は違いますけど、僕にもあてはまる。どこか似てるところがある。そういうふうに考えるとちょっと面白いです。

　別な話に移りますと、最初の「蔵の中」に、「当人の身になって」という言葉があるんですよ。これは秋江のことで、当人というのは、秋江の身になってということを書いているんですけど、この「身になって」といういい方は、ふつう実生活では使いますけど、小説の中や作家の書くエッセイの中で「――の身になって」といういい方はしないですね。小説家はいろんな登場人物の身になって書くわりにね。浩二は当人の身になって秋江のためにこうこういうことをいうだとか、それは少々押しつけがましい言い方なんですが、「身になって」という考え方は彼にはずっとあるような気がするんです。それで、いろんな人間が出てくるうちに、ヒステリー女が怒るところがあるんですけども、結局、たよりない人だ、と怒ってるんですね。あなたはひじょうに物わかりのいいようにみえて、ほんとはたよりない人だというふうに、約束が違うとかいってまとめてヒステリーを起こしたりする。ところが秋江という文壇人だけじゃなくて、彼はいろんな人の身になって、気を配ってやれる人だと思うんです、実生活において。とくに後半生では、いろんな友人の本を出してやったり、いろんな世話しますよ、病気が治ってからですけど。それでずいぶん多ぜいの人の本を出してやった。すごく親切な人なんですね。その親切が仇になって、親切であることはわかっているんだけども、どうしようもなく腹のたつこともあって、それでヒステリーを起こすみたいなんですね、そう書いてはいないけど。この関係がどうもこの人のポイントみたいなんですけども、彼の小説をよくよく考えるとそういうことはたしかにポイントになってるという気がする。このことは作家評伝にあまりよく書かなかったんですけど、僕は自分自身が年寄りになったということをなんとなくいったりするし、それで小説を書くときも自分を他の人の代弁者として書かせたり、書いたりしてますから、これを僕は方法として使ってるもんですから、驚いたんです。「身になる」というい方がでてる。僕は自分のことといっちゃったからまずいんですけど、「身になる」というい方、やり方は、だれでもそういうことしてるっていえばしてるんだけども、それを意識的に言葉にしてやっていた人はあまりいないような気がするんです。

「身になる」ということは、これは芝居でも役者は身になってやるわけだしね。ですけど、これがうまくいかないんですね、実生活では。そうなると書くわけですね。さっき僕はたよりないんだっていういい方をしたのは、浩二の後半の女性関係ですね。奥さんと同じ店で芸者仲間だった愛人は、奥さんはとにかくいやがるわけですよ。そのあと森川〔本郷森川町〕に出てくる愛人は、奥さんがいるのを知って、あっち方面だけは行かないでくれ、とかね。なんかそういうところに共通したものがあって、最後に子供をひきとるわけですけど、要するに実生活ではたよりない人っていう結果になっちゃう。そういうことを書いてるわけです、小説の中に。で、彼は夢にみたり、親切にしなけりゃならんと思ったり、いろいろ気を配ったりしているんだけど、結局たよりない人だといわれるこの状況そのものを書いているわけです。割合こういう人はいないですよ、小説の中でこういうこと自体を書く人は。かなり自由な感じ方、自由なものの考え方をもっていないと、そういうことを主題にしないですよね、現に他にいませんから。自分のことを全部さらけださなければならないわけでしょう。そこまでは普通やらないんですね。浩二は最初からそういうふうに書いてる。それがこの大阪の人の人情の中によくあるんじゃないですか、『夫婦善哉』みたいな感じのね。そういうのが生きているのかどうかわからないけども、あるんですね。だからそういう散文的な世界というのは、ちゃんと始めから書かれているわけですね。なにもかも、自分も他の人も全部ひっくるめて、みんな同じ夢をもって。その夢はやっぱりうまくいかないんだということ、そのことを彼は書きたいんですね。他の人も夢をもっているし、それぞれ自分流の夢があって、それがかなえられないという、あたりまえのことなんですけど、そういうことを最初から書いてて、このことと、浩二独得の語りとはどこかで関係あると思うんですけども、それはともかくとして、その散文的な態度は相当こなれた柔軟な感じじゃないとなかなかでてこないと思うんです。最初から勘定に入れてそれをテーマにしてるっていうことは相当自由な人だっていうことになる。それは僕、もっと上手にいわなけりゃいかんのだけれど。

みんな一所懸命やっていっても、夢は破れるんですね、だれもかれも。で、破れた者同士がこの世ではそうやって一緒になって生きていくんだという、今度はそこにまた夢をもってるわけです。夢が破れて一緒に行くっていうことで人間の夢、夢といったらちょっとヘンだけども夢が本当にある世界があるんだという、むしろそういう世界に愛着を感じて、それを書くようになったのは事実なんですね。横道になぜそれるかということ、それるということは一様であっても、なぜそれるかは人それぞれ違うと思う。なぜそれるかは世の中の問題、自分の恐怖心、ある予感、そういうもののためにちょっとそれるわけですけどね。しかしこの人の主題はやっぱり夢見るということなんですよね。夢というのはこわれるということですね、その恐怖心もあると思うんです。そういうものは個人の人間関係にもあるし、人間と世界の関係にもある。だから、そうすると彼のひとつの方法的なものと、夢見る内容とはだいたい重なっていくような気がするんです。これは想像ですよ。ですけど、この人のように夢見るということをいい続けた人はいないんですよ。

今いったようなことは、案外なにかつながりがある。だいたい内容と形式的なものというのは、それぞれつながるんだけども、それがつながるとき必ず独特なつながり方になるんですね。つまり、なりは一人一人ちがいますから、形式は同じようで、結果的に多少違ってくるわけですね。

効果を出すためには敏感に対応するものとの声をきいていかねばならんのですよ。夢を壊すものの声をきくとかね。そういう敏感さがないと、これを使っちゃあだめなんですよ。だから方法的に真似するとかいって真似できるものじゃない。これはほとんど生得のもので、ほんとは学べるものじゃないんですけども、考えることは面白いですからね。今の世の中は考えることが面白いことだから、こんな考え方もできるっていうことの方がむしろ、今の時代に合ってるかもしれない。すぐ結論を出してこうだといってしまうと、その結論が危くなっちゃう時代ですからね。

マラマッドっていう人が最近出した短篇集の序文で、創作を志ざす人のうち、優秀なほんのわずかの人しか作家になれない、あとは一年もたつと、かえって邪魔になるくらいになっちゃう、といっています。作家志望者に対してできることは、激励すること、勇気を与えること、エンカレッジすることしかないというんですね。エンカレッジしていって、その仕方はむつかしいんですけど、希望をもたせるわけです。要するに自分で自分のフォルムを学んでいくことになるんですね。そして自分のフォルムを学ぶために、短篇を書いた方がいいと、マラマッドはそう言うんです。短篇のいいところは、まず早く書けるということ、読むほうも早く読める。それと、なんといっても、自分で自分のフォルムをつかみ易い、というんですよ。それはひとつも説得力がない意見といえばそうなんだけど、好きなんですよマラマッドっていう人は短篇が。短篇の方が僕は出来がいいと思います。長いもの書いても短篇の連作みたいになっている。結局は自分でフォルムを発見しなければ駄目だといってるんですね。そういってるんですけども、後戻りすると小説というものはどういうときにうまくいくかというと、書けてウキウキしているときだっていうんです。要するに意気が揚ってくるときで、そこからフィクションが始まるんだけども、つまり、自分の書いた人物が動き出してきてね、予想外に動いて、それが回りにテリトリーになって活発に動き始めるわけね。そうすると自分は書いてる人間でありながらひじょうに気分が高揚してくる。それが小説で、いってみれば自分のフォルムができているときだというんですね。自分のフォルムがどういうときにできたかっていうと、自分の意気が揚ってきて、人間が動き出したっていう感じがして、一種の愉しさがあって、フィクションもどこかから入ってくるし、そのとき逆にフォルムもできている。これは普通反対に考えると、わかりいいようだけども、一番それがわかりにくいことなんですね、フォルムで始めちゃうと。それでやってもうまくいかない、人に見せるとこれはだれの真似だということになっちゃう。真似だって感じを与えるということは、自分の感じでつくってないということなんです。マラマッドはもっと微妙に長く書いているんですけど、彼のいいたいことはそういうことなんです。これはちょっと大事なことじゃないですかね。マラマッドと宇野浩二の問題と、簡単にむすびつけてもわからないかもしれないけど。

男の領域と女の領域のせめぎあい

あ、文壇の男が女性に対して解放的かと思うと大間違いですよ。現実の場においても、作品を書く場合においても。文壇の男は女性に対して、女流作家の望んでいるような意味で解放されてるわけじゃないです。悪くいうと自分の世界を守っちゃってるわけだから。つまり小説家だから、どうしたって自分の作風ってものがある。自分の作風ってものは、自分の生活や性質やいろんなものと関わっています。これには、もちろん伝統的なものをひきずっているわけです。決して女性に対してかんたんには解放的になれないですよ。今までの既成作家は今の人とは違いますよ。解放的であろうとしても、自分の中にほんとうにないもの、育ってないものは、リアリティをもっては書けないんです。書くということはウソをつけないものだから。通俗小説なら書けるかもしれないけれどね。

解放を書くということは、男と女の押しあいへしあいを書くということでしょ。しかしそれは、たいへんむずかしいことです。男と女が、それぞれの特性やら違いをもって、押しあいへしあいする。そうして変化するその瞬間瞬間をつかまえて書かなければダメなんですね。その押しあいへしあいがちゃんと書かれたときに、はじめて小説の中での解放があるわけです。ところがそれは一朝一夕にはできないんですね。

ぼく自身が、女性に対する考え方が、十年前とかわってきてます。十年前は自分を中心に考えて、男を中心に考えて、それで自分の男の立場から見るとこういうところがわけのわからんところだとか、おかしいところだとか、そういう見方で書いていたわけです。ところがそう思ってる自分の方がおかしいかもしらんというふうに考えはじめた時期があるわけなんですよ。そうすると途端に小説が狂ってくるんです。しばらくは狂いますよ。態度が弱くなっちゃうのね。視点が動いてきちゃうわけですから。今はそのことの両面がぼくの中にあって、その両面を書くことになっていると思いますよ、昔と比べたら。そういう変化は少なくともぼくの場合はあります。年齢の問題だけじゃなくていろんな経験をしたりなんかして、そうなってきてるんですけどね。

女が見て女が書けている、女が書いてもらいたい、自分も書きたいと思う作品が少ない、と、河野（多恵子）さんはいうんですよ。それでぼくの『女流』という作品は、ほめてくれるんです。男の作家が書くと、女をよく書いてあるといっても、女流作家の好むような女は書いてないんですね。女性作家の好む女というのは、女流作家に近い女の人でしょう。ところが、男が女を書くといっても、昔からよく書けている女というのは、――有島武郎の『或る女』の葉子のようなのはもちろんいいんですけど――ある好みがあるんです。たとえば秋聲の書く女性といえば、『あらくれ』のお島にしても『縮図』の銀子にしても、下積みの生活をしていて奮闘したりするような、そういう力強い女性を書いていますよね。自然主義風の女主人公が出てきます。ところが、女流作家のもっと知的で、もっと前向きで、今の時代に多い、そういう女のたくましさや、面白さや、自由さやちょっとヘンなところや、そういうのは男の作家は書かない、というわけですよ。それはこういうことなんですよ。

昔から、これは丹羽（文雄）さんなんか、よくこういうことを言っておられるんだけれど、漱石は女が書けないってことなのね。秋聲と比べると全然書けてないって言うんですよ。秋聲は女が書けてる、そういう言い方はずっとあるんですよ。秋聲を尊敬してるのは舟橋聖一さんでしょ。それから野口冨士男さんなんかもそうですね。川端さんなんかも秋聲をひじょうにほめるわけ。ところが、なんとかいう数学者がいましたね、岡潔さんか、あの人が対談で、漱石は女が書けてると言うんです。ドストエフスキーの『白痴』もそうだけども、漱石の『明暗』だったか、女が書けてると。大庭（みな子）さんも『白痴』は女が書けてると言ったことがある。ああいうのが好きだったんでしょう。そうすると、女が書けてるっていうのが分かれちゃうわけですよ。だから、女の何が書けてる時に書けてるって言っているのか、わからなくなっちゃう。ぼくは昔から、「女が書けてる」って言葉を聞くと、何を書くことが女が書けてるのか、わからなくなっちゃうんですよ。だいたい今までは男の世界ですから、女が書けてるってよく言うんですよね。「男が書けてる」っていい方はあんまりしない。女流作家の書く男は、女が男に対して甘いとかはよく言われますけどね。「女が書けてる」っていう言い方は、なんといってもひじょうに多い。よく使う言葉ですね。でもそのへんのところがぼくにはよくわからない。そういうふうにバラエティがあるんですよ。

それから、昔から「マダム・ボヴァリーは私だ」っていう言い方があるでしょ。それで、『アンナ・カレーニナ』なんかを読むと、ふつう、トルストイが許せない女というふうにして書いたと言われているし、ひょっとしたら自分もそう思っていたかもしれない。そういう事件があってそれをもとに書いたわけ。そのときの感じではそう感じて書きはじめたかもしらんけれど、実際は、アンナ・カレーニナもトルストイだと言った方がいいぐらいなんですね。いかにもトルストイ自身がそういうふうに感じそうなことを女性に託して書いているようなところがあるわけです。あれだけ書けるってことは、トルストイにひじょうに近いところがある。宗教を見ても、肉体と精神の間で揺れるっていうのは、まさにトルストイそのものなんですね。おそらくボヴァリーの場合も、ある意味じゃそうなんです。ボヴァリーというのは通俗だ、だめだ、とか言いながら、結局はフローベール自身が、自分の中にそういうものがあるってことを思ってたわけです。自分には俗人であるところがあるっていう文章があったはずですから。それを軽蔑しながらね。だから作品が面白くなってるとも言えるわけですよ。

　要するに、女が書けてるってことは自分が書けてるってことになっちゃうのね。有島の「葉子」、はたしてあれはどうかっていったら、あれも有島そのものかもしれないですよ。それはわからないけれども、少なくとも、トルストイの「アンナ」とフローベールの「ボヴァリー」はそういうふうに言えると思うんです。そういうことになるとね、実際、男が女を作品の中で書く場合ほんとうは、女をよく書こうと思っては書かないんじゃないですか。

　一人のこの女を書こうというんじゃなくて、あることを書こうとしている、人生とか人間とかっていう問題をね。要するに人間ていうのはなんであるかとか、少なくとも最近はそうじゃないかと思うんですね。人間と社会の関係とか、人間同士の問題とか、同じ女でも、男と女のつながりの中での問題というふうにして女を書くとか。いろんな女がいるってことは、普通の人はみんな知っていますよね、小説を読まなくても。それはメロドラマにちゃんと描いてあるわけだし、いろんなタイプの女の人がいて、そして、みんな豪語していますよ、ぼくは女をよく知っているとか、いろんな女を知っているとかね。女の人だってそういうことを言う人がありますよ。だから、普通の人は案外そういうことを知ってるっていえば知ってるんですよ。だけど小説の中でとそういうこととは違うんだね。

小説っていうものは、結局、作者が、自分のねらっている世界をどれだけわからせようかと思って書いてるわけでしょ。それとつながって女がよく書かれているかどうかっていう……。純文学の場合には、それしか考えてないんじゃないですか。それを抜きにして、女が書けてる、男が書けてるって言い方をすると、おそらくとまどうところがあるんじゃないですか。

それから、もうひとつ、女性を女性らしく書くという書き方をしない傾向の作品があるわけです。そういう男女の問題に全く関係しない作品が。後藤（明生）君が好きなゴーゴリってのは——後藤君自身もそうですよ——ああいう作品には女が出てきたって全くの女性の問題として書かれてるわけじゃないですね。あれは、ゴーゴリの好みの世界の中にちょっといるだけですよ。おばあさんとかお嬢さんだけ。まともな女なんか出てこない。刺身のツマみたいなものですね。しかし、あれは目的が違うところにあるんですよ。そういう作品もあるわけですよ。そういう作家もたくさんいます。井伏さんは、いわゆる普通にいう、よく女が書けているっていうふうではないですね。井伏さんの作風の中に座り心地のいい女性なんですよ。

ぼくはこの前、ハーバート・ゴールドという人の『彼／彼女』という小説を読んだんですけどね。これは、夫婦がいて、子どもがあるんだけれども、あるとき急に、奥さんの方が「別れたい」っていうんですよ。別れる理由がないんだけれども、「考えてみたらあなたは私を愛してないってことがわかった」って言うんだ。最初から私を愛してなかった、と。そんなこと言ったって、今までのことを考えたら、愛してないって根拠が何もないじゃないか、ずっと二人でこうしてやってきたじゃないか、と夫は言うんだけれど、いや、あれは間違っていたんだ、そういうふうに思ってただけなんだ、と言う。そこから始まる小説なんです。なにも別に、彼女に男ができたとか、男に女ができたとか、そういうんじゃなくて、何もないのにそういうふうになってくる。それがアメリカにも現在多いらしいですね。それでまた再婚する、あるいは再々婚する。でも、その考えからいえば、同じことを繰り返すわけですよ。それは簡単に解決できる問題じゃないからね。ぼくは、男の人が女の人に対して、そういうことを思うってことはあると思うんですよ。俺たちにはほんとうの愛情がなくて惰性で暮らしてるんだなあ、と。まあ、子どもがあるから、仕事があるから……ってなことを思ってる人も多いと思いますよ。女の人は子どもがあるからなんとかごまかしてるけど、やっぱり腹の中では同じことを思ってるかもしれない。ところが、女の人が先にそう思うというのが、この小説なんですよ。で、どうしてもそう言うから、別れることになる。そういうふうな小説なんですけれど、いまの女の人がそういう訴えをもってるその部分までちゃんと書くという作品は、実際はあまりないでしょう。なにかことがあって、調べてみたら男がいた、とか、女がいた、とか、はっきり冷淡になった、とかいうのはあっても。で、こういう小説がいまアメリカに多いでしょ。黒人の女の人がそういうの多いんですね。外から見たらなんの理由もないのに、こんなのニセの生活だって、ぽいっと捨てちゃう。ある意味では、男がもの足りない、亭主がもの足りないということもあるかもしれないですけども、積極的に自分がなにかやろうというのがあって、もの足りないというなら一応わかりますけれども、自分に何にもすることがないのに、もの足りないと言って別れるというのがありますよね。

　今言ってる「女を書く」っていうことは、たとえばそういうことをちゃんと書くということじゃないですか。しかし、やっぱりわからないんですよ。わからないところを書いてるわけですよ、男の人が書くときはね。女の言ってることがどうしてもわからない。喧嘩したりなんかするわけじゃないですよ。静かに言ってることがわからないわけですよ。ベルイマンの「ある結婚の風景」、あれなんかもいろんなことがからんでいるようだけども、ちょっと似たようなことがあったという気がするんですけどね。直接、そういう問題を書くか書かんかはわからんけれども、男の人が女を書くってことは——そこに女の人が、たとえばあなたが望むこと、期待することは——その問題にしぼられてくるんじゃないかと思うんです。いちばんわかりにくいところを、男の人はわかろうとして書くわけです。どうしてこうなんだろうと思って。女の人も自分のことはわからんのですよ。わからんから、その小説では、奥さんが別れる話がおこってから浮気してみるんだけども、本気じゃないから、浮気したくてするんじゃないから、吐き気が出てきちゃってうまくいかなくて帰ってくる、そういうようなことから小説が始まるんです。それは今の若い人の書く傾向と——たとえば干刈あがたさんとか——ちょっと似てるかもしらんですね。これは女流作家が書く場合だけれども。もう一つ前の世代の人たちは、女の中にあるもっとわかりにくいものを書いてますよね。男から見たらわかりにくい、もっと生理に直結したような世界を書いてることもあるし、もっと強烈なことも書く。河野さんだって、大庭さんだって、それから津島佑子さんだって、そういうことを書いてきたんですよ。それから、子どもをめぐっての男と女の問題、子どもの問題とか、感覚的な、生理的な、ある気分の問題とか、そういう女の人の、今までは書かれなかったことを書こうとしている作品もある。昔から同じことはあったわけだし、実生活では感じておったけれども、小説では見過ごされてきたことですね。女性の解放とか、進出とか、そういう社会との関わり合いで、いろんな矛盾に陥るとか、あるいはそれを背景にして夫婦の間でいろんな問題がおこるとか、そういうこともあるけれども、それ以前に、たとえば樋口一葉の時代からあって、その時代その時代の特徴で書いてきているけれども、書き方が違う。その奥には、社会の問題以前に、ものの感じ方やなんかの中に女性特有のものがあると思うんです。男と女の関係からくる恨みの問題なんかじゃなくて、女であるがために本来もってる、いろんな問題があると思うんです。そういう問題を少しずつ書いてきたということが、あると思うんですね。前には書かれなかったものを、少しずつ。その部分は女流作家が、自分で自分をもとに開拓してきたのね。それは男ではわからない世界ですから。男もそれをだんだん見習ってくるわけですよ。その小説によって自分の奥さんを見たりしながら、ああ、こういうものかと思って発見していくわけですよね。そういうふうにやることによって、今まで男が外に遊びにいって女を見たり、あるいは楽な気持ちで女房を揶揄しながら見ているとか、そういうものだけですまなくなっていることは事実なのね。女流作家を通して女性を見習うっていうか、発見するとかいう感じがありますよ。自分の内だけにいたってわからないですね。

　それは『別れる理由』の話ですか？　奥さんが自分と他の男とのことを亭主に打ち明けたくなるだろうってところ？　どうしてそういう気持ちがわかるのか――それは、ぼく自身もそういうところがあるからね。女の人の場合も同じだと思うけれども、本来ならばいちばん何でも話し合えるのは、長年暮らしてきて、気心もわかってる相手なわけでしょう。気心がわかってるから飽きてしまったり喧嘩もするんだけれども……。そこに矛盾があるわけね。いちばん話したい相手に、いちばん話しちゃいけないことがある。それに似たへンなことは、いろいろ——何もヘンなことは世の中にはないんだけれども——普通の通念からいうとヘンなことがいっぱいあるわけよね。そのうちのほんの一例にすぎないんで、先月号で話題になったっていう、大庭さんの『霧の旅』の話ですか、あそこで、妻が帰ってくると夫が、おそらく知ってるんだろうけれどもそ知らぬ顔をするようなところ、あそこも、同じようなことかもしれませんね。それで、ぼくの書いたそういう話っていうのは、わりあいに世間にもあるし、テレビなんかでもよく出てくるんですね。男が女房に打ち明けてしまうってやつは、これはだらしがない、それこそもうほんとうに困った男としてうけとられる。反対の場合は、むしろ同情される女として扱われますよね。いずれにしても、ぼくはそういう場面というのが好きだから書いているんです。そういうときの女性も好きだし。男性は嫌いですね。女性の場合はそういうときに嫌いな感じがおこらないですね。いい感じですよ。むしろ気分がいい。なにかを刺激して、いい気持ちになるんですね。その場合の女の人というのは、ただの苦しみじゃない……なにか違ったものの中にいる。なんていうのか、一種のエロスももちろん入っているし。ぼくは、そういう立場になる女の人っていうのを、どういうわけか知らないけれども、ひじょうに好ましく思うところがあるんですよね。

　つまり、ある冒険をしたわけでしょ。それで一方においてはやっぱり辛いところがある。だからちょっと言ってみたくもなるし、やっぱり夫婦だから、いろいろしゃべってきたから、このときこそなんとなくしゃべりたくなっちゃう。人間としてはある冒険をしたと同時に、ある意味じゃまた、負い目もできたわけ。たとえばぼくは『実感・女性論』というのをむかし書いて、あれは淡谷のり子さんだけがほめてくれたんですけど（笑）、そこにも、女の人がこれからそういう冒険っていうのか、浮気っていうのか、そういうことをしそうにない人が、考えて、家に鍵をかけてこれからそういうことをしにいこうというときの、その鍵をかけるところっていうのはひじょうに面白いということを書いています。つまり、そんなことをするというのに、ただいいことだという感じでするわけではないんですけれども、同時にある要求があるわけですね。しかしそれは必ずあとでいろんな問題がおこってくるし、おこるところを行なうから冒険があるわけでしょ。もうすでにそこで矛盾があるわけ。だから、そういう矛盾に踏み切るってことがね、そういうことを簡単にするわけがない人のときには、そこにはひじょうに魅力ある世界があるわけですよ。それでいて、いったんそういうことがあったとして、そこでそのまま隠し通すんじゃなくて、つい、もし言いたくなって言ったとすれば、その夫婦はもともと気持が相当かよってるんです。それ、なんともいえない面白いところなんですよ。

　それから、さっき、こういうことは世間でよくあるし、テレビを見ていれば、すでにそんな場面は出てきているといいましたけれど、作品の中で出てくるときは、それとはちょっと違うんですね。そういうことを話した、話そうとした、話したくなった、という、これは表にあらわれてないかもしれないけれど、事件ですね。一つの事件だけれど、事件の問題ではなくて、それはどういうことなのかという、作品の中での位置づけなんですよ。だから、同じ場面をテレビで見てもハッとしないのに、小説の中だとハッとするとあなたがいうのは、意味づけの問題だと思うんですね。書けてる、書けてない、というような問題、ある行為が書けてる、書けてない、とか、あるいは女が書けてる、男が書けてるとかいうことは、究極的には意味づけの問題じゃないですかね。それで文学性をもつかもたないかになってくると思うんです。文学作品の中で人にある刺激を与えたり、ある感銘を与えたりということは、世の中で行なわれる余地はあってもなくても、扱いだと思うんですね。ただあったから書いてるとか、面白いから書くとか——そんなことで書く人はいないけれども——しかしそういうふうに見えてても、ほんとうはよくよく読んでいくと意味づけがある。それは暗示的である場合と、はっきり書く場合と違うけれども、結局、意味づけの問題として、作者はなにを書こうとしてこの男を扱い、女を扱っているかという、そういうことの新鮮さとか、広がりとか、斬新さとか、そういう問題に尽きるんじゃないですかね。要するに、人間が書けてるということは、こういう行為をするとか、そういうことを言うってことじゃなくて、前後の中で言ったことの意味がどういうことだっていうことの新しさだね。それから、ある新しい作品全体で伝わってくる意味、ある問題や意味そのものを書いてるっていうだけじゃなくて、もっともっと作品全体で訴えてくるものっていう、そういうこともあるしね。ある問題点がそこで上手に扱われているということじゃなくて、そんなこともわからないぐらい、作品が全体として魅力あるということがあるでしょう。ときほぐすのが難しいくらいということだってあるでしょう。そういうときには案外、全体がわからなくても人間が書けてるっていう気がするときもあるわけね。だからいろいろあるんだと思うけれど。

ふうん、古井（由吉）さんの小説には、女の体の存在感は見事にあるけれど、自分と同じ女が生きて動いてる感じがしない、というんですか。ぼくはむしろ、そういうことがねらいだと思うんですよ。そこが彼のひじょうに愛する世界なんですよ。だから女がそこにいても、それはほんとうは幽霊みたいなものなんです。それが彼の得手の、彼のもってる世界の人物なんですね。だからむしろ男を書いたときの方が、そういうものが出るんですよ。で、女の人の場合は影みたいに、幽霊のようにして……。だから、女の人は、こういうのは自分の姿ではない、と思うんでしょう。で、そういうのを書けてる、書けてないというふうに言っていいかどうかはわからないですね。河野さんが「古井さんの小説は男性的な小説だ」と言ったことがありますけど、いま、その河野さんの言葉を自分流に考えると、それが男性的というのかもしれない。女性のことを、実体にあまり興味をもって書くことは、ある意味では男性的じゃないところがあるわけです。自分も女性的なところが半分なり三分の一なりあるということになるのかもしれません。

なにかが見えてくるときというのは、ぶつかったときですね。そこに発見がある。ほんとうにわかったときには、こちらを減らしていかねばいかんわけですよ、自分の領域を。人間二人いればそれぞれ領域をもって、普通は自分の領域で相手を全部覆っちゃって暮らしているわけですよ。ところが、ぱっとぶつかったときに、領域が減るわけ。減ったときに、その領域を押しもどしながら、両方、領域をもたせるというときに、はじめて人間が両方ともでてくる。少なくとも輪郭がはっきりするんですよ。だから、男が書けるとか女が書けるとか、人間が書けるとか、ということは複雑で、簡単に言ってしまうわけにはいかないけれど、基本的にはそういうことがあると思うんですね。自分も下がらないとね。詩人が、よく、鳥とか石とかを書いて、ものを言わない石のことを書いても石と対等になってるとか、下手したら石が全部こちらにきて、それを押し返したりとか、そういう関係があると思うんだけれども、男女だけじゃなくて、男同士も、ものと人との関係も、社会と自分の間も、みんな同じことだと思うんです。

領域なんて言葉を使うと殺風景だけれど、ほんとうはエロスの世界になってくるんですね。自分を捨てる、引く、ということを、知らないうちにやってるわけですね。たとえば女の人の手紙なんかで女の人になりかわった格好で書くときは、表向きはむこうの領域なんだけれど、本当は裏側にこっちが全部いるわけですね。そういうときは、すごく快感があるんですね。やっぱりエロスだと思うんですよ。領域を全部与えておいて、実際はこちらが全部もつという。それはある意味じゃ不健康かもしれませんけれども。あるいは両方の領域を対面しながらもっているということもあるけれど、それも、あるところをこえると、小説を書いてるときはひじょうに快感のあるところなんですよ。たとえば、自分に近い主人公を、そうっと引っこませる。そういう操作は作家としてはすごく快感があるわけですよね。元がとれるわけですから。そうして、そういうときには、きっと読む人にも快感があるっていう自信が、ぼくにはあるんです。

それは、なにか男女の問題、根本的な性の問題も含めての関係が、両方の領域を生かす、あるいは両方の領域が一度に一体になっているとか、重なり合うとか、そういうふうになっていなければ、エロスというものが完成しない、というような感じのことかもしれないんですけれどね。

そして小説は生き延びる

（聞き手・中村邦生）

江藤淳さんが亡くなってもう半年ですか。僕もあっちこっちに追悼文を頼まれて、それぞれ角度をかえて書いたんですけれども。そういえば、大江健三郎さんが新聞に、江藤さんの遺書に関して書いていたそうですね。「脳梗塞の発作に遭いし以来の江藤淳は形骸に過ぎず。自ら処決して形骸を断ずる所以なり」と書き残すことは、ヒロイックに見えるけれども、現に脳梗塞を乗り越えてリハビリに励む人たちに無礼じゃないでしょうかと、つまり、そんなふうに過去の自分を絶対化するのはセンチメンタリズムにすぎないのじゃないか、大江さんは疑問を呈していたとある人が電話で教えてくれました。それを聞いて僕は、「確かに正論でしょう。しかし、そうした眩しいほどの正論を作家が言ってどうするのだろうか」と答えたんです。ヒロイックだセンチメンタルだといっても、江藤さんという人の生き方や発言を見ていると、あの結末のつけ方は当然だとも思うんですよ。リハビりに励んでいる人に対して無礼だといっても、一人の苦しみをほかの人と比べるということはできないことです。人が何に慰められるかということは、まったくそれぞれで、必ずしも他人の克己の姿じゃないことだってあるでしょう。ひょっとしたら僕だって、自殺しないとも限らない。そのとき遺書に立派なことは書けないだろうけれども、それに対して他人がどう考えようとまた別なことで、一人の人間の死の判断をそういうふうな批判の仕方をすることはないんじゃないかと、僕は思いましたね。

江藤さんは、批評家として私の小説に深い共感を寄せてくれた方で、『成熟と喪失――〝母〟の崩壊』は、私の『抱擁家族』を抜きでは考えられない評論ですね。個人的なお付き合いということになれば、作家と批評家は距離を置くのが普通でしょう。江藤さんもそこは心得たもんで、あまり接近なさらなかった。特に僕が『別れる理由』を書いた後には、若い評論家との対談で、はっきりと関心がないとおっしゃったし。『成熟と喪失』は私の作品に関してちょっと自分の問題に引寄せすぎの評論をしておられるとは思ったけども、それは仕方がないことでねえ。評論家が筋を通そうと思えば、書き手の考えとずれが生じるのは普通でしょう。僕自身はアメリカとの関係についての分析にしろ、だいたい批評家の人が言いそうなことはみんな考えて書いたんですよ。というより、批評家の言うこと以上のことを考えてなければ小説なんか書く気がおこりません。だから意外なことはないんです。

そういえば大庭みな子さんが文藝賞の選考会の席で、江藤さんに、「あなたの批評の私の作品の引用はいいところを取っている。しかし、解釈は間違っているから、改めて下さい」というようなことを、度々言ってましたよ。そういうときの江藤さんは一言も答えずにやにや笑ってるだけですけどもね。

ただ江藤さんは、これは皮肉な言い方じゃなくて、自分が父親になったことはないわけです。やっぱり子供さんがあったら、特に家族を描いた小説に対する考え方がだいぶ違っていただろうとは思うんです。父親になったことがない人が親子の関係のあり方を問題にするわけですから、屈折がなくて単純になりすぎた面があるのは否めないでしょう。

亡くなる二年か三年前、江藤さんが僕に「徳田秋聲は、もっと誰かがちゃんと批評しなければいけない」と言ったのを思い出しますね。これだけは言わなければまずいというような表情でした。私も『漱石を読む――日本文学の未来』のなかでちょっと触れましたが、川端康成がこんなことを言ってるんです。日本文学は『源氏物語』だけが際立っていて、明治以降もまだ過渡期のままで大して成果が上がっていないが、強いていえば徳田秋聲、志賀直哉ぐらいだ、と。漱石もはずしてしまうのはあの人らしい判断ですが、漱石の場合は中流階級の生活を徹底して書いた最初の人ですよね。日本がある方向へ向かって進んでいることを端的に示すのは、家族、そして夫婦の問題であると確信していた。つまり、夫婦のあいだの問題は相対的なもので、形が決まっているようで決まってない、判った気になると、すぐはね返されたりする。『道草』にしても『明暗』にしてもそうですけども、そんなことを書いたのはあの頃の作家では、漱石だけじゃないですかね。秋聲の世界は普通の市民の世界じゃありません。扱っている女は妾の立場にある人で、秋聲は遂に妻のことはうまく書けなかった。ただし、漱石と秋聲の問題については私も考えてみたんですが、結局、二人の文学のうち、どちらに軍配が上がるかとなれば、簡単に答が出るわけじゃありません。

　こういうふうに言う人がいるんです。人生の苦境というものはほとんどが家族の問題に関わっている、つまり、極めて他愛ない小事に、と。近代家族と言われている形態を取ってからは長い人類の歴史からいってあまり間がないわけで、知恵が蓄積してない。私は『抱擁家族』『別れる理由』『静温な日々』『うるわしき日々』と、いつも家族の窮状をテーマに描いてきて、非常に二十世紀的な課題を背負った作家だと言われたりするわけですね。小事といえば、まったくその通りで、私はあるエッセーで「人間であるという平凡なことに、私たちは時々あきれ果てる」「その呆れ果てる内容は、生き生きと鮮やかに悲しく、あるいは針を含み、あるときはおびやかしながら無限に、日によっては色彩をかえて、存在する」と書いたことがあります。

　僕は文壇に出て何年かしてから、小説の意味が分からなくなってしまった。七、八年そういう時期が続きましたね。ですから『抱擁家族』にしても、書く前にはああいう問題をどう書いてよいのかなかなか分からなかったんです。夫婦の問題なんかまともに考えてなかったですからね。僕はそれまでどちらかというと人間を喜劇的に書いてきたけれども、喜劇的に扱えなくなったんです。ましてどういうふうに作品化できるかとなると、まったく白紙状態になってしまった。最近の『うるわしき日々』は新聞小説ですから、雑誌に書く場合とはまた違って、自然に読者へのメッセージのようなタッチが現れてうまくいったかもしれないですね。実際、連載中に読者からの反応はたくさんありましたし。その結果をむしろ僕は面白いことだと思っています。最後のシーンについてある女性読者が、上質な喜劇だけが持っている深い悲哀が感じられるというやや逆説的な言い方をしてくれたんですね。たしかに、第三者からの視点があそこにはいっているんです。老作家の息子がアルコール中毒で痴呆症で、しかも離婚訴訟の問題が起こって、主人公夫婦も巻き込まれて、もうにっちもさっちもいかない。しかも妻の記憶喪失も進み始めて、そういうなかで妻のリハビリに役立つかもしれないと考えて、ある日料理を一緒にして妻の記憶力を回復させようとする。その夜、妻が風呂に入っているあいだに一人でコンビニに出かけて、コンビニの袋を下げて家に帰ろうとしたら横断歩道を間違って渡って、玉川上水の土手のほうに行ってしまう。そのときに人家のコブシの花の花盛りが見えて、主人公はうずくまってゴイサギの鳴き声のような声で泣く。しかし、もう喉が涸れているし、目もかわいて涙も一滴も出ない。

あの場面で老作家は何に対して泣くのかと考えると、あまりにもいろんな感情が混じってるんでしょう。それにしてもあの小説は、僕は後で気がついたんだけど、主人公が泣く場面がいっぱいあるんです。にもかかわらず老作家が喜劇的に見えるふうにも書いてるところもありますしね。人間は所詮この程度の存在でしかないんだというような、そしてそれが大きな慰めなんだというふうに。

謎のリアリティー

私が文学について一番言いたいことは『私の作家遍歴』という評論のなかにあると思います。それを読んだ人が、第二巻の『アンナ・カレーニナ』を論じた部分で、ウロンスキーと関係を結んだ後のアンナの見た夢について短い注釈が入るところが面白いと言った。私はこう書きました。「私どもはここで本をおいて散歩に出たり、食事をしたり、わざと時間が勝手に流れるままにさせたいような気持ちになるのだ。どうしてであろうか」と。その友人は私の小説について同じようなことを感じると指摘しました。「一気呵成にという読み方ではなくて、ところどころ、ちょっと止めて散歩に行ったり、時間をやり過ごしたりという、そういうふうな読み方をさそわれる」と。つまりそれは、小説に書かれた一見ありふれたことが急に謎めいてきて、すぐには解けないものに見えてきたりするということでしょうかね。そういうふうな読み方を、『私の作家遍歴』のなかでもしばしばしているわけですが、それが同時に私の小説の読者の体験でもあってくれれば確かにいいなと思いますよ。

一つの小説で印象に残る部分は、やっぱり謎の部分なんですよ。それがないと、いったい作者は何を狙って書いているかと訝しむことになる。実際、小説の最後までいっても、謎が解かれることは何にもないとしても。ですから、僕の小説の場合でも、そのままいろんなふうに考えてもらって結構なんです。「この作家は何を言ってるのか分からないな」とか、こうだああだと言ってもらったほうがいいんですよね。分からないということは、謎めいているという意味に取って間違いないし、書かれた世界がある具体性を持って深く感じられれば、それでいいわけですから。書かれた世界がリアリティを持って捉えられるかどうかは、人によって違いますけど。それがつまらなく思えたら困るんですけどもね。私はかつて友人にこんなことを言った記憶があります。「素晴らしい絵を一つ見ると、美術というもの全体を肯定したくなる。逆につまらない絵を見てしまうと、なにか自分が傷つけられたような感じで自信をなくす。同じように文学でも、つまらない作品を読んでしまうと、いかに自分がつまらないものに関わり合っているのか、なにか文学というもの全体に自信をなくす」。いまでもそう思うことがありますね。誰の責任でもないのに、実に困った話ですけど（笑）。美術の場合以上に文学では、そういうことがあると思います。結局、すべてが面白くなくなってくると、この世そのものまで詰まらなくなってしまうというふうに、だんだん失望が広がっていってしまう。

『私の作家遍歴』で扱ってきたトルストイやドストエフスキーの小説は、いくら考えてもあとからあとから謎が生じてきて、何度読んでも面白い。そういう作家を扱ったあの本をいまも時々、元気がなくなると読み直しているんです。あれこれ考えていると、自分のなかになかったはずのものが現れるという経験をします。書いているときもそうでしたけど、最近読んでみたときも、よくもこれだけ自分で考えたと思って（笑）。読み返しているうちに、徐々に自分で小説を書いているのと同じ気分になってくるわけです。だんだん繰り返し繰り返し雪だるま式に活力がたまっていって、いろんなものがもっと見えてくる。ですから僕は、あとがきに、この本は小説として読んでくれということを書いている。実に勝手なことを言ってますけどね。私のことをあまり褒めなかった篠田一士《はじめ》が、「これは小説的言語で書かれている」と感心してくれたんです。なるほど、これは評論家の人が読んだら実につまらないだろうと思っていたんです、何も結論はないわけですから。結論を出さないで、謎を追って楽しんでいるだけですからね。そこで扱ったのは、ほとんどが十九世紀までの小説で、それがユニークな視点でした。元の小説からは離れないまま、現代に生きている人間としての読み方を貫いている。そのせいで小説もよく見えてくるかもしれない。ちょうど『別れる理由』を書いている時期に重なっていて、『別れる理由』は、原稿を取りにくる編集者が家の前の坂を登ってくることまで書いたりして我儘勝手なものです。『私の作家遍歴』は対象をはっきりと見据えて書くんですから、僕のなかで一番いいのはあれかもしれません。

小説の豊かさとは何か

ただ、やはり、ほとんどが十九世紀の小説に強い励ましを受けたということで、なぜ二十世紀の小説じゃなかったのか考えさせられます。ブルーストなどは読んでいて面白いと思うけども、謎が深まっていく書き方をしているとは思わない。ジョイスにしても、言葉の多義性を徹底しようとしているにもかかわらず、同じです。二十世紀に入ってからの小説というものは、一般的に言うと、アインシュタインじゃないけども、言わば相対性原理で書いてあります。自分の力で考えるよりも、ある状況とか構造に左右されているということね。それであまり楽しくなくなっちゃうんじゃないんですか。

二十世紀の文学は、アイルランドとかアメリカ南部とか、ラテンアメリカとかだいたい辺境から出てきていますね。そのせいか、ある特徴的な面白さはあって、あらゆるところに目を配っているように見えるけど、実際は風俗全体にまたがっていないのかもしれない。果たして二十一世紀になったら、もう一回また違った風に盛り返していくことがあるかどうか。十九世紀では、小説が市民社会のいわば必須の文化として成熟したわけです。二十世紀は、カフカとか、ジョイスとか、フォークナーは小説形式の更新は確かにしたけども、結局は百五十年か六十年ぐらいの小説の蓄えを消尽した時代だったんですね。二十世紀文学で一番元気がよかったのは何かというと批評であって、小説や時の読み方が次々と旺盛に新しく開発されてきた時代で、でも、批評の時代だったお陰で小説が延命できたとも言える。皮肉なことに、小説が批評的自意識を過剰に持ってしまったが故に衰弱してしまったと言う人もいます。しかし批評と小説が一緒に組み合わさったおかげで、豊かさを取り戻している場合もかなりあるでしょう。一体われわれが漠然と考えている小説の豊かさというのは何なんでしょうね。

　二十世紀においては、人間の意識一つ書くにしても、フロイトのことを考えると、十九世紀的な書き方は当然できない。このように、書くことに作家が促されていくときに、さまざまな情報があふれすぎていて、それが小説の衰弱を招いたという言い方をする人もいます。ただし、情報的なものが作品を豊かにすることが全くなかったわけじゃない。情報もまたこれ一人の人物みたいなもので重要な要素かもしれないんです。これから二十一世紀に、科学なり、医学なり、建築なり、さまざまのものがさらに発達して、世界は情報過多になるでしょうが、しかし、生活自体はそういうものによって実際動かされるわけですからね。僕みたいな自分の得手が何もない者から言っても、これだけいろんなものが入り込んでいることはわかるし、生活がそれだけ変化に富んでくるし、逆に屈折も生じる。情報の受容のしかたも柔軟になったり、また行き詰まったりするかもしれないけども、そのぐらいのものに耐えなきゃ、人間はこれからはもうしようがないんだから、それにどう対応するかみんな工夫するんじゃないんですか。確かに、人間が情報のなかに埋もれるようにして生きていく中で、世界中がくたびれていってしまうでしょう。そういう単純だか何だか判らない生活を送っているときこそ、ユーモアのことを考えるのは大事ですよ。

埴谷雄高がよく「もう小説は十九世紀で終わったんだ」と言っていたのを思い出します。「そんなふうに画然と決めてしまっていいのでしょうか」って、隣にいた編集者に質問されたことがあります。ベンヤミンは『文学の危機』のなかで、小説は『ドン・キホーテ』でもう終わったんだといっている。とは言いながら、それから何度も危機を乗り越えてきたとも書く。いろんな意味で小説は終わりだと思ったときにこそ新しい小説が出てくるんだ、と。『ドン・キホーテ』は十七世紀ですから、それから三百年も、度々変容して新しい小説のスタイルをつくってやってきた。ロラン・バルトが『文学の記号学』でこんな風に言います。六八年の五月革命以来、古い価値はもはや通用せず、文学も神聖なものではなくなった、と。「文学を人間の暗黙の手本として押しつけることはできない」しかし「それゆえ、いまこそ文学に向かって進むべきなのである」。僕は、そんな自信を持って言っているんじゃありませんがね。僕はもうすぐ死にますから、いいんですけど。スタイルとか、いろんなものが変わってくるかもしれないが、人間にとって、漫画だけで済むわけじゃないし、映画は二、三時間の範囲のものであるし。言葉で描く小説というものは、やっぱりかけがえのない独特な力を持っているんじゃないですかね。ありふれた言い方になりましたが。危機だとか終わりだとかいうふうに言われ続けているものほどこそ、案外としぶとく復活してくることは確かです。常に危機だぞというふうに言われ続けているのは、小説は特権的に期待され続けているからだという考え方もできるかもしれませんね。

そこでは読み手は何を求めているのかということを、作家はもっと考えたほうがいいと思う。一般にいまの読者が、どういうものを出せば満足感を覚えるかは見えにくい。読者が小説を読むという行為の一番基本的なことに、どう立ち返るかということにもなると思います。普通、われわれは読者がいないと思って書いていますが、それは言いようのない孤独なものですよ。だから何かに対して一種の喧嘩腰になっているわけですね。そうでもしないと、本当に手応えがないですから。

読者というものは自分に引きつけて読むんで、そのときに一番いいのは、登場人物が自分の代わりに生きてくれて、終いに死んでくれれば一番いい、それはベンヤミンも言ってたと思います。死に方が上手に書かれていなければいけないのですけども、こんなふうにしてこの人物は死んだが自分は生きている、ということが小説を読ませることができる要素として、一番いいというんです。少なくともこの人はこれだけのことを経験してきて、そうして自分の代わりに死んでくれるという感じを得るときが読者としては最高なんだし、これが非常に普遍的な読み方なんだと。

私の『別れる理由』も『うるわしき日々』もいろんな話が出てきたり建築の話に広がっていったりして、そこを読者はなかなか読んでくれないわけですよ。読まないでおいて、ある場面について「泣いた」とかおっしゃると思うんです。その横にずれていくところも、短篇ならば、それなりにスパッと嵌まるときもあるわけですがね。『うるわしき日々』では、「それ以上ずれていかないでください」とか担当の新聞記者から注文が出るわけです。やっぱりそうかと思ってね。そして最後のところは、小説としての終わり方をしてもらわないと困ると。それがあの終わり方になったんです。どうしても新聞の読者に向かって書かなければいかんわけです。でもあれで恰好がついたんですよ。自分もいい加減、退屈してくるわけでしょう。そこでさっきのベンヤミンじゃないけども、一番小説として一般的なのは人物が死ねばいい、せめて死ななければ読者は承知しない。死ななくても、自分の代わりに苦難を経験してくれたが、自分自身は無事であると。そうやって「ああ、やっと終わった」と溜め息をついて納得しているかもしれないと、連載の最後の方になってきて、僕は、それを思い出したんです。時間がないということは救いになるわけですよ（笑）、自分に対して言い訳できるわけですから。切羽詰まるということは、自分に対して自分を許すわけですから、それであの最後の場面が出てきたわけです。主人公の行く末を案じて、読者がいろいろと電話してきたりするというのは、ある意味では非常に幸福な作者と読者の関係なわけです。親身になって登場人物と一体になるわけでしょう。結局はああいう書き方をするほうが、自分の小説としてはいいと思いました。

ユーモアこそすべて

いつだったか、僕は、若い友人の作家と一緒に僕の郷里の岐阜でシンポジウムをやって物語について話したときに、彼は聴衆に向けて、これから十篇小説を挙げるので、これだけはぜひ読んでもらいたいと言ったんです。スタンダール『赤と黒』だとか、それは要するに、読者が読んで得になりますよとか、教訓が得られますよという意味で、しかもそう読みにくいものでもないものをね。そうなると当然二十世紀のものは減ってきますけど。つい最近、またその男と一緒になりました。ある話をして、たとえばシェークスピアの『ハムレット』のなかで、宰相のポローニアスが、自分の息子がパリへ行くときに「あれをしてはいけない」とか盛んに喋りますわね、あの所を挙げて、いま息子が大学へ行くときにそういうこと教える父親がいない、と嘆くんです。昔はそうやって心得を言ったもんだと。どうですかね。文学でも、「読者に勧める二十世紀小説の代表作」というふうなものに私は一切興味ないわけです。たいした意味はないですよ。だいたい小説は読み方次第でどうにでもなるんだから。また、二十一世紀の小説がどうなるかなどということも私にはどうでもいいことです。どうにも責任の取りようがないことですからね（笑）。

漱石も論じているスターンの『トリストラム・シャンディ』が出たのは十八世紀半ばで

すが、真っ黒なページや、物語の進捗状況を示すのたうつような曲線が入っていたりして、あんなにやりたい放題の小説もないわけです。私は実験小説などという言い方は好きじゃないけれど、一度だれかが思いついて試せばそれでおしまいという意味だとすれば、まさにそういう一回切りの書き方をしているわけです。あのような小説が許されたのは、肝心なところにユーモアが座っているからでしょう。それさえあれば、何を書いても読者と最低限の繋がりを持てます。たいていのマイナスはユーモアで帳消しになるし、破綻した物語のはぐらかされるような流れも一貫性が感じられるんです。何におかしみを感ずるかという問題になれば人それぞれに千差万別だし、しかし千差万別だということ自体が、よく滑稽なこと。少なくともユーモアが思い浮かべば、他のことはうまくいかなくても諦めがつくというものです。二十一世紀の作家も新しいユーモアを考えなければならないでしょうね。

小説の自由――対談・保坂和志

（青山ブックセンター本店にて　二〇〇五・七・十二）

小島信夫の「すごい」二冊

保坂　きょうは小島先生の『菅野満子の手紙』と『寓話』をもってきました。『菅野満子の手紙』（一九八一～八五年連載、八六年三月発売）と『寓話』（八〇～八六年連載、八七年二月発売）は、連載期間がほとんど重なっていて、刊行は、八二年に出た『別れる理由』のあとになります。

小島先生の小説のなかでも、この二冊はとりわけすごい。どちらも『寓話』が出た直後の八七年四月に読んだ記憶がありますが、どうすごいかというと、二冊とも、何が書いてあったかまったく覚えていない（笑）。書いた小島先生も覚えていないみたいなんですけど。きょうのために『菅野満子の手紙』を読み返しましたが、やっぱりほとんど覚えていなかった。でも読みはじめると、小説が書きたくてどうしようもなくなる。僕が最初の小説『プレーンソング』を書きはじめたのは八八年二月ですが、この二冊を読んでから一年以内のことなんです。

ほかの小説だと、映画を観るようにというか、おもしろいことが本の中で起こっているというふうに読むんだけど、『寓話』と『菅野満子の手紙』は、書いてあることと全然べつなことを一生懸命考えるうち、自分にもこういうものが書けないかなと思う。

改めて読むと、小島信夫ってとんでもない人だなと思います。そんな人とこうやって対談したり、普通に電話でしゃべったり、会ってお話したりしてるなんて、それはあなた油断してるよ、という気が自分に対してするんです。

小島　油断しているといえば、僕もそう思いますからね。保坂さんと話しているときはいつも緊張してるんですよ。

保坂　すみません。

小島　油断してちゃいけないよと思うし、まあ猫の話が出てくるときだけはちょっと別ですけどね。あとで怒りだすんじゃないかと思ったり……。二、三日前にも電話をいただいたんですけど、保坂さんは僕の小説をすごいという。「すごく面白い」というのだったらそれほど迫力はないですけど、ただ「すごい」と言われると、返事のしようがない。

『菅野満子の手紙』という小説のことは、正直言って覚えていないんです。対談でこの本を取り上げるかもしれないと聞いて、じつは僕も読み返してみた。そして、この小説では、自分がどうして小説を書きたくなるのか、ということを言おうとしているんだろうと思った。

保坂さんとの関係は、だいたいいつもこういうふうで、彼の言ったことを僕が実行してみるんです。彼はこの本の中身を忘れてしまっているのに、それでいて「すごい」と言うでしょう。これは通じないと思いますよ（笑）。保坂さんは通じないことを言って驚かすんだ。だから、そのためにたくさんのことをこちらが考えなきゃならない。ということはほかの人にはないんですよ。保坂さんとの関係だけであって。あまりしゃべっちゃうとあれですけども……。

保坂　いや、どうぞ。

小島　しゃべってもいいですけど（笑）。……この二冊には両方とも「あとがき」がありますが、普通の小説のあとがきとはちょっと違うんです。どんなふうにしてこれを書きだしたか、書きながらどんなことを考えたか、ある人物が出てきてそれがどう動きだして、というようなことだけが書いてある。

保坂さんは『小説の自由』という小説論のなかで、一言でいうと、批評家には小説家の内部、つまりどういうふうに小説を書いているかということは、ほとんどわかっていない、ということを言っていらっしゃる。

私の小説を読んだ批評家の人が、たとえば文芸時評のような短い枚数でこんなことが書いてあると言っても、それは何も言っていないのと同じだと保坂さんは感じているのではないか。それは僕も同感です。この小説のことを語るには、少なくとも十分の一くらいの長さがないと語れないんじゃないか、じつは今朝そういうことを考えていた。書いた本人にも、こんなことが書いてあるとは言いにくい。言いにくいということは、忘れるということです。何が書いてあったかを忘れてしまう。

それではなぜ、そういう小説を読んでいくことができるのか。保坂さんはいろいろな小説を引用しては、そのわけを書く。あるいは、ある小説を長々と引用して、これを要約しろといったって無理だ、これは全部引用するよりしょうがないと言ったり。

この本（『菅野満子の手紙』）が出たときもやっぱりあまり批評されなかった。批評しようにも何を書こうとしているかがわからないということもあるでしょう。しかも、どこかで覚えたものの考え方、批評の仕方をもとに簡単になにか言ってもらっては困りますよ、というつもりで書いているんだから、批評家が取り上げるわけがない。

本当に書きたかったこと

保坂　『菅野満子の手紙』がすごいすごいと言っているだけではしょうがないですね。そのなかで話題になっているのが『女流』という小説で、『女流』のなかで、小島先生らしき主人公は十八歳、二十一歳の兄は画学生から絵の先生になったところです。それから間もなく亡くなってしまう兄さんが、太田さんという偉い絵描きの奥さんと不倫関係に陥った。それが女流作家の「太田満子」です。

『菅野満子の手紙』では、満子が書いた手紙をめぐって、女性編集者がまた手紙を書く。その編集者の手紙が、連載で十回分ほどつづく。連載は一回二十枚なので、十回つづくということは二百枚の手紙です。そんな手紙あるわけがないんですが、昔は素朴に、長い手紙だなと思っていたような気もします（笑）。

とにかく、誰かがしゃべりだすと終わらなくなっちゃう。どこに向かっていたのか全然わからなくなる。最初にヘルダーリンと不倫関係にあった人妻の手紙が出てきたり、それから太田満子が兄さんにあてた手紙が出てきたりして、不倫をめぐる話のように見えますけれど、本当は、二人目の奥さんの愛子さんとの話を書こうとしていたのではないですか。これは今日はじめて、小島先生に伺うんですけど（笑）。たぶん……。

小島　わからんだろうなと思いますよ。

保坂　こんな箇所があります。奥さんと二人で山にハイキングに行く。軽井沢の別荘から浅間山に向かって歩く。台風のあとなので、初めての道を通ってみたけれど、このルートは退屈だなというようなことを言っている。そのとき、「彼は妻があとからついてきているのを忘れそうになった。彼女は何分も黙っていた。ときどき彼はスロープを見あげて行先きをすこしみて早く明るいところへ出ないかと思った。ひとり歩くより、二人で歩く方が何かしら気が重いと思った。ふりむくとぴったりと彼のあとにくっついていた。あまりそばにいるので、まるで自分ひとりでいるようにさえ思えた」。そうすると奥さんが、「『あなた何を思ったか分るわ』彼女は彼の腰を叩いて休む合図を送った。『こんな中途半端なところで休みたくないけど、あなたのために休むことにするわ』『ぼくも、分るさ』『わたし、ひとりのような気がしていた。だからあなたもそうだと思うわ。きっと、ひとりでのぼっていると、二人でいるような気がするかもしれないわ。これが理想なのかもしれないわ』」。

最初はこのことを書こうとしたのじゃないか。でもその後えんえんと編集者の長い手紙が出てきて、不倫をめぐる話になってしまい、老年に差しかかった夫婦のことはほとんど語られずじまいになる。でもそれは、その後の『静温な日々』とか『暮坂』とか、最近の『各務原・名古屋・国立』のような小説になっていったのではないかと思ったんです。

小島　いまの山へ登っていく話。ひょっとしたら本当はそれを書きたかったのではないかということでしたが、じつはこれから書こうとしている小説で、そのことを書こうと思っている。妻とはいま、べつべつに暮らしています。痴呆症になって、群馬県の山の中の施設にいるんです。一ヵ月に一回ぐらいは会いにいくんですけれど、むこうは僕をわからない。ずっとものを言わないのを見ていると……。

山へ登りながら二人が考えたこと、それを僕は、覚えていなかった。だけど、いま考えているのはそういうことなんです。結局は、べつべつだったんじゃないかしらと。それを、そうでないとどうして思っておったんだろう。

僕は再婚で、前の女房との間に子供もいますし、そちらのことをいろいろ思うものだから、じつは二人とも、お互いのことはあまり考えていなかったんじゃないか。いずれにしても山を登っているときには、確かにここに書いてあるようなことをお互いに感じていたんじゃないかと思う。けれども、この小説の中にそんな部分があることも、自分は気がついていなかった。話を聞いて、ああ、それはいま書こうと思っていることだと思った。

漱石も書きながら考えた

小島　おそらく皆さんは、この二人は何を言いたいんだろう、こう思っていらっしゃると思う。僕もいくらかそう思っています（笑）。要するに小説とはどういうものかということに、保坂さんは一生懸命、真正面から取り組んで、毎月書いていらっしゃる。その前の『書きあぐねている人のための小説入門』という本は、おもしろい題をつけたものですね。なぜなら保坂さんだって僕だって、やっぱり書きあぐねているわけですから。書きあぐねないで小説が書けますか。締切があるから書くんであって、締切がなかったらいつまでも書きあぐねているのではないか。

最近、『漱石を読む』という五百何十ページもある自分の本を読み返していたら、こういう話が出てきた。漱石のところに編集者がやってきて、先生はインスピレーションで書いていらっしゃるんですかと聞くと、インスピレーションなんか自然にわいてはこないから人工的にインスピレーションをつくっていると言う。

イギリスに『高慢と偏見』を書いたジェイン・オースティンという十八世紀の女流作家がいるけれど、彼女は家事の合い間を縫って小説を書いた。それでも、天才だからあれほどの小説が書けた。私の場合はそうはいかない、と漱石は言う。とりあえずその辺にある日本語や外国語の小説を手当たり次第に読んでみる。読みながら、うまいな、しかし自分はこういうふうには書かないな、というようなことを考えるうち、中途半端なところで書き始める、そんな程度のものだと。

締切がなかったら、いつまで考えているかわからないし、むしろ論文を書いたりするかもしれない。けれど論文を書いているような気持ちでは小説は書けない。だからいまみたいに小説のことを考えることからはじめる。かといって十分に考えるわけではない。

十分に考えることをせずに書くのが小説だよ、小説ってものは書きながら考えていくものだよ、ということは言っていない。言っていないけれども、我々は、いやあ、漱石は書きながら考え、書きながら考えして、ここで方向転換したなとか、これは書いてしまったから責任を負わなきゃならない、場合によったら適当にごまかすよりしょうがないと思っているな、とか思うわけです。

保坂　漱石は、新聞小説の連載のとき、かならず最初の予定よりも延びたそうですね。延びたということは、進みあぐねるということの証拠だと思う。きちんとした物語作家のような人は、それほど延びないんじゃないかと思う。

『明暗』の終わりのほうで、湯河原に行きますね。途中、電車の中の描写が連載にして何回分かありますけれど、あそこはきっと、つぎに何を書こうか困っていると思う。『明暗』は未完なわけだけど、漱石だって終わりがわかっていれば、もっと早く書けたでしょう。それが最後、津田と清子が階段の下と上で見つめあって立ちすくむみたいなところで実際には終わってしまっている。あそこから先をどうするか考えつかなかったから、ずるずる引き延ばしたんじゃないかと思う。

小島　たぶんそうでしょう。

保坂　先ほど僕は小島先生のこの二冊の中身をまったく覚えていないと言いましたが、じつはほとんどの小説の結末を覚えていないんです。覚えているのは、カフカの『城』の橋屋のおかみが「出ていって！」というところと、『細雪』の雪子の下痢が「まだ続いていた」くらい。本当にストーリーには関心がない。

小島　何日か前にあなたは、『明暗』の延子のことを、おしゃべりばかりしていると言っていましたね。

保坂　延子が夫の津田に向かって、えんえんと不平不満をぶちまけるシーンのことですよね。山田風太郎もエッセイで、あそこは何度読んでも言っている意味がわからないと書いている。一回や二回読んでもわからないんだけど、丁寧にしつこく読むとそれなりに、どんなことを言おうとしているかがわかってくる。でも本当のところはわからない。『寓話』と『菅野満子の手紙』がすごいのは、それまでたくさんの経験をしてきている五十代以上の人が、ともかくいろんなことを作者に向かって言おうとしているところです。誰かが本当に言ったんだか、作者が勝手に書いているのだかわからないけれど。よく、「人間が描けている」とか簡単に言いますけど、人間が描けていたってその小説のなかに人間がいるわけではない。ところがこの二冊のなかに出てくる人は、「こういう人とじかには会いたくない」「本で読んでいる程度でよかった」というような、本当にそこに人間がいる感じがするんです。とにかくこの二冊の何がすごいかは簡単には言えないですよ(笑)。

信用のおけない書き手

保坂　いままで僕は小島先生のことを『小説の自由』のなかだけでも総量として百枚以上書いているかもしれないんですが、まったく気づいていなかったことがあって、それは、どうも小島先生は情報を攪乱させるんですよね。わざとかどうかはわからないんだけど。『女流』で、主人公の兄が先生である画家の妻、満子と不倫関係に陥ると先ほど言いましたが、その「太田満子の手紙」を、主人公である弟が自分のノートに書き写している。そのなかに、来ていない手紙が来たかのように書いてあるのまで含まれているというんですよ。おかしいですよね。

短篇の「燕京《えんけい》大学部隊」がまたとくにおかしい。暗号解読のために各部隊から英語のできる人間が寄せ集められる。その部隊が、こんな軍隊があったのかと思うほど、めちゃめちゃいいかげんな人たちの集団なんです。主人公は、上等兵なのに曹長である他人の軍服を着て部隊に入っていく。出迎えた人に、なんだおまえは曹長かと言われると、何かまずかったかなと思って、つぎに出ていくときは一階級下げた軍服を着直していく。そしてさっきと違うじゃないかとか言われると、「え、そうすか？」というような。とことん信用がおけない。

カズオ・イシグロなどの文学の手法で、アンリライアブル・ナレーターというのかな、「信用のおけない語り手」、つまり語り手が本当のことを言っているとは限らないという、そういう仕組みの小説がありますが、それとはちがうんですね。その場合は、語り手に信用がおけなくても作者のほうは辻褄があってる。ところが小島先生の小説は、作者そのものに信用がおけない（笑）。どうもこの時期、そういうことにご自分で気がついた形跡がある。それまではどこまで自覚していたものかちょっと怪しい。

小島　あるときから、それまで書かなかったような書き方をするようになった。六十を過ぎてからかな。書いている者には、そこに一種の喜びもあるんですね。それをあとがきでいろいろ説明するものだから、批評家の人が、こんなに信用のおけない人間の小説など読む必要がないと思うのは当たり前じゃないかと思います。僕は自分の書いたものを読んで楽しんでいることがあるんですが、『私の作家遍歴』という、小説ではなく、一種の……。

保坂　でもあるところで、「『私の作家遍歴』という小説」と書いてますよ。

小島　あそこで、ラフカディオ・ハーンからはじめてゴーギャン、トルストイなど世界の有名な作家をずっと扱いながら、自分風になにか書きかえている。あの辺からそういうことをやりだしたと思います。

作者に信用がおけないといってらしたけれども、そういうようなところが僕の後半の書き方なんですね。なぜそういう書き方をするのか、自分でもわからないんですが。しかし僕は、そこのところが小説家の小説家たるゆえんだというふうに、どこかで思っているらしい。

さっき保坂さんは、油断がならないぞと僕のことをおっしゃったけれども、たぶんその問題じゃないかと思います。僕は保坂さんに嘘をついたりしているわけではないけれど、僕がいつも、いま言ったこととはべつのこともあるかもしれないよ、と思っているふうなところを感じて、あれ、この人は油断してつきあったらいけないよ、と思ったんじゃないかしら。違いますか。

小説ではそこのところを自分風にやっているのじゃないか。なにか別なことをこの人は考えているらしい、表面にあらわれたものだけで考えるとえらい目に遭うぞと思わせるように。実際の僕はそういうふうでもないんですが、小説の上では、ちょっとおかしいんじゃないかと思われても仕方がないところがあるかもしれない。筋が通らないことをなぜやるかというと、筋が通らないところに別な筋があると思っているのかもしれないですね。うまく言えませんけれども。

保坂　そういう小説を、批評したくなんかないですよ。まともに取りあげたくない。戦後の日本の小説は小林秀雄とか平野謙というような、批評家主導で価値がつくられていったんじゃないか。そうすると、小島信夫の小説なんていうのは、あがってくる余地がない。三島由紀夫は小島信夫の『抱擁家族』と深沢七郎の『楢山節考』を気持ち悪がったという。気持ち悪いと感じただけで、三島由紀夫は偉かったと思うんですよね。

だらしなく描かれた戦争

保坂　初期の小島先生には「星」「城砦の人」など戦争を書いた短篇がたくさんあって、『戦争小説集』という本にもまとまっているんだけど、いわゆる戦争文学とはまったく違う。ふつう戦争文学というと、戦争とはどんなにひどいものだったかということになりますが、小島先生のを読むと、戦争がこの程度のことならけっこう楽なんじゃないの、と思われかねない部分がある。もうちょっと社会的な小説なら、全員がこんなに変な人になるなんて、やっぱり戦争って狂ってるな、世界全体が狂うんだな、とかもっともらしいことを思わせるかもしれないけど、小島先生の書く戦争には何かもっとだらしのないところがある。

小島　さっきあなたの言った「燕京大学部隊」、あそこに出てくる主人公、アメリカ人の血がまじった、何とかっていう……。

保坂　『墓碑銘』に出てくる？　そのなかでは浜仲となっています。

小島　あ、そうか。その男には実在のモデルがいるんです。いろんなふうに変形して登場させていて、いろいろと言い分があるのは『寓話』でしょうけれどもね。でも本人は、僕より五つぐらい若いんですけど、まわりの人たちから、「戦争はおもしろいところだね、僕も戦争に行きたかったたな」と言われるというんですよ。小説のなかでは活躍しているものだから。「君はいいことをしたな。戦争っていうのは悪いもんじゃない。おもしろいところだな、軍隊は」と。本当は、彼は彼なりにいろんなことを考えていたんじゃないか。それが『墓碑銘』という小説になったわけです。ところが彼の戦争が『墓碑銘』だったというふうになると、本当の彼の部分が出てこないし、それでまた『寓話』を書いたんですけどね。

保坂　第二次世界大戦が終わってから七〇年代ぐらいまでは、批評の軸がマルクス主義で、そうすると小島信夫の書く小説なんて社会性ゼロに見える。それは逆だということを僕はいま「新潮」の連載でずっと言っているわけです。小説は社会性のある・なし以前のものであって、いま社会性と思われていることも、昔書かれた小説によってつくられたものなんだと。……自分の話題になるとやっぱりぐあいが悪い（笑）。そろそろ一回質問を受けましょうか。

『別れる理由』

質問　『別れる理由』について、坪内祐三さんが『「別れる理由」が気になって』という本をお書きになりましたけれど、小島先生はどうお感じになっていらっしゃいますか。

小島　あの本を読むと、四千枚の小説が四、五百枚の分量のなかで全部わかったような気がする。恐ろしいですね。僕自身もわかったような気がする。本当かどうかはわからないけれども。

　あの小説はみんながノータッチできたんです。タッチしたのは僕の友人ばかりで、「小島、ああいうものを書くんじゃない」（笑）。まず僕の同級生の矢内原伊作という人が、「小島、おれと君とは違うよ」と。それは当たり前だ、僕が矢内原と同じであるわけはありませんからね。だけど、おまえは間違っている、と言おうとしているわけです。その後、宇佐見英治さんという人、昔、高等学校の同じ部屋で暮らしていた人ですが、この人もそんなことを書いています。センスもいいし頭もいいし、一緒に同人誌もつくった人。美術評論も書いている。僕も彼も明治大学で教えていた。宇佐見さんは、僕が七十になったときに、ほかのみなさんといっしょに文章を書いてくれた。ところが最後に来て、『別れる理由』はあれはいけないと。宗左近さんもそういうことを言った。

もう一つ言いますと、あの作品は幸か不幸かと言えば幸でしょうけれども、野間文芸賞という文学賞をもらって、それから芸術院賞というのを受賞したんです。あるところでお祝いがあって、文部大臣がくるという。そのとき僕の前にいたのが、あとで総理大臣をやった森〔喜朗〕さんです。あの方が前にいらっしゃって、「小島さん、僕は認めないよ」（笑）。認めるも認めないも、あれは芸術院会員の投票でもって決めたんで、「認めないよ」と言われても（笑）。

坪内さんの話にもどります。坪内さんは僕の四千枚の小説をもとにして、五百枚の小説を書かれたんだと思う。僕はああいう小説はどちらかというと好きなんだ。坪内さんの本の書評を「群像」に、今度は自分の小説のようにして書きました。だから、僕の厄介な長い作品と、坪内さんのものと、僕が書評として書いた坪内さんに対する意見と感想と、その三つを合わせると、どうやら一つの世界ができるんじゃないか。

本当のことは言えませんから。自分の小説ですからね。だからあの手この手を使って坪内さんにお礼を言ってみたり、あれは小説だと言ってみたり、ああいうのが小説だと思いたいとかね。何も結論はない（笑）。それ以上は僕自身にもわからないんですよ、本当言ったら。

とにかく、僕はそうやってあの手この手を使って、混乱させるんです。混乱するとゼロになっちゃうわけです、いろんなことが。ゼロになると、読み終わったとき何も覚えてないことになる。何もないんです。ないけれども、読んだときの細かな事柄一つ一つはどこかで体の中に入ってきている、そういうふうなものが、小説であり本当に融通のきく評論なのではないか。そうであれば、小説と評論は一体になって、お互いに理解しあったりすることができるかもしれないと。これも本当はそうやって言ってみているだけかもしれない（笑）。要するに結論はないんです。

『トリストラム・シャンディ』

小島　まだ質問がありましたらどうぞ。僕が別なことをしゃべってもいいけど、あまりしゃべっていると……しゃべりましょうか（笑）。

漱石が「トリストラム、シャンデー」という有名な評論で、ロレンス・スターンという十八世紀の牧師さんが書いた小説について、非常におもしろいことを書いています。文語体ですが長いものではないので、全集のなかに初期の文章をまとめた一冊がありますから、それを読んでくださるといい。

先ほどもお話した『漱石を読む』という本のなかに、「脱線の精神」という題名で書いたんですけれども、漱石は、小説はプロットだとみんな思っているが、そんなばかなことはない、一行を読んでも、全体と同じ感じがする書き方もある、という。スターンの『トリストラム・シャンディ氏の生活と意見』を読んでいくと、トリストラムが生まれる前のことから書きはじめている。そのまま全九巻の半ばまで彼は出てこない。ところがそれがベストセラーになって、スターンは社交界でも引っ張りだこになる。不思議ですよ。ろくな筋もなく、横へ横へと張りだしていくような小説を、なぜみんな喜んだのか。

ふつう小説というのはある目標に向かって直線的に進んでいくけれども、私のものは違うとスターンは言っている。うねってうねっていくのが私の小説で、これがおもしろいんですよと。漱石もそこを引用しています。しかも『トリストラム・シャンディ』には、うねる小説をあらわす蛇のような図まである。

なぜこれが成立するかというと、ユーモアなんです。ユーモアがわかる人には、ユーモアに満ちた小説を書けば、筋がどんなふうであろうとかまわない。もともと世の中や世界というものは筋書きのないそういう性質を持っているんだから。プロットがあって進んでいくのが小説だと思っていると大間違いだ、そうではなくて、いくら脱線しても、一つの世界が頭の中にありさえすれば、それで十分に満足できるし、その満足のほうが、プロットに乗せられていくよりもずっといい。こういうことを漱石や、いろんな人が言っている。

さっきからどうも脱線のことを話しているみたいな気がするから、いま例に出してみたんです。保坂さんは『小説の自由』で、小説には、世の中や世界についていっしょに考えられる可能性のあることが書かれていなければとおっしゃっている。スターンというのはおもしろい小説家だった。何かの参考になるかもしれないけれども、ならんですか。ならんかもしれない（笑）。

保坂　『トリストラム・シャンディ』は、岩波文庫で復刊されましたが、いまはまた絶版です。でも筑摩の世界文学大系に入っていますから、図書館にいけば読めます。

小島　非常に長いものですよ。僕の話は上手じゃないけれども、それでも、これを聞いて読まないでおくという方法もあります。何度も読んで思ったんですが、そうおもしろくないですね（笑）。漱石は、読んでいると、自分が鼻に綱をつけられた牛のように引っぱりまわされている感じがすると言っている。そういうことを聞いているほうがおもしろいんじゃないですかね。

最初の出だしが有名で、トリストラム・シャンディが生まれる前、両親が性行為をしている。お母さんは時計をまくのを忘れたことばかり気にして、どうもぐあいが悪い。だから半端な子どもが生まれたと、そんなところから始まるんです。だいたいどんな書き方をしているかわかるでしょう。これを聞いただけでいいかもしれません（笑）。

みんな書きあぐねる

保坂　先生、この二冊のあとがきのことを言うつもりだったんですよね。『菅野満子の手紙』、実際にはこの厚さ（五七〇ページ）ですけれども、「作者はこの作品を、随筆でも書くように始めた。それに数回で終るつもりでいた」（笑）。『寓話』でも似たようなことを書いていますよ。

小島　つまりだまそうとしたわけです。だまして責任逃れをしようと思った。そもそも、『別れる理由』が変なぐあいに評判になったでしょう、だれも読んでいないのに（笑）。四千枚書いたのは、ことによると読まれないようにするために書いたのかもしれない。まんざら嘘ではないですよ。

　要するに書きあぐねないということはありえないけれども、書きあぐねるにしても、大望を抱いたり、あるいは前の小説はだめだと思ったり、いろんなことをするんです。

　三つ例をあげましょう。テレビでみたんですが、井伏鱒二のところへ、開高健がたずねていく。「どうも書けないんですよ、先生」「君ね、何を言ってるんだ。大層なことを言うな。みんな書けないんじゃないか。そういうときはあきらめて、原稿用紙にへのへのもへじと書いてるんだ。やっているうちに何かが出てくるかもしれない。それぐらいのもんだよ」と井伏さんは言った。もう九十歳過ぎてからだったかね。

それからもう一つ、私と一緒に芥川賞をもらった庄野潤三君が「小島さん今度こういうのを書いたけど、これはいったい小説かしら」「じゃ、僕が読みましょう」と寿司屋の二階で百枚読ませてもらった。「これはとってもいいじゃないの」「じつは佐藤春夫さんのところへ行って、どうしても書けないと言ったら、書けないっていっても、書いているでしょう。一行いいところがあればそれでいい。その一行が書けたということは、もう全部書けると同じだよ」と言われたと。それが、彼の『静物』という名品です。

いま二つ例をあげましたね。もう一つ何かあったんだけど忘れました。でも同じような話ですよ。つまり、簡単に書けるものではないけれど、一行書ければそれだけでいいんだよというような。

小説を書くためのなにか

小島　保坂さんは大変な人ですよ。ふつうと違うことばっかり言っているわけ。いつからか自然につきあうようになった。そのときに、「小島先生、田中小実昌さんが、小説を書くことを知りたいと思ったら小島先生のところへ行けと言いました」。どうして田中小実昌が僕をそんなふうに思ったものか、いまだにわからない。それで、きょうはそう言わないけれども、あるところで彼はこうも言いました。「僕は小島さんから何も教わったことがない」。

保坂　言った覚えはないんですけど（笑）。

小島　僕は教えていないんですよ。教えていないものを、どうしてあなた、教わることができますか。教わっているのは僕のほうです。教わるというより、刺激を与えられている。たとえば線の引っぱってあるメルロ・ポンティを持ってきて――小島先生、と彼はよぶんですけれども――「先生がやっていることは、メルロ・ポンティがそのあたりに書いてあることと……」なんて言う。僕を激励するために線を引っぱってある。その本を僕はいただいて、とってあります。

保坂　いや、差し上げてない（笑）。

小島　最近この人から紹介された安藤さんという古本屋が僕のうちへ来ました。もう先も短いだろうから本を売ろうとは思うけれども、まだその気にならないでいた。でも、こんなに二階にいっぱい本があったんじゃ、地震がきたら落ちてしまうと同居している娘夫婦が言う。結局一万冊ぐらい売りました。そうしたら二階は、骸骨みたいに本箱があるだけになっちゃった。売れる本は全部売りました。いくらか残っているのは、保坂さんの本と井伏さんの本と自分の本。このできごともやはり小説の材料です。書くか書かないかはわかりませんよ。

　こうやって毒にも薬にもならんようなことを申し上げるのも、そして質問はないかといって質問のしようがないことをしゃべるのも（笑）、こういうことが、書きあぐねたときに書くための何かの感じを起こしてくれるからです。何かって、それはわからないですよ。でも皆さんと話をさせてもらって、何かを感ずるとすれば、うちにおるよりよっぽどいい。うちにおったって、空の本箱だけでしょう（笑）。ここへ来れば、皆さんはぜんぶ実体があるわけですから。こういうところへ来て、保坂君が誘導してくれて、元気を取り戻させてくれて、僕は紙一重でやっている。

僕の小説の悪口なんかいくらでも言えますよ。なぜ保坂さんはこんなトークをやろうとするのか。それは、簡単には言えないなにかを言おうとしているわけです。僕の小説の終わりも覚えてない、途中も覚えてない。何もないじゃないですか。

保坂　書き出しも覚えていなかった（笑）。

小島　だけど、なぜそれならば、僕の本など持っているのか。古本屋に売れないから持っている（笑）。いまのこのしゃべり方は、さっきのスターンと同じです。つまり、どこかに結びついている。どこかに結びついて、何か出てくるのかといったら何もないけれど、何もないおかしさがある。

保坂さんは危険なことをやっているんですよ。小説家が小説書かないで小説について書いてばかりいたら、そして世界中のいいものばかり読んでいたら、自分はだんだん書くことがなくなってくるじゃないですか。

『書きあぐねている人のための小説入門』は、救いの道があるとみんなに思わせて、五万部も売れたそうです。これは友人がつけてくれた題だそうですよ。おもしろい話じゃないですか。だから、こういうようなことのおかしさ、おもしろさを自由に感じたらいいと思います。自由に、おかしいことが寄り集まって、何かをつくりあげていくんだという。ねえ、そうだね。

保坂　どうもありがとうございました。（拍手）

解説

保坂和志

私が小島信夫の文章とその人本人から教わったことはいろいろあるが、そのひとつは、「書き方に決まりはない」ということ、その延長として「論じ方に型はいらない」「論じるときに論者は一般の読者以上にわかっている必要はない。だから、わかったように書かなくていい」。


この本自体の解説めいたことを書く以前に、もしかして初めて小島信夫に接した人がいたら、まず知っていてほしい小島信夫さんの言葉がいくつかある。

「著者が面白いと思って書いたそこがつまらない」または、

「みんなが面白いと言って世に流通しているそこがつまらない」

もう一つ、デビューしてわりとすぐの頃、小島さんと会って話しているときに、芥川賞とかの文学賞がたいして面白くない候補作の方に行ってしまいがちなのはどうしてなのか

質問したら、こういう答えが返ってきた、

「選考委員は選考委員になって読んでしまうんですよ。小説家でも評論家でもなく、一読者でもなくなって、選考委員になって読んでしまうんですよ。」

書き出したらキリがないが、もう一つだけ、

「小説は小説家にしかわからないんですよ。評論家も編集者も小説をわかってないんですよ。」

これを評論家や編集者は自分たちに対する批判と受け止めたんだが小島さんが私にこう言った真意は、

「小説は小説家にしかわからない。だから小説家は評論家や編集者の意見に頼らず、自分で考えるしかない。小説家は孤独なんだ」だ。

小島さんは自分の文章や性格のことを、嘆きつつ食ってかかると、この本に収録された文章の中で書いている。このまま、このとおりに書いているわけではないし、文脈も違うんだが、意味はそういうことだ。「小説は小説家にしかわからない」発言も、その気持ちで受け止めてほしい。

この言葉を聞いて小説を書いている人たちはみんな気持ちが楽になったはずだ。小説を実際に書かない人たちはそのこともわかってほしい。「自分で考えろ」「孤独に耐えろ」という言葉からさえ気持ちが楽になるほど、小説家はまわりからの音に晒されていて、気持

ちが揺れる、もっと言えばいちいち動揺する。小島さんには評論家や編集者を批判するような心の余裕はない。いつでももっと切羽詰まっている。そこがなんと言っても面白い。これが時代を超えて響き合うし、若い人たちにほど響く。私はもう若いとは言えないがまわりの若い人たちはそうだし、私も若さや青臭さや未熟さがあるから小島信夫が響く。

この本は前半がこれまで単行本に収録された文章、後半が主に未収録の語りを集めたものだそうだ。私は後半の語りが断然面白い。前半にある「小説の新しさ」は面白くない。新しさというものが古いのだ。これはもうだいぶ前から、新しさは古臭いのだがみんな気がついてない。だからこの本の編集者もうっかり「小説の新しさ」なんて言ってしまった。新しいことがそのまま価値になったのは、十九世紀末あたりから二十世紀半ばくらいまでのことだったのではないか。正確なところはわからないが、これは経済成長が良しとされた社会とリンクしている。文学者もアーティストもその周辺の人たちも「新しさ」に代わる、「新しさ」の次の概念がわからないまま今にいたっているんだが、表現すること、つくることにとって、いま求められているのは新しさではない。

私はやっぱり、小島信夫に初めて出会うか、ろくに知らない人にはこの本に書かれた文章は、全体として古臭くてたいして面白くないと思う。それでも小島さんの語りは際立っている。

「私の「最終講義」」という副題がついた「小説とは何か」、これは長いんだが、始まりの二ページ目から五ページ目だけでも繰り返し読む価値がある、というか、繰り返し読んで飽きないし、記憶しておくことがいくつも書いてある。

「何年も読んできた同じ作品ですが、金曜日の二時限めの授業にあわせて、前の日にノートをとりながら読みなおし、金曜日の朝読み続けたりして、国立からお茶の水までの電車の中で考え、それから、七号館の講師控室で三十分から一時間ぐらいのあいだ同じようなことをしました。それからぼくは不安な気分でベルが鳴る前にこの部屋にやってきて、あなた方と顔を合わせ、スピーカーの用意などしてベルが鳴るまで待ちました。」

私はここを読んでじんわり、感動というには大袈裟な、感動などと簡単に通用する言葉では通じない、独特の気持ちになった。今はみんな簡単に大袈裟な言葉を使うけれど、それらは一見みんなに伝わるように見えはするが、実際は何も伝わらない、まして何も共有されない。小島さんは、この本を通して、この、簡単には共有できない気持ちのことを考えているとも言える。

この引用部分を書き写していたら私は行を間違えて元に戻って同じ箇所をなぞっているんじゃないかと二度思った。他にもう二回くらい、うっすらそういう気持ちになった。つまり書き言葉としては不要な繰り返しがあるということなのだろうが、文章は明晰に一度記述されれば伝わるというものではない。

文章に書くこと、語ること、というのは、内面にある形のない、思い・記憶・知識……メロディのようなもの……リズムのようなもの……それらに、そのつど形を与えるべく、語順もそのつどいじっては、意味を作り出すという、じつはひじょうに困難な作業なのである――と、そういうことが失語症について書かれた本に書いてあり、その水面下の難事業と如何に折り合いをつけるか？　そこであえて難事業などせず今さらあらためて読む価値のないことをスラスラ書いたり喋ったりするのが社会生活を営むことで、この難事業と押し合いへし合いするのが、小説家や詩人なんだと思った。

詩人が言葉の生成と格闘しているのは誰でも認めるところだろうが、小説家もそれをしている。言葉それ自体はたんなる記号にすぎない、小説を書くということはその記号にすぎないものによって書かれた文章による人物が本当にどこかで生きているような気持ちを読者に抱かせる。ここに書き写した文章は、まさにそういうものだ。

前日は小説家として家で文字で何かをあらわそうと内面に浮かぶイメージ的なものと押し合いへし合いしていた人が、金曜日には切り替えて喋り言葉で押し合いへし合いしなければならない、その孤独や不安――教壇にいる教師が学生に向かって不安を見せることへの無理解・冷笑に対する不安、という風に気持ちは何重にも折り畳まれている……

そのあとに、「ぼくはノートをとっているといっても、それは脈絡がつきすぎていて、ぼくが語りはじめると、ぼくのノートそのものの方が読みちがえしているように見えてくる」と言っているのは、何かを考えるということの全体が失語症的な水面下の難事業なんだから、脈絡はそんなに簡単についていてはおかしい。

このように、脈絡が、つきすぎることを明確に否定したのは、小島信夫が初めてではないか？ 小島信夫に親しんでいる人ならここは当たり前とも言えるだろうが、そうでないほとんどの人は、脈絡を頼りにしないでいったい何を頼りに考えればいいんだと思うだろう。それに対して、次の段落で一つの解答が書いてある、

「人間の頭というものは、語るつもりで読むせいか、つまり、選び出す操作があるために、当然、読み落されてしまう。」

これは「選考委員は選考委員になって読んでしまうんですよ」の説明にもなっている。人は世界を（もっと素朴に、眼前にあるものを）そのまま受け止めることはできない。いつも何かのフィルターを使って自分の理解可能なものに変形させる。あるいは、一度に全方向から見ることはできないから限定された視野で見ることしかできない。もっと卑小な場合、自分の語彙の範囲でしかそれを語れない（なのに、それですべてを語れたと思う人さえいる）。

それをどうにかする方法はあるのか？

「ぼくは出来れば主人公となって、つぶやいたり歩いたり、のぞいたり、上の空であった

りするところを、マネしてみたいと思いました。そういう主人公や、その周囲の風物や人物たちから、逆にそういうものをそういうふうに書く作者とはどういう人であるか、を問いつめる恰好をし、作者が背中を向けたり、頭をかいたりするところを、ちょっと示した恰好をしてみたいと思おうとしました。」

　小説に人間が登場して、その人間が現実の人間と同じように、あれこれ無駄と思われることをしているのを小説が書くのは、そういう書き方をすることが、脈絡などという狭いものを超えて、多要素かつ多方面に広がる複雑なことをあらわせるからだ。

「その仕草は何を意味するのか？」と、問いたい人が大半だろうが、問うたところで答えは部分でしかない。その仕草を媒介にして、その人物になって、その人物として考えることで広がる。そうでしか広がらないことがある。小説とはそういう思考の形式だ。

　最後に収録されている対談は私とのものだ。これはもともと拙著『小説の自由』の出版イベントのトークで、トータルは二時間に及んだ。雑誌「考える人」に掲載するためにこの量に切り詰めたわけだが、実際に話された小島信夫さんの語りが記憶に生々しい時点で読んだゲラは私はつまらなくて、掲載したくなかったが、小島さんはいいと言うので私もいいことにした。なので、私は掲載されたものは読まないでいたが、今回読むとこれはこれで面白い。

実際の小島さんの話は、文字になったこの対談では幻滅するほど面白かった。これが二〇〇五年七月のトークで、「カフカをめぐって」は、これより二十二年前に公民館で開かれた講演だ。いままで一部の人しか読めなかったこの話が、今回多くの人に読まれるようになったことが私は心から嬉しい。

（ほさか・かずし／小説家）

初出・底本一覧

Ⅰ　小説の文体

一つのセンテンスと次のセンテンス（「国語教育」一九六八・十二）①／『考え方』の藤森良蔵――ほんとうの教育者はと問われて（「朝日新聞」一九六八・十二・十七）②／わが精神の姿勢（「文學界」一九五六・八）②

Ⅱ　小説の新しさ

肉体と精神（「毎日新聞」一九五五・一・二十五）②／日本文学とユーモア（「中日新聞」一九五五・六・五）②／私の小説作法（「毎日新聞」一九六五・九・五）②／モデルとプライバシイ（「週刊読書人」一九六一・四・三）②／抽象主義の作家たち（「中日新聞」一九五五・十二・二十一）②／共通の心の場とは何か（「文章倶楽部」一九五六・三）②／摩擦音の如きグロテスク（「新日本文学」一九五六・七）①／私の考える「新しさ」ということ（「群像」一九六六・三）①

Ⅲ　小説の論理

思想と表現――ゴーゴリ・ドストエフスキー・カフカ（『現代教養講座6』角川書店、一九五七・五）①／愚劣さについて――私の文学（『われらの文学　小島信夫』講談社、一九六七・六）①

Ⅳ　小説と絵画

ゴッホの絵について（『現代美術6　ゴッホ』月報、みすず書房、一九六〇・五）②／エドガー・ドガ（『ファブリ世界名画全集』平凡社、一九七〇・十二）②／喜怒なきマスクの如く――坂本繁二郎論（『カンヴァス日本の名画11　坂本繁二郎』中央公論社、一九七九・五）⑦

Ⅴ　小説と芝居

小説と戯曲の間（「産経新聞」一九六〇・九・二十七）②／小説と演劇（「現代演劇」一九五八・十）②／初めて戯曲を書いて（「読売新聞」一九六〇・十・十八）②

Ⅵ　小説と書簡

小説とは何か――私の「最終講義」（「群像」一九八五・四）☆

Ⅶ　トークより

私の小説・評論・芝居（「波」一九七二・八）＊／我々と文学（「早稲田文学」一九七二・十一）＊／カフカをめぐって（『カフカをめぐって』水声社、二〇一七・三［非売品］）／いかに宇野浩二が語ったかを私が語る（「早稲田文学」一九八五・八）☆／男の領域と女の領域のせめぎあい（「早稲田文学」一九八五・十二）＊／そして小説は生き延びる（「文學界」二〇〇〇・一）＊／小説の自由――対談・保坂和志（「考える人」二〇〇五秋）＊

①②⑦は『小島信夫批評集成』（水声社、二〇一一）の当該巻を、☆は『風の吹き抜ける部屋』（幻戯書房、二〇一五）を、＊は既刊未収録のため初出誌を底本としました。

編集付記

一、本書は、著者による小説論・創作論を独自に編んだものです。中公文庫オリジナル。

一、底本中、明らかな誤りと考えられる箇所は訂正し、ルビは適宜整理しました。また、補足説明を〔　〕内に記しました。

一、今日の人権意識に照らして、不適切な語句や表現が見受けられますが、著者が故人であること、発表当時の時代背景や作品の文化的価値に鑑みて、そのままとしました。

中公文庫

小説《しょうせつ》作法《さほう》

2023年4月25日　初版発行

著　者　小《こ》 島《じま》 信《のぶ》 夫《お》

発行者　安 部 順 一

発行所　中央公論新社

〒100-8152　東京都千代田区大手町1-7-1
電話　販売 03-5299-1730　編集 03-5299-1890
URL https://www.chuko.co.jp/

DTP　平面惑星
印　刷　三晃印刷
製　本　小泉製本

Published by CHUOKORON-SHINSHA, INC.
Printed in Japan　ISBN978-4-12-207356-2 C1195

定価はカバーに表示してあります。落丁本・乱丁本はお手数ですが小社販売部宛お送り下さい。送料小社負担にてお取り替えいたします。